编委会

顾　　问	黎子流　崔瑞驹　刘长安
主　　编	蔡孝本　何　薇　叶建卫
副 主 编	苏福暖　崔振强　李　颖
编　　委	（按姓氏笔画排序）
	叶建卫　区子珩　何　薇　何成昌
	苏福暖　张力田　余　勇　苏小玲
	李　慧　李　颖　欧凯明　蔡孝本
	黎骏声
编务人员	潘颖蕾　资秋娥　李　颖　区子珩
	梁嘉琪　陈冬琳　冯　劲

编者的话

粤剧,作为我国极富特色的地方剧种,以其浓厚的广府文化色彩及全球性的影响,一直以来备受关注。2006年5月20日,粤剧被列入第一批国家级非物质文化遗产名录(共518项)之内。2009年9月30日,粤剧更获联合国教科文组织肯定,正式入选《人类非物质文化遗产代表作名录》。实际表明粤剧当下已经从一种市井娱乐形式,转型为一种承载着地域集体记忆的文化载体。粤剧的发展历程,无疑成为窥探广府文化源流和广府人价值观流变的一道重要门户。

《粤艺陈言——粤剧人访谈录》收录了演员、编剧、导演、行政干部、音乐、舞美等不同层面的粤剧人的访谈实录,通过他们珍藏在记忆中的,与粤剧相携同行的一段段波涛起伏的人生历程,回顾粤剧艺术发展的道路,以点窥面,以小见大,观照粤剧及粤剧人在一个时期的生存状态,以至广府文化在某个特定历史时期的风貌,探索艺术与人生际遇及社会发展的关系。

本书对受访者言谈中出现的独具粤剧行业特色的行话、背语、专业词汇都进行了详细的注解,务求使读者更好地理解每一位受访者的所感所想,真切地从他们的心路历程中,感受到粤剧人对事业的执着,及借此普及粤剧的一些基本知识。

每一段访谈结束,编者都被受访者多彩的人生及真挚情感所深深感动,情结于衷,发之为言,期待与每位读者分享这一份心情。

本书记录以真实为宗旨,披露了深藏在粤剧艺人心中的情感秘密,除了对少量有悖于出版原则的内容略作删减,基本把受访者的言谈内容如实反映在文字之中。同时,受访者言论仅为其个人观点,不代表编者立场。限于编者水平,本书多有不尽人意之处,恳望海涵指正!

编者

粤艺陈言
——粤剧人访谈录

广州大学文学思想研究中心资助出版

广州市振兴粤剧基金会
广州粤艺发展中心 编

中国出版集团
世界图书出版公司
广州·上海·西安·北京

图书在版编目（CIP）数据

粤艺陈言：粤剧人访谈录 / 广州粤艺发展中心，广州市振兴粤剧基金会编．-- 广州：世界图书出版广东有限公司，2015.9

ISBN 978-7-5100-9613-6

Ⅰ．①粤… Ⅱ．①广… ②广… Ⅲ．①粤剧－文艺工作者－访问记－中国 Ⅳ．① K825.78

中国版本图书馆 CIP 数据核字（2015）第 137976 号

粤艺陈言——粤剧人访谈录

责任编辑	杨力军
出版发行	世界图书出版广东有限公司
地　　址	广州市新港西路大江冲 25 号
电　　话	020-84459702
印　　刷	广州市鸿锦印刷有限公司
规　　格	787mm×1092mm　1/16
印　　张	13.5
字　　数	210 千
版　　次	2015 年 9 月第 1 版　2015 年 9 月第 1 次印刷
ＩＳＢＮ	978-7-5100-9613-6/J·0177
定　　价	48.00 元

版权所有　侵权必究

目录

编者的话 / 1

陈笑风　桃花依旧笑春风 / 1

秦中英　白发丹心谱新声 / 19

陈予之　黄花老圃殿高秋 / 33

黎子流　咬定青山不放松 / 54

新名扬　古调重翻新名扬 / 80

吴志明　香雪迎寒焕新生 / 109

陈少棠　桑榆非晚唱霸腔 / 141

潘　璠　闻歌寄意寓丹青 / 164

林玉梨　高凉粤韵玉梨情 / 177

黄銮新　业无高卑志当坚 / 195

后记 / 209

陈笑风

『桃花依旧笑春风』

访问日期：2014 年 4 月 25 日 上午
访问地点：广州粤剧大院（桂花岗）
受 访 者：陈笑风
笔录及整理：梁嘉琪

受访者简介：

  陈笑风，原名陈拔英，曾用名陈万峰、陈啸风，广东东莞望牛墩人。出身戏剧世家，父亲陈天纵是粤剧界、电影界中集编、导、演于一身的艺术家，妻子梁瑞冰、二弟陈中坚、三弟陈万钟、四弟陈万千、五弟陈金石、大妹陈小茶、二妹陈小华、三妹陈小莎均从事粤剧工作。陈万峰曾就读广东大学建筑工程系，后辍学回东莞务农，1943 年转学粤剧，专攻小生行当。

  20 世纪 60 年代前期，陈笑风先在广东粤剧院任主要演员，后在广州粤剧团二团、春风粤剧团领衔主演。首本戏有：《宝玉哭晴雯》《梁山伯与祝英台》《绣襦记》《朱弁回朝》《王大儒供状》《昭君公主》等。演唱《山伯临终》《锦江诗侣》《双桥烟雨》等曲目在曲坛传唱。他是粤剧流派唱腔"风腔"的创始人。

  1986 年陈笑风移居美国，积极参与香港基督教灵实协会及其所属慈善机构的慈善活动。他在香港创办"春风艺苑"，任"风腔"叙研会主席，致力于教授、传播粤剧。

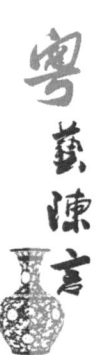

访谈实录：

何　车：大哥，很高兴您百忙之中来到粤艺中心接受我们的采访，在这里我代表中心，还有代表我自己感谢您，谢谢！

陈笑风：不客气！

何　车：很多读者与观众都很想知道您的从艺经历，最初为何放弃大学建筑工程系的学业，而去演戏呢？

陈笑风：三个字：为生活！

何　车：不会吧，那时您父亲[1]已经成名了。

陈笑风：那是抗战时期逃难回到乡下，我们七兄弟姐妹（后来才有排行最小的陈小莎[2]，那时还没有她。）回到乡下，我们三兄弟耕田，只有两亩田，还好就只得两亩田，不然就变成了大地主，那就很麻烦了。我由一个完全不懂农作的人，学会了摇橹大船去买粪水，用作农田施肥，我们三兄弟把施肥、插秧等农田工夫都全做过，变成了"秀才耕田"。禾苗远看长得好很旺盛，但等到收割的时候却发现稻禾都长虫了，原因是我们不懂田间管理，施肥施得太多了，结果是失收了。之后，父亲找了一间小铺，叫我们三兄弟经营小本生意，卖熟烟和盐，赖以为生，怎知卖烟烟发霉、卖盐盐生虫，后来当帮人补习的教师，教了四个学生，他们四个年纪都比我大。

何　车：您投身到戏行，是不是受您父亲的影响呢？

陈笑风：不是，也不是他安排的。当初为何要读大学呢？因为我们是东莞人，祖上有个明伦堂，属于比较富有的族群，规定给每个读大学的子弟发放补贴，有24元军票[3]，起初我觉得既有书读又有补贴挺好的，但后来发现这些补助只能维持伙食，其它书籍、生活等方面的费用未能解决，当时我不想要家里补贴，加上学校的师资也不怎么样，因此就没继续读下去了。我在广东大学的专业是工学院的建筑工程系。我的数理化科目比较好，但从没有参加过学校里关于艺术方面的活动，只是写过一些散文投过稿。

　　1943年在大东亚天台游乐场[4]工作，音乐家易剑泉与我父亲

---

1 陈天纵（1903–1978），粤剧编剧家及电影编导。作品有《贼王子》《危城鹣鲽》《冷面皇夫》等。曾在电影《南海潮》中饰演高仁利一角。

2 陈小莎（1943–2009）：陈笑风胞妹，广东粤剧院演员、著名导演。

3 由军事机构发行并主要流通于军队中的小面额钞票，通常是在国家发生或参与战争时发行的。

4 20世纪20年代中，设在广州长堤大马路上的大东亚酒店天台游乐场，是当时广州娱乐最热闹的地方，戏剧、杂技、魔术、游艺等活动一应俱全。

有交情，把一个歌坛交给我父亲管理，父亲就让我去负责管理。我的工作就是每天差不多打烊的时候，就去办公室拿钱去分给那些"唱脚"[1]和音乐员。经过这个时期的耳濡目染，就学会了椰胡和扬琴，从此就与音乐结了缘。那时候，一般在开场前和散场前，那些歌伶还没到场的时候或是观众较少的时候，我妹妹陈小茶[2]就会上台演唱，后来我也学她那样上台试唱。有一天日场，著名男花旦吴惜衣[3]听到我在台上演唱，就对我说："阿峰，你的声线不错，你以后到我那里唱吧，星期天有个《抢仔》[4]排场戏，你过来演吧。"于是我就过去扮演戏中的儿子角色，吴惜衣就教我"口白""水波浪"等表演基本常识，由于我念过书，就自己写了几句[中板]给自己唱，怎知出场就忘记了第一句曲词，接着第二句、第三句曲词都忘了，但锣鼓打响我就要出场了。于是硬着头皮唱了一段"无字曲"，好在台下的观众没有起哄，就这样我就蒙过了那一场戏。

陈笑风年轻时的照片

何　车：您那时的名字是虎啸的那个"啸"，叫陈啸风吗？

陈笑风：不是，还没到那个时期，那时是用我在读书时期改的名字，叫"陈万峰"。

何　车：那什么时候才改成"陈啸风"的呢？是不是易剑泉[5]帮你改的呢？

陈笑风：在我做了文武生后，过埠演出，从那时开始就改成"陈啸风"了，因为我是文武生，要威武，这名字就寓意是"虎啸生风"。

何　车：那后来再改"桃花依旧笑春风"的那个"笑风"是你自己改的吗？

陈笑风：后来我在春风剧团的"春风"二字是华嘉[6]改的。

何　车：那是为你而改的吧？

陈笑风：他说"春风吹又生"嘛。

何　车：他想你是陈笑风，再加之"桃花依旧笑春风"，所以用春风剧团

1　以演唱为主的曲艺演员。
2　陈小茶：陈笑风胞妹，广州粤剧团著名演员。
3　吴惜衣：20世纪三四十年代著名粤剧男花旦。
4　粤剧传统表演排场。
5　广东著名音乐家。
6　华嘉（1919–1996）：原名邝剑平，时任广州市文化局党委书记、局长。

的名字吧？

陈笑风：不是的。"陈啸风"之所以改为"哭笑"的"笑"是有段故事的。当时我去越南堤岸[1]演出了半年，再去新加波、马来西亚演出，前后共三年。1951、1952年回来香港以后，就和谭兰卿[2]这位老人家合作，她曾经做过"六肥班"[3]，那时她已是女丑生，而不是正印花旦了，她之所以找我合作，可能是因为我年轻有朝气的缘故。谭兰卿这位姐姐很有料（广东话，此处指有演戏才华），她演戏很出色，她演《癫婆寻仔》那一类的戏，找我就对了，她就是找"仔"嘛。有一天，她对我说："阿风，你要改名！你是一定会'扎'[4]的。"我说："为什么呢？啸风这名字多威风啊！"她说："你这个'啸'呢，不是每个人都认识。"这倒是真的，我在越南的时候，有些观众就叫我"陈肃风"或"陈嗅风"，不是"肃"就"嗅"

何　车：哈哈哈，不是"馊"就是"臭"！

陈笑风：有些人就大胆叫，有些人就不敢叫，观众来看你演戏，也不会说看"陈肃风"或"陈嗅风"演出的呀。但是何非凡[5]就人人都知道他的名字，观众都会说："我今晚看'凡仔'演出。"谭兰卿说："如果像你这样，那就吃亏了，一般的观众的口碑相传对演员的知名度是很重要的。所以你就要改名，以后才能扎得起。"后来我爸爸从广州去香港看望我，说卫少芳[6]想找我，我就对他说起六姑（谭兰卿）讲过那番话。他亦觉得有道理，就想"啸"和"笑"同音，我当小生的，改了"笑"字，就会显得不是那么恶了，所以我的艺名就是这样来的。

何　车：哦，原来有段这样的故事的，你的名字是四叔（陈天纵）改的。

陈笑风：是的。

何　车：这个名字真好，怪不得一改名就扎了，不如帮我改一个吧。

1　堤岸：越南胡志明市（西贡）古老的街区，华侨多聚于此。
2　谭兰卿（1908–1981）：原名谭瑞芬，著名粤剧女演员。有"小曲王"的美誉。20世纪30年代曾被誉为粤剧"四大名旦"之一。
3　20世纪30年代由班政家冯少泉组建，由谭兰卿（人称肥婆兰）任正印花旦，梁醒波（文武生）、少新权（丑生）、张舞柳（二帮花旦）；张醒非（小生）、梁冠南（武生），等六位身材健硕的主要演员组成了名噪一时的"六肥班"。
4　戏行中泛指成名、上位。
5　何非凡（1921–1980）：原名何贺年，著名粤剧男演员。独创粤剧流派唱腔，时人称"狗仔腔"，或被称为"凡腔"。主演《情僧偷到潇湘馆》等剧。
6　卫少芳（1908–1983）：著名粤剧女演员，原名卫爱珍。20世纪30年代曾被誉为粤剧"四大名旦"之一。

陈笑风：哈哈哈。

何　车：你爸爸帮你改了名，在艺术上你爸爸对你有没有影响呢？

陈笑风：有！早前他读完"卜卜斋"[1]就去了香港，在香港开始办学校，办国风书院、天纵书院，一家在香港，一家在广州。

何　车：天纵书院，用他自己的名字来做书院名。

陈笑风：他说天纵之多情。

何　车：怪不得你那么多情了。

陈笑风：不是，是他多情。

何　车：哈哈哈。

陈笑风：他的情不是那个意思，是从一句古语引出来的。后来不知道为什么他又做了编剧，他编剧在剧坛也是首屈一指的。

何　车：我知道，是"马老大"（马师曾[2]）找他嘛，"马老大"没了他不行哦。

陈笑风：马师曾对订他的班主说："你订我，要先订陈天纵，订了他，你才来找我吧。"

何　车：这很难得，如果现在那些老倌都是这样就好了，"你先订何车吧"，

粤剧著名编剧家、电影明星陈天纵（摄于1959年）

1　广东人把过去一种学校——私塾，叫做"卜卜斋"。"卜卜"，广东话发音像老师敲打学生声音；"斋"，读书的地方。

2　马师曾（1900–1964）字伯鲁，号景参，广东顺德人，著名粤剧表演艺术家。

那就是先订我了，哈哈哈。

陈笑风：一定找你啦。

何　车：哪里哪里。这个是当时的历史环境的使然，所以我就觉得四叔在这方面真是很有才华的。

陈笑风：是，我又觉得奇怪了，他对编剧的技巧其实很多都不懂的啊。

何　车：你是替他谦虚了，如果什么都不懂，别人又怎会找他呀？

陈笑风：最初他连最普通的什么叫"二簧"、什么叫"中板"，他都不知道，也不懂得唱。他就找别人的剧本来研究，看见这句要压韵的、这句要仄声、这句要用平声，就这样印着模子来写曲。

何　车：我发现，凡是自学写戏都是这样的，因为我们粤剧行中没有"戏文系"毕业的，凡是自学写戏的多数都是这样的。

陈笑风：他有时会谱写一些新的小曲，那些小曲就是后来的"生圣人"[1]。他总是想着想着就会撰写一些很有特色的小曲，不知道这算不算是艺术细胞呢？

何　车：这真是天纵之才，如果没有这些艺术细胞怎么写得出来这么好的剧本呢。

陈笑风：是啊。我想，第一个由欧系电影改编成粤剧的就是他写的《贼王子》了，原来是《八达城之盗》。

何　车：那四叔写那么多戏，有没有专门为你写的戏呢？

陈笑风：专门就没有。

何　车：怎会没有呢？

陈笑风：后来他写给曾三多、陈非侬的《危城鹣鲽》，我回来以后，就演过，这是唯一的一套。

何　车：唯一一套你演过的戏是《危城鹣鲽》，《贼王子》你就不想演啦？

陈笑风：呵呵呵。

何　车：哈哈哈，这种戏不好"捞"（广东话，此处是"做""演"的意思）。我说作为一个那么有威望，那么有才气的父亲，集编、导、演于一身，肯定对你的成长有些影响的。那我想换一个话题，你是"陈老大"，家中的大哥，而且兄弟姐妹都是做这一行的，陈万千、陈小茶、陈小华、陈小莎到现在的陈万钟，还在香港演戏的陈金石，全家都是做粤剧这一行，那您对他们入这一行有没有影响呢？

---

[1] 新编粤剧中新创作的小曲。

陈笑风：我想主要都是生活上的影响。我入了粤剧行，回广州，是卫少芳订我回来的，因为他没有看过我演戏，第一套戏还没有完全信任我，最初是演《白蛇传》，派我演鹤童。

何　车：厉害啊，有打戏表演。

陈笑风：那我出场就"走边"[1]，结果观众接受了，第二套戏就由我担纲演出了，我就是这样过来的。过一段时间，我就和小茶一起合作搞百花剧团。

何　车：自己主持办的？

陈笑风：是的。其他兄弟都是陆陆续续入行，那不是跟我的了，主要是进这一行比较容易一些吧，因为父亲也在行内，可以关照一下。

何　车：也不光是你父亲的原因，你也关照他们吧。

陈笑风年轻时的剧照

陈笑风：大家给面子吧。

何　车：现在的社会和世道没有了那种环境，全家都是做这一行，而且都有成就的，陈氏家族、陈家班是比较出色的了。

陈笑风：陈小莎是导演、陈小茶是著名演员，陈小华也是。还有"挚厘福"、罗君超[2]他们。

何　车：我在东莞博物馆看到有个陈氏家族的专栏，是很厉害的。我在1962年开始认真看您演戏的，那是您在春风剧团的时候。我看了您好多的戏，差不多凡是您的戏都看，那时您当然不会认识我了。我是站在"虎度门"口看戏的。我想有几个问题，其实观众也是想知道，您那支《山伯临终》全世界都会唱，并且有学者研究过，为什么陈笑风唱就能流行，李向荣唱《魂断巫山枉断肠》就不能流行。我想知道，您为什么会把曲牌拿来套用呢？是您的主意还是杨子静[3]的主意呢？

1　京剧曲表演程式。表现身怀武艺的剧中人轻装潜行的景况，是武戏演员的基本功之一。

2　挚厘福：指孔壮志（1931—2007），广州粤剧团演员，陈小茶的丈夫。罗君超：广东粤剧院演员，陈小华的丈夫。

3　杨子静：著名粤剧编剧家，人称"静公"。

陈笑风：《山伯临终》的问世呢，就是因为当时北京的中国唱片社，他们来到广东，说要搞八张78转的黑胶唱片，那时算是最新的产品了。

何　车：当时是一元一只。

陈笑风与弟陈万钟（右一）妹陈小荼（中）、陈小华（右二）、陈小莎（左一）合照（1983年）

陈笑风：他说一只碟有两面，其中一面碟由你负责，当时我正和"仔姐"郎筠玉[1]合作演《梁山伯与祝英台》，是"静公"的作品，那出戏里面是没有主题曲的，当时还没有《山伯临终》这首曲。那天我和静公聊天，我说："静公，现在有机会了，中唱找我录一首曲，你有什么主意？"他说："你呢？你有什么想法呀？"我说我最近正在演的"梁祝"，梁山伯临死之前应该回忆起过去很多事情，在那个环境里面通过演唱去抒情可不可以？他说："好！就写这个题材。"那我接着就提出两点想法：首先我希望你把这首曲的文词写得很美，可读性要高，就是说光看文字，别人都会喜欢它，就像一篇抒情性的美文。他老人家这方面是很出色的。第二，我希望全部用"梆黄"，因为当时很多主题曲都是一段小曲接着一段小曲，我认为"梆黄"的唱法最能表现演唱者的风格。当然，同一首小曲，每个人的唱法都可能有所不同，但"梆黄"的唱法是最能突出唱功的个性。他说："好吧！"过了两天他打电话给我，"我交稿了。"

何　车：吓，这么快？

陈笑风：真的是两天左右。他第一句就说："怎样唱是你的事，不要问我。"那我马上就拿来看里面有很多对偶句和排比句，如果按一般习惯演唱会唱成平淡无奇的一首曲，那我就花了很多心思去研究去琢磨。录音出了唱片后，我无论如何都想不到后来这首曲的影响会这样大。

何　车：影响大到不会讲广州话的人都会去学唱这首曲。

---

[1]　郎筠玉（1919–2010）：著名粤剧女演员，靓少佳的妻子。曾主演《平贵别窑》《仕林祭塔》《春香传》等剧。

陈笑风：何贤[1]先生跟我说，新加坡的那些"番书妹"[2]，读英语的嘛，他们不懂中文的，但他们都学唱，须要译音，第一就要译广东话字音，他们连曲都不懂的。这首曲影响很大，就连欧洲那些社团都唱这个曲，还有几件事对我鼓励很大，有些是我最近才知道的，"任姐"（任剑辉）当时是正在拍那些"七日鲜"的电影，就是那些演古装的广东话的歌唱片，那就是两个摄影棚，同时开机同时拍两个戏，都是拍任姐的戏。总之你一叫醒她，跟她说这边已摆好位了，她就来这边拍片，那边摆好位了，她又去那边拍。有一天，别人叫她："任姐，到你啦。"她说："等一下！"原来她正在听我唱的《山伯临终》。她说："我听完开拍。"她老人家的表演艺术我是十分佩服的，她也很欣赏我这个年轻人。第二件就是在1979年，我已在市剧团了，是在春风剧团。

《山伯临终》剧照

何　车：那就是文化大革命以后的事了。

陈笑风：是的。就是何贤先生要组一个剧团，通过"中联办"[3]，他找到了广东粤剧院，由广东粤剧院组织一个剧团，用"广东粤剧团"的名义去香港、新加坡和澳门演出。那时去这些地方就叫"出国"了，因为那时港、澳还没有回归。何贤先生说一定要找陈笑风参加。我那时候是在市属团体，参加省团演出是影响很大的一件事情了。

何　车：是借到省团去了。

陈笑风：是的，结果我就参加进去。先是去香港，那么多演员，当时安排一个新的长剧不容易，所以开始都是排些折子戏。鉴哥[4]演《蝴蝶杯》的"藏舟"，我是唱《山伯临终》。《山伯临终》原来是一首曲，我就找静公把它编成一个短剧。那时我对他提出了一个要求，我

1　何贤（1908-1983）：知名爱国人士，其家族是澳门三大家族之一，他特别喜欢看粤剧，与粤剧艺人交朋友。

2　自小在外国长大，受外国教育的中国人。

3　中央人民政府驻香港特别行政区联络办公室的简称。

4　鉴哥：罗品超（1911-2010），著名粤剧演员，原名罗肇鉴。行内尊称他为鉴哥或鉴叔。

说近来很多朋友见到我,都说喜欢听我的"南音",在曲中加一段"南音"看看可不可以。后来他就加了一段"南音"编成了一个短剧版的《山伯临终》。第一晚演出,演到最后梁山伯躺下就算演完了,这时全场都安静了,还没有亮灯。等到我谢幕起来的时候,全场都在鼓掌。我看到一位观众站起来鼓掌,后来亮灯了,一看原来是新马师曾[1]。

何　车:哦,是祥哥。

陈笑风:是的,他站起来用力地鼓掌。这个场面令我很感动,我知道祥哥的为人,他的艺术造诣很高。

何　车:肯定啦,香港首屈一指的文武生,没有谁的艺术能令他信服。

陈笑风:就是啰,他是那么看得起我,那是没有人去强迫他起来鼓掌的。

何　车:这是惺惺相惜啊。

陈笑风:是的,这个场面对我的鼓励好大啊。那还有一件事情,我也是后来才知道的,就是曲艺界的梁以忠[2]先生,他已经去世了,他也是曲艺界首屈一指的艺术家。

何　车:是的,梁素琴[3]的父亲。

陈笑风:据说他曾经讲过,这首曲(指《山伯临终》)"只应天上有"。

何　车:"人间哪得几回闻。"

陈笑风:有人说他的小女儿[4]是在香港警界工作的,现在唱平喉,她很小的时候就在趟栊[5]里头唱《山伯临终》。

何　车:就"泪似帘外雨……"了,哈哈哈。

陈笑风:我还问过转告我的那位朋友,这是不是真的呀?他说,是当时报纸刊登出来的,这是对我的鼓励。那就是说这首曲在全世界都有影响。

何　车:是的,因为曲的传播是没有束缚的,通过电波广播传播比较广。现在很多人学习"风腔",我最近在电视上看了《朱弁回朝》,我看完就有些不满意,他只是演"风戏"而不唱"风腔"。我是

---

1 新马师曾(1916—1997):演员。原名邓永祥。首本戏《万恶淫为首》《胡不归》《光绪皇夜祭珍妃》,他一贯热心慈善事业,被社会各界省委"慈善伶王"。
2 梁以忠:粤乐名家,精通撰曲、谱曲、演唱及熟习各种乐器。
3 梁素琴:粤剧花旦及香港电影女明星,粤乐名家梁以忠的大女儿。
4 梁之洁,梁以忠的小女儿,毕业于香港中文大学,曾在香港电台和商业电台任职,并加入过香港纪律部队。
5 古老的西关大屋的"防盗门",既通风又保证了基本的安全。

长期偷师学习，看你《六号门》那折子戏"胡二卖仔"，我最感兴趣就是你唱那段"长句滚花"。那段"长花"的处理，一到高音，你就用假嗓偷上去偷得很有韵味。所以我认为要学"风腔"，要学你怎样使用真假嗓转换自如的技巧，现在您的徒弟学了您很多戏和曲，但真假嗓的这个转换方法。演唱技巧，要真正掌握就有一定的难度了。

《六号门》剧照

陈笑风：不愧为何车，真是厉害。

何　车：呵呵呵。另外，给我很深印象的是看您的《朱弁回朝》，我那时候就觉得很奇怪，出场唱"长句二流"怎会转了用"乙反长句"，我写曲就从未写过"乙反长句二流，我知道张法刚[1]曾经试写过，不过那是几十年后的事了。那时我很感兴趣，你为什么会用"乙反长句二流"去处理呢？是你想出来，还是郑厚、"文九"[2]他们想出来的呢？

陈笑风：这些曲调的变化多数都是我自己的探索，我是比较重视理论，由理论去指导实践，第一是要演人物、唱人物，所以我就不会去卖弄声线，我练声是练到 High C 还要高一点的，我是不是只用那个高音呢，不是。有时候用过渡音、装饰音，这样演唱就会有韵味，没有了它，就差得很多了。

何　车：但不是那么容易掌握的啊。

陈笑风：是的。很多人对我说："我真是很喜欢听您的演唱，总之一有空我就听您唱的粤曲。"那我就问："你那么喜欢听，那你有没有唱一下呀？""没有，不是不想唱，而是我也唱过，但录音后一听，对比你的演唱怎么我唱那么难听的呢！但是我喜欢听啊，我现在依然是您的 Fans 啊。"多数人都这样讲。

何　车：我也有同感，他们还有胆量，唱您的曲还录了音。我就只是听您唱，

1　张法刚：粤乐名家，曾主编《粤曲写唱入门》一书，此书被誉为粤曲学习必备之标准教材。

2　广州粤剧团著名乐师文卓凡的绰号。

但绝不敢学您唱,我是知难而退,我知道自己不行啊,呵呵呵。其实很多人都有这种感觉,包括现在的发烧友也是一样,学"大哥"的粤曲呢,好听!但要学得很到家就比较难了,我觉得主要就是他们没掌握到风腔的窍门和方法。不怕得罪讲一句,包括您现在的爱徒晓毅也好,都还没有掌握到、没上升到这个层次,他现在学是学您的发口,特别是那些鼻音,怎样前置,再出来用舌齿音,那些他都学得很像,但真正要高低自如,一上去就要"偷","偷"薄它,然后假嗓上去再收下来用真嗓,这就不容易了。

陈笑风:现在就是这样的情况,我讲出来不知道你认不认同。我收了徒弟呢,我就没有吝啬自己的东西,或者故意保留一些不教,都没有这样的。我是原原本本地讲,但是最后我有讲一句:第一,我讲多少,你听不听得全、记不记得全是一个问题;第二,你听全了,那些东西还不是你的,有可能随时给回我的。因为你要实践,每个人的喉咙、口腔,都是有个舌头、两个扁桃腺,但是整个口腔的容量和活动情况,完全不同的,没有一个人是相同的,生理上是这样。包括鼻腔,我的鼻子畅通的时候会不同,鼻子过敏时,唱起来就辛苦一点,就一定要自己实践,原来这里把声音抽上去一点,这里的音挪后一点,或者这里有个装饰音,你听得多清楚都好,还是要你自己去掌握。一般来说是在"附点"那里就要吸气了,我演唱就不是这样,有时应该偷气时我不偷气,而在不是偷气的地方不要"抢气",我是为了角色的特定情绪,是要把声音唱腔拖到气差不多用到完了,一个回旋,又吸回气了。这些呢,我讲了,你也要有一段时间去实践、去认识,才能变成自己的东西。

何 车:您现在讲这些呢,我感受比较深,因为我和晓毅排戏,在整出戏中,就是跪在公堂上唱的那段"中板"最像您了,"想我王大儒……"那一段就最像您了。还有,他彩排时像,但做了三、五场后,我一看怎么就走样的呢,真是要命了。我觉得,我绝对不怀疑您,我知道您是逐个字、逐个腔、逐句去教他的,这很难得。所以学习的

陈笑风指导徒弟晓毅

过程中，特别是唱腔流派，要深得其精髓。

陈笑风：我就没有特殊的腔。

何　车：您别说您不特殊啊，您本身就是好特殊的呀。

陈笑风：我不是这样的腔哦，马大哥[1]的是"呀、呀、呀……"，你一听这种发声就知道是他的了。

何　车：您一转身，我也听到您那些很特殊的唱腔呀。

陈笑风：你知我心哦！

何　车：你看，虾哥[2]演戏就是"唏唏唏……"您演戏就先弹钢琴的[3]，这些都是必然的，每个人都会形成自己的表演特点和唱腔特点，之所以成为一个流派，它肯定有自己流派的特点。所以我觉得现在跟您学习的学生都很幸福，因为得到您全心全意的教导。

陈笑风：我真的是毫无保留的。

何　车：是的，现在好多人是这样的，最后那点"上树"[4]就不教的了。有些做男角色的、演小生的演员，又去教打武旦，那他教她们什么样的技艺呢？

　　　　有一样事情我就想请教一下您的，在艺术方面，大哥您固然到了一个很高的高度，真的，不用太谦让，您看，全世界都唱您的曲，又不见他们唱我的曲？第二呢，很多人现在名成利就都会做善事，包括"芳姐"芳艳芬[5]也做善事，而您做善事也做得奇怪，我想您介绍一下您的心态，为何您做那一类善事呢？我第一次听的，很少人关注到的，中国人讲"慎终追远"，中国人很传统，我觉得这一条真是很难得。

陈笑风：我2002年回来之后，在香港就开始为"灵实"[6]属下慈善机构筹款，现在已经很多基金支持它的了，当时我觉得我应该做一些事，自己已经退休了，想想唱曲也是一种乐趣，那如果这种乐趣能够做一些善举，那我觉得非常好。

1　马大哥：指著名粤剧表演艺术家马师曾。

2　罗家宝，著名粤剧演员。他的唱腔自成一家，人称作"虾腔"（因他的乳名为阿虾）。代表作有《柳毅传书》《玉河浸女》《牡丹亭》等。

3　此语调侃陈笑风的舞台表演习惯做手。

4　歇后语"老虎追得猫上树——多亏留了一手"，指师父教徒弟，留了一手。

5　"芳姐"芳艳芬：原名梁燕芳，香港著名粤剧女演员。她唱腔自成一派，人称"芳腔"，且被誉为"粤剧花旦王"。代表作有《董小宛》《六月雪》《洛神》等剧。

6　灵实医院是香港一所医院，由挪威女传教士司务道创立于1955年。该医院以老人服务及善终服务为主。

何　车：对社会影响也好，起码我个人感觉，不单只是您个人做事，而是为粤剧这一行，您在外面的身份是代表粤剧这一行的。人家说，陈笑风做"灵实"、做临终关怀，做好事啊，他们讲您是粤剧行、戏行出来的，原来粤剧界都那么关心社会的，这就不单是代表您个人的，这方面我很钦佩您，我就想知道您为什么想到这样东西。

陈笑风：因为我已经退休啦，那我也不是说"大把货"[1]。

何　车：我也是退休，我也不是"大把货"，但我就是想不到啊。

陈笑风：呵呵呵。特别是有一次我和钟锦蓉女士去欧洲玩，她不知道为什么会带了为"灵实"筹款的宣传单张去唐人埠，中国人聚在一起的地方，要求那个餐厅能不能给我们贴一张宣传单张的招纸。其实那些招纸上的演出已经过时的了，只不过是把筹款活动扩大宣传一下。结果有人发现是陈笑风来了，有人就打电话去电台、电视台。告诉唯一的欧洲中文电台、电视台，"陈笑风来了欧洲，为什么你们没有报道呀？"接听电话的那个人原来是在广州电视台工作过的。他说："吓？陈笑风来了？不行不行，我要找他访问。"他就到处找我们住在哪里，打电话给我："我们做个访问好不好呀？"我说："好啊！"就这样开始为"灵实"筹款做善事。我觉得如果是做得好的，就不仅仅是我做了件工作，间接是让好多病者受益。现在"灵实"做得很好啊，他们有很多奇特的想法和工作，他们注意到有些癌症患者，个个都垂头丧气，丧失生活信心，"灵实"组织他们学画画、学唱歌，这样让大家从心理上……

何　车：释放出来，不要老想着自己的病，不要有一种心理威胁在那里。

陈笑风：意思就是这样，经过调节，有时有些一般的癌症就会消失的。所以，他们还提倡化一下妆，让人家看上去都不要像愁眉苦脸似的。"灵实"这样的活动和工作证明有一定成效。

何　车：这方面我很佩服您的，陈老师，真的！

陈笑风：我在欧洲做了一段时间，现在就改了凤凰电视台做了，他们对我们帮忙很大，法国、荷兰、德国……

何　车：主要都是对那些华人的？

陈笑风：我去那里都是先找那些华人社团的。

何　车：民间那些。

陈笑风：和他们聊天，然后再认识当地的侨领。

---

[1] 广府俗语，"大把"是指很多，货喻钱财，"大把货"即指有很多钱财。

何　车：哈哈哈，那你肯定要侨领的荷包……

陈笑风：我们大多数海外华人都是做餐馆的，不是很有钱。有些就发达了，但有些就不是。我自己就很开心，能够做这一样的事情，我不是一定要很多善款，这只是一个传达爱心的宣传。最初50年前，"灵实"是由两个修女在香港调景岭，俗称是"吊颈岭"那里创办的。

何　车：那时国民党败退的军政人员住在那里。

陈笑风：她们搭棚收留那些患肺病的病人，那些病者因为自己患病，知道会传染给家人，所以能够去的个个都去了那里。

何　车：就是当麻风院一样，把他们隔离了。

陈笑风：没错，就这样一路走过来的，有时真是自己都感到很开心。

何　车：为善最乐。

陈笑风：是的，我们去欧洲，在德国，去西方人的老人院，当地那些活动的侨团去表演中国舞，我又唱支小曲，这样娱乐一下那些病者，他们聚在一起听，感到很高兴。表演完后，有些病人坐轮椅上面下不来，那和我们一起搞活动的当地侨团就说我们上去见一下那些病者，切蛋糕给他们吃。上去以后，我就喂一个坐轮椅的病者，我不会讲德语，最初就做善意的手势，他没表情，我就笑着夹了一些蛋糕放进他的嘴里，他就看看我，终于开口了，那慢慢把整件蛋糕吃完。那使我感动的是最初他不知道你干什么，木无表情的，到后来他吃完了蛋糕，眼角就有点泪水。我很感动，觉得我虽然是这样一个小动作，但能使他这一刻感到人间的关怀和温暖。

何　车：人和人的沟通很重要，虽然是不同的种族。

陈笑风：是的是的。

何　车：人是需要一种交流，特别是老人家、病者，更需要别人的关怀和交流。我觉得大哥您在这方面是做了很多善事，所以，"为善者最乐。"这句是真话。

　　　　好了，我知道您很多采访任务，有很多戒口的，我只想再问一个问题，您的生活经历，您的艺术人生那么丰富，您有没有打算自己提笔写一本书让我们看看呢？

陈笑风：我很想，我很想留下一些东西给别人骂的……

何　车：不是，不是留下来给人骂，是留下启示、启迪别人，无论生活也好，艺术也好。

陈笑风：有人会骂你自认了不起的。

何　车：您不"叻"（广东话，厉害的意思）还有谁"叻"呀？

陈笑风：不是的，例如简单讲，《山伯临终》这首曲就有人说是我抄别人的。就是因为香港有……

陈笑风与卢秋萍主演《绣襦记》剧照

何　车：您是指李向荣的《魂断巫山枉断肠》？

陈笑风：是啊，其实我完全没有这些心思。

何　车：呵呵，有也可能是杨子静有。

陈笑风：我相信杨子静也没有这样想的。因为"引白"开始到二簧这些套路很简单的，有什么抄不抄呀，是吧？以前肯定是这样的模式的。

何　车：但是难就难在这里哦，我算你是原来印模啦，您那首就"（流）行"，他不"（流）行"啊，哈哈。

陈笑风：你要加这个帽给我戴我就不舒服了。

何　车：沈秉和[1]写大篇文章拿出来对比的呀，他还分析原因，为何陈笑风唱就红，为何那首就……

陈笑风：我到现在都不知道为什么原因。

何　车：哈哈，所以我就是想问，您为何不出书，您不写这段经历，我们觉得有些遗憾。

陈笑风：第一，我不是主张要这样，是任由"静公"发挥的。

1　沈秉和：澳门实业家、粤曲评论家。澳门瓦舍曲艺会会长。

何　车：那就写啰。还有生活经历,很多人好像您那么厉害的吗,卖盐都生虫,好难的呀。

陈笑风：那是。

何　车：那你写出来嘛。卖烟都生虫的,烟是殺虫的,你卖却生虫的,很有成就感啊,您一定要写出来,让观众知道原来陈笑风是耕田的。那我今天澄清了好多东西了,以前说您正在读书,有书不读,走去做戏,又说您在歌坛,原来都不是,是去做"资本家",去做收银的,做完"地主"去做"资本家"。所以我真的很希望……

陈笑风：好,这个建议非常好,我也正在考虑。

何　车：其实您心里想了好久的啦,不过让我说出来罢了。

陈笑风：老是想说,等于人家说老是想唱"风腔"。

何　车：您不用求别人嘛。

陈笑风：我自己有什么,何德何能呀?

何　车：您不用求人,您自己能写出来嘛。这一条,我是代表很多行内的后辈,包括好多读者、好多观众,很诚恳、很诚挚地向您提出这个要求的。

陈笑风：问题是这样,有很多东西是靠实践的,你说我能唱回以前那么好的声音,那还不错,但现在已经不行了。人家听了会说:"你说陈笑风好声音,但我都没有听过。"

何　车：有CD嘛,以前的《山伯临终》现在还有嘛。

陈笑风：《山伯临终》"(流)行"了以后,我再出过两版,但是个个都喜欢那一版。

何　车：就是旧的那一版。

陈笑风：他们说:"好声啊!"但是我不讲,他们可能不知道里面有变化。所以,你这个提醒呢,更加促使我更加快点完成。

何　车：是的,真的要写下来。在这里我代表所有关心您的人、关心粤剧的人多谢您!谢谢大哥!

访谈感悟

从小听着陈笑风老师的《山伯临终》长大,优美的唱腔给我留下深刻的印象。记得小时候,我哥哥快要上小学时,学校通知每个小朋友到学校参观,当时哥哥在课室里信口唱了几句《山伯临终》,"泪似帘外雨点滴到天明,空房冷冰冰,山伯孤零零……"吸引了当时一位路过的老师,于是马上向校

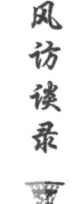

长提出:"这小家伙好可爱哦,让他来我班吧。"可见,陈笑风老师与他演唱的《山伯临终》深受老百姓欢迎,连老师也爱屋及乌,惠及我哥哥了。我带着儿时的记忆与感情,参与了此次的陈笑风的访谈与整理。

　　作为粤剧艺术家,陈笑风老师具有较高层次的文化修养和造诣精深的艺术素质,他给予我们当代的粤剧艺术从业者一些深刻的启迪:除了不断提高自身的文化层次和艺术修养和走出有自己特色的艺术道路以外,更重要的是要常怀慈善之心、感恩之情,在成功路上不忘回报社会、造福他人。陈老师为香港灵实基督教协会做了大量慈善经费筹募工作。他经常到灵实的不同服务单位,探望老人,为他们带来温暖,给予他们临终的关怀。陈笑风老师在艺术上取得骄人成绩的同时,放下粤剧大老倌的身份地位,热心公益,为大众服务,且贵在坚持,实属难得,他是我们粤剧界的典范,非常值得我们后辈去学习。

　　在访谈的过程中,令我感受至深的是,已是耄耋之年的陈笑风老师无论在艺术上还是在生活中,都表现出的与众不同的儒雅风度,举手投足间散发着独特的气质与个人魅力,而他积极、乐观、豁达的人生态度也深深地感染和影响着我们新一代的粤剧人。

访谈文稿整理:梁嘉琪

秦中英

"白发丹心谱新声"

访问日期：2014年4月18日 下午
访问地点：广州粤剧大院（桂花岗）
受 访 者：秦中英
笔录及整理：李 颖

受访者简介：

秦中英（1925-2015），广东广州人，曾用名秦君赋，粤剧编剧家。年轻时跟从剧作家傅炜生学习粤剧写作，编写的第一个粤剧是《张汶祥刺马》。20世纪60年代，先后编写了《绣襦记》《王大儒供状》《朱弁回朝》等剧。这些剧目经著名粤剧演员陈笑风出色演绎，风靡一时，传为经典。20世纪80年代，与红线女合作，编写《昭君公主》《白燕迎春》等剧，赢得赞誉。获得多个奖项。及至退休，秦中英一生活跃在粤剧创作的前线，以"高质""高产"称颂行内。

访谈实录：

何　车：秦老师，首先很感谢您接受我们的采访。我们很多观众和内行人，对您都很仰慕，很想听您亲口说一些过往的事，我想问问秦老师，您是什么时候入行的？

秦中英：我正式入行，食戏班饭是 1954 年。

何　车：那您当时也很大了，20 岁？

秦中英：20 多岁了。

何　车：您为什么不读书而入戏行？

秦中英：人生是要讲点缘分的。我爸爸非常讨厌"戏班佬"，经常说"勤有功，戏无益"，他自己是不识字的。但事实就好像神推鬼使、阴差阳错，推我进来食戏班饭。

　　话又说回来了，当时"土改"，我家是地主，什么都被没收了，所以我必须去担柴，不担柴就没有饭吃。下雨的时候不能担柴，我就在家里写写剧本，我读书的时候很喜欢粤剧、粤曲，整天听粤曲，小明星、张月儿、张蕙芳、徐柳仙[1]四大女伶的名曲，我基本全部能背下来。百无聊赖的时候就学人家写剧本。我在粤剧界一个人都不认识。但当时从报纸上知道有个"华南文联粤剧研究组"。那时，有名的编剧都去香港了，只剩下"四大天王"：杨子静、林仙根、陈卓莹、傅炜生。我就写了一封信，连同两个剧本寄到"华南文联粤剧研究组"，请他们指正。不久以后，就接到傅炜生回信，约我来广州。他问我是跟谁学的，我说我没跟人学的，自己创作的。他说看你文字上有点根底，曲也比较熟，但你不懂戏。你想学编剧吗？我第一句就问能不能"搵饭食"啊？那时没有饭食，最重要就是食饭。他说要看你自己，做得好，不单只是饭，鲍参翅肚都有得食，做得不好，就粥都没得食。于是我就来广州跟他学（编剧）。所以带我入行的，是傅炜生老师。我一直都很感激（他）。后来不久，就和陈笑风合作。当时，陈笑风刚从新加坡回来，是"当扎"[2]的时候。所以，我和他是一同起步。我在他们那班，陈笑风爸爸陈天纵（四叔）是很有名的编剧，很用心教我。因为我写的戏，是给他儿子演的，我写得好，他儿子就演得好。他用心教我，我得益不少。

何　车：您（写）的第一个剧本是什么？

1　20 世纪三四十年代广东曲坛四位最具代表的平喉女唱家。

2　粤语中，"扎"代表弹跳、冒蹿的意思。"当扎"意指在事业上正值力争上游的时候，"扎"即为"当红"之意。

秦中英： 第一个剧本是《张汶祥刺马》。当时我们家还是住在黄埔南岗，没有公交车可坐，要踩单车来广州跟傅老师学写剧本。有一次，我踩到大沙地满头大汗。路边树头那里有个"飞发佬"[1]。在那里挂个镜子，帮人理发。他忽然对我说："你不是秦中英吗？听说你在广州编剧，我讲个故事你听吧！"然后就讲了《张汶祥刺马》那个故事给我听。后来我把这个故事讲给傅老师听，他说"这条桥不错"[2]。剧本写出来以后，交给光华剧团演出，主演是崔子超、古耳峰、蝴蝶女、陈飞燕。那个戏可以说是一炮打红。因为它很适合这四个人演。特别是古耳峰打南派，当时很少人打南派，所以很抢镜头。打藤牌，在舞台上一支枪"标"过去，离人的脚只有几寸，枪头插在舞台上，枪的尾部还在摇晃，满场喝彩。以后还给粤剧团写过，《三铜倒铜旗》、林小群和白超鸿主演的《血战榴花塔》《薛刚反唐》等。

　　后来为什么会和陈笑风合作呢？陈笑风那时刚从新加坡回来，卫少芳做班主，"娱乐剧团"的蒋世勋是文武生，卫少芳是花旦，陈笑风是小生。排演莫志勤编剧的《白蛇传》。蒋世勋演许仙，陈笑风演鹿童，一句曲都没有。"法兰西王"[3]（陈天纵）找到莫志勤："阿勤，阿风刚从新加坡回来，你要给几句曲他唱下才行。莫志勤怎么回答呢？"四叔，鹿童都不是人，怎么说话啊？"一句就说到法兰西王出不了声。所以后来陈天纵带子女陈笑风、陈小华、陈小茶[4]组织百花剧团，就找我做编剧。我当时还是"失魂鱼仔"[5]，所以这些事都是神推鬼使、阴差阳错，我就跟着四叔和陈笑风合作咯。那时，我自己还是很差的，全靠四叔手把手教我的。

　　四叔最大的特点就是掌握观众的心理。一个新戏出来，一定要我坐在下面看，不是看一场，是看十几场，他在下面点评。散场就一定要我跟着观众出场，一散场，从平安戏院到第十甫，让我跟着那些人流，听观众的意见。他说在座谈会上的那些发言，全是假的，只有观众的意见是真的。戏不好，他们一出门

---

1 粤语称"理发"为"飞发"，"飞发佬"即为理发匠。
2 这条桥（kiu2）不错：此处"桥"是指编剧过程中运用的故事情节、桥段的意思。
3 法兰西王（France King）：粤语"费事倾"（赖得睬你）的谐音。是陈天纵习惯口头禅，久而久之"法兰西王"便成了陈的绰号。
4 陈天纵儿子陈笑风，女儿陈小茶、陈小莎、陈小华均为著名粤剧演员。他一家有"一代粤剧家"之誉，其中陈小茶丈夫孔壮志、陈小莎丈夫卢海潮也是粤剧演员。
5 广东话歇后语：失魂鱼仔——乱咁春。

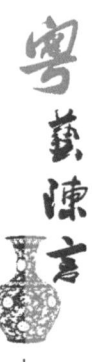

口就"妈"了。晚晚演戏都让我跟着。于是一直和陈笑风拍档，从东方红剧团、广东粤剧院、广州粤剧团到他徒弟现在唱的曲。合作得很好。

何　车：没人像你这么威的，"大细鬼"[1] 您都合作过，"大鬼"就是红线女，"细鬼"就是陈笑风。我听说过他们有些地方很难相处的，想听听你的经验，您为什么两个都"搞得掂"？

秦中英：其中很多甜酸苦辣，你们不知道。一个人难得老来讲旧时。那些老人家喜欢讲旧时，一讲就"认叻"（自认为很厉害）。我一直都是跟着那些老艺人曾三多、叶弗弱、黄新雪梅，和他们一起做班，一起下乡。早上饮茶、中午食饭、晚上食饭，在茶楼和他们聊天。我就只有一个"听"字，从来不驳口。和老人家讲话，千万不能驳口，明知是假的，他是"认叻"的，你都要点头称是。你一驳口，他就不说了。你样样都说是，他们就乐意讲："旧时，我在新加坡同某某一齐做《大反鸡林国》，他又怎样做，我又怎样做的，我把他的风头都盖住了。"你就只能说是，我不理他好不好、对不对，我都放进口袋里。放到袋子里就是我的了。世界上，什么都是越用越少的，只有知识是越用越多的。我用的时候就拿出来，你不愿意可以不拿，也不是一定叫你拿的。你越袋得多，对你就越有益。

　　本来我入行不算早，但传统排场、古老排场、古老的表演手法，我知道得相当多，主要是得益于和老艺人接触。

何　车：我最记得在顺德龙江开会，你的一句话，让我印象非常深刻。"乡愿，德之贼也。"[2] 我就想"大细鬼"好难服侍，您都可以"搞掂"他们，我就"搞不掂"，碰过好多钉子。现在说和谐，当代人真的要学这样东西，首先能够"搞掂"他们，好像"神奇老太"[3]，她今天和明天不一样的。

秦中英：第一点，我必须承认一样东西，我们编剧都是搞案头工作，我们缺乏的是舞台经验。演员是有舞台经验的。所以要有思想准备，要听演员意见。陈笑风和红线女有共通的地方，也有不同的地方。两个人对艺术要求严格，都很有追求、很有抱负，这些都一样，凡是大艺术家都这样。不同的是，陈笑风比较深沉，红线女就比较率直。陈笑风和我是同时成长的，所以他不会太

1　原指扑克牌里的大王和小王。此处意指红线女和陈笑风。因两人在广州粤剧团中是最具社会影响力的艺术家，剧团众人私底下对两位的昵称。

2　此句出自孔子《论语·阳货》第十七篇，第十三章。

3　这里借喻对红线女老师的戏称，形容其有了不起的能力且点子多多。

轻率不会太率直。红线女就认为她比我大很多,所以一有不同意见,她就相当率直地提出来。

我很少和陈笑风"顶颈",因为他提的意见都考虑得比较成熟,我一般都可以接受。红线女就比较率直,我就经常和她"顶颈",连"拍台都试过"。不过,她人很好,"拍完台"两日,就打电话来,问"嬲完未啊?"艺术上有点争论是正常的,如果没争论就没进步。

其实我很怕和红线女合作,写个剧本给她看,她就会找中山大学、暨南大学的教授来看,看完以后提意见。我初时很反感,我说女姐,那些大学教授一世人学一样东西,历史教授就在历史角度要求你,语文教授就在汉语角度要求你,戏曲教授就在戏曲角度要求你,我就要学齐他们那么多人的东西,这个根本上是做

秦中英、陈笑风、红线女合照

不到的。第二,我写的戏不是给大学教授看的,是给市民看的。不是给他们看的,又找他们来提意见,不听他们的话,好像不够尊重,你听他们的话去改,戏就没人看了。但最后结果还是要迁就她(红线女)。后来发现对我的好处很大,逼我读书,逼我充实自己。

我和红线女合作,是"文革"以后,从《昭君公主》开始。《昭君公主》的合作也是阴差阳错的,红线女演的戏肯定是杨子静、莫汝城、陈冠卿他们(写)的,但"文革"以后他们都不敢写了。红线女要写《昭君公主》,那找谁呢?陈笑风就提出找秦中英。红线女觉得这事划不来,第一她不熟悉我,第二秦中英和你(陈

笑风）是老友，肯定要帮着你的，于是她就怀疑地问"秦中英行不行的？"陈笑风就说"没所谓啦，写出来的戏，你还是要看的，你认为行就做，不行就不做。"后来（《昭君公主》）写出来，她就很满意。她还对我说："我初初不敢找你写的，因为你和陈笑风是老友。"我说："女姐，不是这样的。一个编剧者执起笔，就不会考虑任何其他东西，该怎么写就怎么写。"

年轻时的红线女和秦中英

何　车：我很佩服您。您那套《张汶祥刺马》，演扎了"龟公德"[1]。

秦中英：一首主题曲，就唱红了那个狱卒（的角色）。

何　车：您很厉害！广州市第一次出现在剧场唱主题曲，观众热烈鼓掌。这首曲，在戏里面本来是没有的。一个狱卒怎么会唱主题曲？

秦中英：这个也是阴差阳错。组织"光华剧团"的时候，就是古耳峰、崔老四（崔子超）去香港找演员。配备齐了，就乘火车回来广州。开车之前，忽然卢龄德（卢龄杰）走过来。原来，他在香港和人打架，拿花盆把一个人打晕了。他不知道那人是不是死了，就要逃亡回来大陆。一上火车就说，"四哥今次你要救命啊！"说出原委以后，求崔子超在剧团给个位置他。但当时剧团"六条柱"[2]都

---

[1] 旧时代在妓院中干杂役的男人，一般还充当保安的角色，南方人称此类人为"龟公"。由于卢龄杰善演此类角色，且别名叫"阿德"，故同行戏称其为"龟公德"。

[2] 即"六大台柱"。粤剧戏班编制模式，即以六位主要演员负责担纲剧团所有演出剧目的主角，就如六条梁柱支撑起剧团的演出，故名"六大台柱"。这"六大台柱"包括：武生、文武生、正印花旦、小生、二帮花旦、丑生。

齐了。只好让他当"通天卡老倌"[1]。

"光华剧团"第一个戏是《张汶祥刺马》，角色都安排好了，我说："四哥怎么办？"崔子超说："卢龄杰是我兄弟，你无论如何都要给个位置他。"后来想到有一场张汶祥坐牢的戏，可以安排个狱卒给他做。

戏是这样的，曾国藩要毒死张汶祥。狱卒于心不忍，觉得这样的英雄不能毒死他，但不下毒又不能向上头交差，这时他捧着一壶药酒出来，把心中的不满唱出来，唱到天光都可以。卢龄杰唱得挺好。当时戏行就有这样的传说，一支主题曲就唱扎了卢龄杰。以前从来没有这样的例子，一般都是文武生唱主题曲，哪有"大拉扯"[2]唱主题曲的。所以戏班的东西就是这样，阴差阳错，机缘巧合。

何　车：换了我是不肯随意加曲的。秦老师不一样，加一段主题曲，又唱扎了一个演员。

秦中英：回过头来讲讲陈笑风、红线女吧。1984年，第一次去新加坡演出。原本说带《朱弁回朝》去的。《朱弁回朝》是陈笑风的首本戏，尾场公主是不死的，唱完主题曲，渔翁救回来，然后相会了。红线女说这样处理不好。公主尾场出来没有用，让她死了就算了。陈笑风说："不行，你死了，我和谁做戏？"两个人在争论，红线女说公主要死，陈笑风说不能死。我不知道该怎样办，我建议我们三个人不如坐下来，商量一个方案；该死就死，不该死就不死。谁知他们两个都说可以了，你照改啦！那我该怎样改啊？没办法，当时杨奎章当文化局长。我就找到他，征求意见。杨局长说："你是编剧者嘛，你认为怎样好就怎样写咯！"我虽然有权写，但他们也有权不演呀。后来，我准备了两个本子，一本是死的，一本是不死的，再找到杨局长，说这些事，我搞不掂，两个本子都写了，你来决定。他（杨奎章）也没法子说服他两人，最后没办法，就只有不带这个戏去新加坡演出了。

所以粤剧的编剧者特别难，我们夹在大老倌中间，有时候"顺得哥情失嫂意"。最吃亏的是我，他不演，你也没办法。

1　传统粤剧戏班排名单上除了罗列艺人的名字，还会在上面加上该演员所属的行当。所谓"通天卡"，其实是一种有别于传统特制的排名单。在这张排名单上，戏班中个别大老倌的名字上面没有加上专属行当，以示该老倌什么行当都能演，艺可通天，故有"通天卡老倌"一说。

2　表演行当，在早期粤剧十大行当中归属"杂"类。"拉扯"在戏班中的地位比"手下"高，但没有固定的扮演行当和位置。多扮演戏中的朝臣、家院、中军、旗牌等角色。

红线女《昭君公主》要拍电影,导演也请来了。陈笑风说可以,不过他也要拍《绣襦记》。他说《昭君公主》里面他做"胡须佬"[1],以往银幕形象不好看,要做回一次"靓仔",我和红线女说,风哥要求要拍《绣襦记》,红线女答应了。陈笑风说要先拍《绣襦记》,后拍《昭君公主》。我说拍什么先都一样。他坚持要拍《绣襦记》先。我又去和女姐讲风哥要先拍《绣襦记》。红线女说:"不行啊!《昭君公主》都准备好了,导演也来了。"我又和陈笑风说:"女姐要先拍《昭君公主》,导演都请来了,准备工作都做齐了。"他说:"不行,拍《昭君公主》先,我就不拍。"然后我就发火了,"不是都一样吗?为什么你这样固执呢!"陈笑风说:"红线女有些绝技的,她拍完《昭君公主》,说自己生病了,那你怎么办?"结果最后两个戏都拍不成。所以编剧在大老倌之间是很难做人的。

何　车: 所以在大老倌之间游刃有余,这也是我服您的地方,你能协调好他们。这些经验就应该留给后辈学习。

秦中英: 现在没那么难办了。现在编剧者写好了剧本交给导演,由导演搞掂老倌。现在是老倌怕导演,导演可以指挥那些老倌。

何　车: 对比起您,我们算是后辈,以前就有"三名三高"[2]。我们就是"血压高、尿酸高……"反正就是样样都不高,就是病症高。您也是"三高","高寿、高产、剧本水平高"。还有一"高",鉴哥[3]七十岁结婚,你就八十多高龄才结婚。从养生的角度讲,为什么会这样选择呢?

秦中英: 这事,有一个大干部问过我类似的问题:你有什么(养生)秘诀?我说秘诀是有的,不过你做不到的。他说有什么是我做不到的?我说我是"唔生性"。一个人的衰老是从心态开始的。一个人做人最怕古板。我从来不"争气",什么都争,就是不争气。不要把社会上的事记在心上。我在乡下农村十几年,挨了不少批斗。后来红线女、陈笑风在中山纪念堂演《刁蛮公主憨驸马》,我把批斗过我的大队干部、大队书记、治保会主任都请出来看戏、吃饭,他们觉得不好意思。我说你们千万不要这样说。你们那时斗我,我是不会放在心上的。那时候,你有你的环境和身份,我有我的环境和身份。我们彼此之间没有私人仇怨,都是兄弟。那些都是大环境造成的。所以你斗我,我没放在心上。解放这么久,尽管

1　此处笑指陈笑风在《昭君公主》中扮演的匈奴单于呼韩邪的扮相。

2　20世纪60年代,名作家、名演员、名教授和高工资、高稿酬、高奖金的合称。当时属于批判对象。

3　鉴哥:罗品超,著名粤剧演员,原名罗肇鉴。行内尊称他为鉴哥或鉴叔。

我被划为"四类分子""地主",但我没被人打过一下。只给一个女民兵打过一巴掌。那是土改的时候,我夫妇俩被绑在祠堂门口的石柱上。我老婆一直在哭,我说:"你用不着哭,只当做戏就得啦!做戏也会被人绑啊。"当时我不知道背后有个女民兵在。她说:"做戏吖嗱"一巴掌就打了过来。

打人最多是划阶级成分的时候,那时是要公议的。一般没人报自己是地主的。其实那些早就内定了,只是走过场而已。你不承认是地主,就会打到你认为止。我和其他人不一样。被问秦中英你什么成分?"地主。"全场大出意料。"你为什么做地主?"我答:"我老窦(父亲)有钱。""你老窦的钱怎么来的?"我回答:"剥削回来的。"

何　车：您是不是学华嘉的啊?

秦中英：不知道他学我还是我学他。我比他早啊。我划阶级成分的时候是1953年。

何　车：我见华嘉被人批斗的时候也是这样问他。"你是不是走资派?""是!我是走资派。""我是跟夏衍[1]文艺黑线。"

秦中英：这是我总结,对付"革命派"最好的办法。"秦中英,你偷了个井!""是我偷了个井!"承认了就没事了。

何　车：华嘉也是这样。他什么都承认,这样斗他的人就打不下手,什么都认。转头他就和我说,"虽然我什么都认。但我是高级干部,定案是要中央组织部的。"

很多人对我说,秦老师真是够风流。八十岁还结婚,还要摆酒。我想知道,你经常写那些戏《王大儒供状》《绣襦记》,什么"赤体蒙尘"之类的,和这个有没有关系?如果没有这些情感,对真爱有真挚情感,很难写出这样的东西。去年,我导演您的《王大儒供状》,一边排一边惊叹:"这样的文词都能出街的?!"我的思想还没您那么开放。我(让女主角)穿件背心上场都不敢。

秦中英：其实,没什么关系的。生活中,男人要找女人,女人要找男人,就是每个人都一样的。不是我很特殊,其实你也一样。我八十多,那样就不算是娶老婆了,只是找一个人来照顾自己而已。我身边什么都没有,没有人是过不了日子的。有很多事,请保姆也是不能解决的。所以一定要找个老婆。为什么老婆可以,保姆不可以?因为保姆,你给多少钱,有些事还是不愿做。老婆不一样,我和你结婚,我死了就什么都是你的了。

1　夏衍(1900-1995):原名沈乃熙,中国现代剧作家。

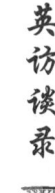

《王大儒供状》剧照

何　车：的确，我觉得自从秦太细心照料，您的身体状态也不一样了。

秦中英：是好很多，她很用心照顾我，她也管得多一点。起居饮食，我往时是喜欢吃什么就吃什么，不考虑结果。我认为，如果样样都不能吃，长几年命也没用。但现在就不行了，她不买，我就没得吃了。争论起来，她就会说，你要顾着我才行。你死了我怎么办。我又很难说出口："我死了，你就再嫁咯。"

何　车：您也经常听见，以前女姐每逢开会就说粤剧没编剧，也没人肯做编剧。其实我觉得也不是。您也有学生跟您学写戏，也有些剧本出来。站在您的角度，作为行业泰斗，你对后辈编剧，第一有什么期望？第二对我们粤剧目前的状况，所有政府投钱的重点戏，都找外省人编剧的现象，您有什么建议呢？

秦中英：目前的状况很可悲。有客观原因，社会的娱乐方式多了，看戏的人少了，年轻人又不喜欢看戏。其实以前粤剧也经历过类似的环境，我记得有声电影刚兴起的时候，个个都去看电影又便宜又新鲜，

何　车：秦老师，我是想听听您对粤剧现状的意见，以您现在的江湖地位，对后辈有什么期望。怎样才能成为好的粤剧编剧？

秦中英：按实际情况，现在不是没人学编剧，也不是没编剧。而是没有粤剧的编剧。培养一个编剧者主要不是靠课堂培养，要在剧团培养、要舞台实践中培养。以前文化局就搞过五届编剧学习班，也培养出不少人，但没有一个能留在编剧队伍。最近，省委非常重视，和"中大"合作搞了个研究生班，学了三年。有没有出人才呢？有，但那些人放在剧团，不是太合使。所以这是一个很危险或者很吃

亏的现象。现在剧团不养编剧了,这是我们现在培养不到流派(的原因),我们的领导和行内的大演员都不自觉。

编剧和演员,是鱼和水的关系。旧时的大老倌是很重视编剧的。陈天纵是编剧之王,马师曾和班主说定的,要请陈天纵。他才肯来。马师曾工资多少,陈天纵就领多少钱。当时,马师曾三百元一年,一订两年,陈天纵也是同样待遇。旧时的流派,无论是薛、马、桂、廖、白[1],还是风腔、虾腔、女腔之类,它的形成都是离不开编剧的。看一个剧种的档次和兴衰,不是看它属省还是属市的,要看你有多少大老倌,大老倌达到什么水平档次。要使大老倌达到一个档次,必须有流派、有代表作品、曲目,代表曲目要有很多人传唱。现在我们的大老倌,包括丁凡、倪惠英之类的一流老倌,有哪出戏是他的代表作,有哪首曲是传唱的?形成不了流派,得不到观众的认同。那样要振兴一个剧种很困难。一个剧团的水平,不是看你是属省还是属市、还是属区,而是看你这个剧团有什么水平的大老倌、有什么戏,大老倌是靠戏,剧团是靠大老倌。但我们有很多领导还没能转过弯来。我和深圳剧团的团长谈起,为什么不和苏春梅拿一个"梅花奖"?。我说拿"梅花奖",不单只是她个人的光荣,还是你整个剧团的水平,现在是看你的剧团有多少个梅花奖的演员,是代表你剧团的档次。但他怎样回答我呢?"秦老师,你不知道啦!那些家伙,你捧红他,他就不听你话了。"他们是要培养一些听话的奴才,而不是人才。

作为编剧者,要熟悉演员的戏路,按他的艺术特长,给他度身订造。让演员们在这个戏里面,表演得到充分发挥、挥洒自如。我们以前的大老倌,整场观众都是看着一个人的。编剧者要有这样的本领,让演员一出场,就能把全场的眼球吸引住。这样老倌就出名了,剧种就兴旺了。我们(现在)

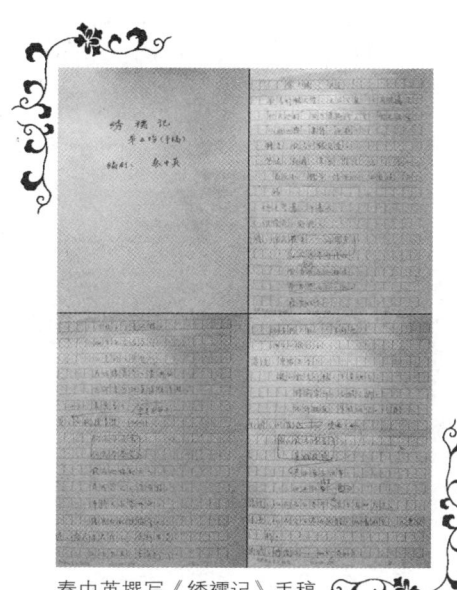

秦中英撰写《绣襦记》手稿

---

[1] 20世纪由媒体和观众认可的粤剧五个表演流派。"薛马桂廖白"("薛"是薛觉先,"马"是马师曾,"桂"是桂名扬,"廖"是廖侠怀,"白"是白驹荣)。

的编剧、领导，不是按演员特长写戏，写好的剧本，也不知找谁演。戏曲有戏曲的特点，（剧本）一定要是度身订造，为演员服务。电影编剧、电视编剧、话剧编剧，写好剧本以后，导演会全世界那样去找演员。我们不一样，这个剧院就是欧凯明、崔玉梅，没得变的，一定要为她服务。

另外，必须明确，"戏曲"，戏占一半，曲占一半。现在我们的编剧，注意"度桥"，不注意写曲。"度桥"也不注意"曲"字，太直。戏曲、戏曲，要"曲"；太直，看头就知尾是不成的。第一点是没"曲直"的"曲"，第二点是没"唱曲"的曲。近几年，省市剧院演的剧目，有哪些曲是在社会上流行的呢？没有！现在有哪个老倌的首本曲被人传唱呢？没有！现在的年轻人，包括年轻学编剧的，都不喜欢读书。你要把唐诗、宋词、元曲、几大古典名曲，读到烂熟。为什么我写曲、写剧本都比人家快？因为我读得多、读得熟，真真正正成寸厚的一本，我可以从头背到尾。读熟古典文学、读熟诗词曲赋，曲就来找你了。编剧一进入到那种意境，这个演员是什么身份、带什么情绪出场，出场做什么，这些确定了以后，曲就来找你，你写就是了。

曲的要素，第一个，现在有字幕，打出来要成一句话，串起来，要成一篇文章。意义、内容要和演员的身份、情绪、背景，当时出来干什么，要吻合，唱出来要顺口，必须合乐合律。现在的编剧，包括梁郁南[1]在内，写出来都不及格的，因为唱不顺，唱不掂就不好听。演员难上口、难记曲、难露字，曲写得不顺，很难个个字都被观众听清楚。曲不露字，演员又不喜欢听，观众又不喜欢唱。这是目前我们编剧界一个很大的缺点，他们不注意。所以说，我们现在不是没有编剧，而是没有粤剧编剧。他们至少都不注意把曲写好，

何　车：您刚才说的，我深有同感。您说"不注意"是比较客气了，其实很多编剧是不会写。秦老师，您积累了几十年的功力，（文思）才能涌上来。包括您弟弟[2]，当编剧也有好几十年了，经常在文字上还有些不通的东西。正如您刚才说，要真懂才行，不要不懂就去做。我很欣赏的是，同样是新的东西"走过了离离青草"，[3] 一

1　广州市文艺创作研究院国家一级编剧。其代表作品有长剧《金陵残梦》《睿王与庄妃》《土缘》《花月影》《梦惊西游》等。

2　秦中英胞弟，广州粤剧团国家二级编剧。其代表作品有长剧《昌华公主》（与秦中英合作）、《魔水之恋》、《南海神庙》、《南越王后》及短剧《七姑奶开店》、《活捉张三郎》等。

3　秦中英代表作《昭君公主》中"昭君塞上曲"唱段的第一句。

支南音出来，现在就传唱了，好几个大赛，都唱这首曲。我觉得作者必须要有这样的功力。另外，有一件事给我的印象很深。我第一次排您的戏，是阿卿和阿祺[1]主演的戏，我觉得（人物）这样出场不太好，我就打电话给您，征求您的意见，您当时第一句就是"蔡孝本，你又不是卖缸瓦的，不行你就改咯！"我心里是有点顾虑的。像前辈"癫三"，他是"改头不改字"的。没想到您第一句就是"你又不是卖缸瓦的"。第二次，就是您批评何建青，何建青在很激愤地批评一个戏，您又说"你又不是卖缸瓦的，你觉得他不行，你就再写一个冚[2]它咯！"真是经典！这样既反映一个客观规律，又反映了您做人的态度。我很想听听您说说这类的趣闻轶事。您是怎样看待这些事情的。

秦中英：这事我刚才说过。首先要承认自己有不足。我不承认自己有什么成就。因为，作为编剧者，要懂的东西很多，而我们自己实际上懂的很少。所以，我现在读书都非常勤力，一有空就读书。我除了写曲以外，对什么都不感兴趣。没应酬、没活动，最怕担任任何公职，连朋友都没有。一辈子的精力都是放在读书写曲上。要承认自己舞台经验不足，从来演员都喜欢和我合作，你刚才提过，红线女、陈笑风，逢人都说他们难相处的，为什么我能够和他们合作几十年，从头到尾都这么好呢？很大一个原因，是我肯改曲。他们有什么意见都好，首先我就慎重考虑，即使我不按照他们的意见改，我都要说服他们。这个是承认自己的不足。

第二，就是相信我们的合作者。这点很重要。再有，尊重自己的合作者。创作上面的东西，是不分前辈后辈的，所谓前辈者，只不过比你多做几年人，但我们最缺乏的，就是活跃的想象。我们不及年轻人，年轻人的想象很活跃。我们受了几十年条条框框的限制，所以要相信对方。即使我和一个很年轻的人合作，比如《青春作伴》[3]就是和几个学生一起写的，我很尊重他们的意见。我告诉他们，我只不过是比你们多做几年人。那个戏很成功，拿了很多奖，就是因为我们合作得好，听他们的意见。要相信我们的合作者、尊重我们的合作者。我们合作愉快。愉快就无所顾忌，我在你面前，你在我面前都可以讲，讲得不好就拍台，拍完台又没事了。

何　车：现在不知道是不是社会的氛围问题，很多机会都是庸者上。

1　指当年在广州粤剧二团的担纲的正印花旦梁淑卿和正印文武生钟康祺。
2　广东俗字，读音为（kem2），意思是覆盖，罩住。此处为超越之意。
3　由青年编剧余楚杏执笔，与梁郁南、秦中英联合编撰的现代粤剧。

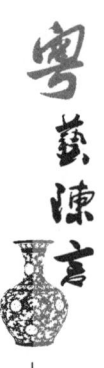

秦中英：这个有很多原因，第一个，正如我刚才说的，你捧红他，他就不听你话了。第二个是文人相轻。一般都是"自己文章"。艺术，特别是演戏的人，不会承认自己不行的。我基本上同全行的老倌都合作过，但没听过哪个老倌说自己不行的。编剧者还有一个痛苦，老倌不说自己不行，只会说戏不适合他演，他会要求你改。何建青算是很有才，是才华横溢的一个人，但没人排他的戏。因为他就是这样，你提意见他就骂，一个字都不肯改，"改头不改戏"。老倌是不会承认自己不行的，他认为不好，你就改咯。有才华的人不容易立足，这也是有客观原因的。

何　车：这和我们总体的文化观念有关系。"木秀于林风必摧之。"

秦中英：总体文化氛围，这个自古以来都这样。加上自己有才华的人，总会有点性格。

何　车：今天和秦老师聊天，很受教益。给我们读者、后辈很多有益的启迪。希望以后继续有机会向秦老师请教，多谢您！

秦中英：多谢！

访谈感悟

　　作为秦中英老师访谈资料的整理人，从他言谈的字里行间，我深深感受到一个老编剧对粤剧行诚挚的情感，及对粤剧编剧匮缺、行业缺乏发展动力现状的深重忧患。秦老师从编剧对于剧中振兴的重要性、编剧者所需具备的质素、编剧者的培养等多个方面对目前粤剧面临的困境进行剖析，发人深省。培养编剧，解决粤剧当前编剧匮缺的尴尬局面，不在口号之间，必须掌握粤剧编剧的特点及粤剧自身固有的规律的前提下，从每一个细部坐言起行。

　　另外，年届耄耋的秦老师，其睿智阔达的人生态度，也让我触动良多。秦老师一路走来，在建国初期的政治运动中，遍尝人生百味，但他始终怀抱着"一蓑烟雨任平生"的潇洒胸襟，淡看人生起落，即便对着文革期间欺侮过他的人，也能一笑泯恩仇。我想，这种博大磊落的人格基调，为秦老师的才情提供了一片恣意流淌的精神土壤，也许，这便是他时至高龄创作灵感不涸的原因所在吧。

访谈文稿整理：李颖

陈予之

「黄花老圃殿高秋」

访问日期：2014年5月16日 上午
访问地点：广州粤剧大院（桂花岗）
受 访 者：陈予之
笔录及整理：陈冬琳

受访者简介

  陈予之，广东南海人，1925年在越南西贡（现胡志明市）堤岸出生，在广东南海九江私塾读书。先后在老挝佰细中学、越南堤岸福建中学当老师，后从事话剧导演工作。

  1938年，他在越南堤岸参加东洋共产党领导的"铁的剧社"担任演员、导演，同年参加东洋共产党（后称印度支那共产党、越南共产党）。1949年从越南回国后，曾在广州华南文工团一分团任编导科副科长。1957年至1958年在广州市文化局戏曲研究室工作，期间曾任中国戏曲研究院粤剧演员讲习班教务处副组长。1997年12月，获广东省文学艺术界联合会、广东省文化厅、广东省戏剧家协会、广州市文学艺术界联合会、广州市文化局、广州市戏剧家协会联合颁发的"从事话剧艺术工作逾五十年，为推动戏剧艺术的发展和繁荣话剧舞台作出了可贵的贡献"荣誉证书。

  陈予之是中国戏剧家协会会员、中国摄影家协会会员、广东省戏剧家协会会员、广东省摄影家协会高级会士。曾任广东省文联第三届大会代表、摄影家协会广东分会第三届理事。

访谈实录：

何　车：你好，陈老师，我怎样称呼你好呢？称呼你陈老师好呢，还是予之兄好呢，还是陈导演呢？

陈予之：就叫老陈啦。

何　车：叫老陈？！那不行！

陈予之：因为我比你老。

何　车：以前呢我们习惯在开会的时候都称你是予之兄。

陈予之：要么就予之兄，要么就叫老陈，千万不要称老师，"好为人师"不好！

何　车：予之兄，我认识你都几十年了。

陈予之：应该是六十年了。

何　车：六十年就没有，但起码是"文革"时就认识你了。

陈予之：起码都五十年了，"文革"时候在广州粤剧团当导演。

何　车：时间很快就过了几十年，现在粤剧舞台上，包括现在粤剧院粤剧团的人，对你相对比较陌生，但你是我们印象中的泰山北斗，我想请你自己介绍一下，听说以前你不是搞粤剧的。

陈予之：是搞话剧的。

何　车：那你搞粤剧之前你是做什么的呢？你是离休干部，不是退休人员，请介绍一下你做粤剧导演前是做什么的？

陈予之：我是做话剧的。1938年，我的第一个恩师，是在越南，他叫汤明，这个人的身份我始终没有问过他。

何　车：到现在都不知道他是不是越南共产党？

陈予之：他现在已不在世了。他是"东洋共产党员"。"东洋共产党"是胡志明[1]在"第三国际"[2]的时候，接受第三国际的领导，于1930年在广州市成立的共产党。为什么叫东洋呢？因为当时越南柬埔寨一带被称为"东洋"，所以叫"东洋共产党"。

我是1938年加入的。那时已经有中国共产党员在越南，是连贯在那里发展的。"二七"革命失败后，连贯去了越南，发展了组织，建立了中共华侨支部，所以当时又称"侨党"，实际上是中国共产党。后来1930年胡志明建立"东洋共产党"，中国共产党的党

---

[1] 胡志明（1890-1969）：越南劳动党（今越南共产党）中央委员会主席；越南共产党的领导人、无产阶级革命家。

[2] 又名共产国际，是一个共产党和共产主义组织的国际组织。1919年在列宁领导下成立，总部设于苏联莫斯科。于1943年解散。

员都并了进去，党员既受中国共产党领导，也接受东洋共产党领导。1938年我在学校参加了话剧表演，那一次扮演东北老人流亡诉苦。

何　车：就是《放下你的鞭子》[1]那类戏？

陈予之：表演完毕，有一个满脸黑麻麻的青年走上后台找我，问我叫什么名字。

何　车：那时叫什么名字呀？

陈予之：那时我的名字叫陈仲照。

何　车：仲是单人旁的仲，照就是照亮那个照吧。

陈予之：对。他说我演得很好，叫我参加他们的话剧组织，他说："他那个话剧组织全是工人，不懂得表演，你要教他们演戏。"我就答应了，便加入了他组织的"铁的剧社"，那个剧社是受东洋共产党领导的。

何　车：那时你几多岁？

陈予之：那时我才13岁。

何　车：你13岁就做导演了？

陈予之：那时是乱搞的。我在剧社与当地工人排演了田汉的《卢沟桥》，就闹出了笑话。当时武汉八路军办事处在香港设立了一个华侨工作委员会，对外宣传中国抗日情况，呼吁华侨支持祖国抗日。恩师汤明经常去请示工作。1939年初，金山[2]带一个"中国救亡剧团"（简称"中救"）到东南亚宣传演出，第一站到越南。华侨工作委员会要我们"铁的剧社"负责接待和协助演出，汤明就把任务交给了我。第二天，汤明和我到西贡一间小旅社会见"中救"派来的联系人陆知微（建国后改名陆向苍，任珠江电影制片厂厂长），把"中救"接来。

"中救"来了后，金山听说我是"铁的剧社"的导演，对我打量了一会，问我排了什么戏？我说《卢沟桥》。他说"看看"。当晚就演给他看，怎知一拉开幕他就哈哈大笑。他说我们演的不是卢沟桥而是越南桥，因为卢沟桥是石桥，是没有草的，我们就搞了这么多草，桥两边护栏有很多石狮子。

何　车："卢沟桥石狮子"——数不清。

1　由田汉编写的独幕剧。该剧讲述了"九一八"以后，从中国东北沦陷区逃出来的一对父女在抗战期间流离失所、以卖唱为生的故事。该剧在抗战期间产生过很大的影响。

2　金山（1911–1982）：共产党员，30年代著名电影艺术家。

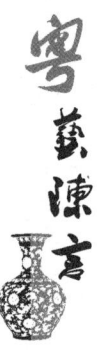

陈予之：最奇怪的是卢沟桥边还有芭蕉树，北京是没有芭蕉树的。金山是很率直、爽朗的人，所以他哈哈大笑。

"中救"第一出戏演出《台儿庄之春》。是宣扬国民党军队在台儿庄战役的大胜利，以鼓舞国民党抗战的决心。

《台儿庄之春》演出后，还新排一出《民族至上》，《民族至上》是陈白尘根据德国作家席勒的《威廉退尔》改编的。

排《民族至上》时金山对我说，第一，不能像"铁的剧社"那样叫演员机械地模仿名演员的表演，要自己创作；第二，作为一个导演，不要调度演员走去哪里站到哪里，要演员按照角色的需要去调度，不要认为舞台中心才是最显眼的地方，戏的冲突在哪个地方发生，观众的注意力就集中在哪里，哪里就是舞台的中心。

何　车：当时舞台还没有划分成六个演区的概念。

陈予之：有。但观众的注视点不是固定在中心的演区的，作为一个导演，不要指挥演员怎样表演，导演只能向演员发问，启发演员。比如，角色站在山顶那里，顶着一项日本军官的帽子，导演就不要叫演员怎样做，而是第一要问演员，你站在这里做什么。演员说："我在这里放哨。"那接着问："你为什么在这里放哨？"演员答："因为老百姓都在这里，我要他们向着皇军的帽子跪拜。"导演再问："你如何截住老百姓？"演员答："我叫他们过来。"导演问："如果老百姓不过来怎么办？"演员答："我向天鸣枪，老百姓就会过来。"金山说："要向演员提问题，演员按照角色产生意念和行动，让演员根据角色的需要自主表演。"

金山还介绍一本《演员自我修养》给我看，是苏联莫斯科艺术剧院院长，表演艺术大师斯坦尼斯拉夫斯基的著作，使我学习斯坦尼斯拉夫斯基表演体系。

第一个恩师汤明带我跟随劳苦大众进行革命斗争，并吸纳我参加共产党；第二个恩师金山教我如何引导演员塑造戏剧人物，并指引我学习斯坦尼斯拉夫斯基表演体系。后来又遇到第三个恩师，他使我改变了人生道路。他指引我按照中国共产党的要求致力于传承、宏扬中华民族传统文化，从事岭南传统文化——粤剧的传承、发展工作。

何　车：这个恩师是谁？

陈予之：丁波[1]。

---

[1] 丁波：中共华南分局华南文工团团长，后任广州市第一届文化局局长，并任广东省戏曲研究会副主席。

何　车：啊！就是那位带领《中国艺术歌舞团》（简称"中艺"）到东南亚演出的丁波，那你在越南的时候已经认识他了？

陈予之：不。他领导的"中艺"没有到越南演出，是到新加波演出去了，多年以后我回国后才认识他的。

何　车：你为什么从越南回来呢？

陈予之：1949年我为了组织一个江湖卖艺性质的职业剧团掩护我们的工作，8月到香港聘请一些明星演员。华南分局香港工作委员会一个叫李凌的搞音乐的介绍了朱克、姜中平、邓竹筠和电影导演苏怡给我认识，苏怡又介绍了电影皇后李绮年给我。这时我见到一位我们印支共的同志曾平（原名曾锦才），他于1948年到上海参加了中共，搞统战工作，后回香港搞统战工作，他劝我回越南后如果搞不下去就回中国。后来李凌又介绍我认识作家黄谷柳。

何　车：他是黄力[1]的外父。

陈予之：你知道黄谷柳是黄力的外父？是黄力向你说过？我随即请黄谷柳给个剧本我们首演。当时黄谷柳正写好了一个《此恨绵绵无绝期》，不计报酬给了我，但后来没有演。因为我搞的江湖卖艺剧团，演具有浓重政治色彩的戏，是不相称的。

　　我和朱克等人回越南组成《联星艺术剧团》演出就遇到麻烦。当时法国统治当局为防止华侨社团介入支持"越南独立同盟"（"越盟"）活动。加强了对华侨社团监控。一个新从香港来的剧团，当局更注意。每隔一天就要我到"侦探楼"（特务机关）交代剧团和朱克等人的活动情况。第三次去，一个"侦探"拍桌子吼叫："你不老实！朱克、姜中平那几个人不是做戏的！是做政治的！做贼的！做骗子的！"

　　我的恩师汤明认为这种情况，是一个危险信号，叫我不要再去汇报。"你去了就不能回来，敌人会进一步把你们囚禁起来下毒手。"其实我也不知道朱克他们的历史，只知道他们是第七政大[2]的骨干，汤明叫我："快点解散剧团，送他们走。你自己都要走，到香港叫曾平把你的组织关系转到中国的党组织上。

　　哪知我9月到了香港，没有找到曾平，李凌说他调到北平工作了，我问他，调到哪个部门，他说不知道。这时幸亏遇到越南《越华文化公司》的张广标，安排我住下。不久，《华商报》[3]登出一

1　黄力：曾任广州市文化局保卫科科长。
2　抗日战争第七战区（广东战区）政治大队，文艺团体。
3　1941年4月8日由夏衍及"左联"旗下的文艺青年在香港创办。

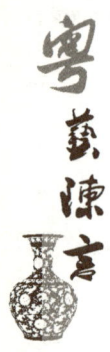

则通知：请刘莲到编辑部一聚。刘莲是中共派到越南堤岸工作的同志，后来调越南北方工作，当时她是从越北来到香港的。我知道刘莲来了香港，立即到《华商报》。见到刘莲。刘莲叫我等广州解放后一同回去。等到10月广州解放，我就和刘莲跟着《华商报》的人一起回国了。

回到广州，刘莲将我交给南分局统战部的部长古子坚，他写条子介绍我去丁波那里；条子写："兹介绍陈予之同志参加你们的组织。"

解放初期五十年代陈予之的照片

何　车：那你就这样认识了丁波？

陈予之：丁波问我，你的组织关系怎么会由战部转来的？我说："不知道，本来我的领导要我到香港找曾平把我的组织关系转到中国来。但我到香港找不到曾平，他调到北平去了。"丁波说："啊！你的组织关系本来应当由曾平转来的，但他调到北平去了。这样，你就失去组织联系了。没有曾平把你的组织关系转给我们，我们是无权接受你的组织关系的。现在你先在我们的团部住下参加工作，然后想办法通知你的领导，重新用其他渠道把你的组织关系转来。"后来，一个同志送太太回来参加南方大学学习，知道我没有接上关系，马上回越南告诉我恩师，我恩师写了一张字条，托他带回来给我。上面写着："请找伍蔡连姐姐接受家训。"即是叫我找伍蔡连接上关系。我不知道伍蔡连是何许人也。我把字条交给丁波，丁波也不知道是谁。当时正要下乡土改，字条就放在丁波那里，直到"土改"结束回来，也弄不清楚伍蔡连是谁。

参加"土改"两年，我也已经脱离组织生活两年，按照党章规定是脱党了。我非常沮丧，也没有再追问伍蔡连是谁。四、五年后，我去侨务办公室登记。去到侨务办公室，见到主任是伍治之，我就想起伍蔡连了。伍就是伍治之，蔡就是蔡畅，连就是连贯。"请找伍蔡连姐姐接受家训"的条纸就由丁波存入我的档案了。此后，我在丁波领导下参加工作了。

何　车：现在听你讲好似成部《暗算》一样。我想问你在安南读书的时候是什么家庭出身？

陈予之：是资本家家庭出身的。我父亲是烂赌二[1]，亏空了法国人公司的钱

---

[1] 广府俗语指很喜欢赌博的人。

被逮捕坐监，后来病死。他被逮捕后，全部家当都被没收，所以就破产了。

何　车：现在我才明白为什么文化大革命那些大字报说你是越南特务。呵呵呵，你到华南文联是搞话剧吗？

陈予之：不是，1949年12月我就介入粤剧了，那时广州市第一任市长叶剑英经常在交际处（即现在的广东迎宾馆）开晚会招待民主人士。

　　　　开晚会就请文工团的人去伴舞。有一次开晚会，叶剑英和丁波、李门、郑达[1]几个领导一起坐，我们几个导演：李文治、我、张中、罗志雄、黎海生几个坐在第二桌，听到叶剑英说："华南文工团不仅要搞话剧、歌舞，还要介入粤剧。因为粤剧是民族的一个传统艺术形式，是人民喜闻乐见的，我们要用这种形式宣传党的政策。"第二天，李门马上把我、容思、尚德贤[2]三个人找去，要我们介入粤剧。

何　车：你们三个人是第一批的啊。

陈予之：我们是第一批介入粤剧的人。当晚就要我们去看粤剧演出，事前约法三章，你们看粤剧，可以和粤剧界的人交往，但不能表示态度、不能评价他们的演出，不能参加他们的宴会饮食。

何　车：怕他们会腐蚀干部。

陈予之：怕我们自己腐蚀自己啊！还有，看完戏不能坐黄包车。当时我还穿"马骝衣"[3]。于是我们三个当晚就去看第一出戏。

何　车：看什么戏呀？

陈予之：是"花锦绣"（剧团）。楚岫云主演的《红娘子》。那是1949年12月，广州刚解放两个月。最后一幕是红娘子胜利入城。

何　车：我知啦。$\underline{33\ 32}\ |\ \underline{3.2}\ |\ 1\ \underline{13}\ |\ 5\ 0\ |$

陈予之：对啦。城门两边的老百姓扶老携幼扭秧歌歌唱"解放区的天是明亮的天……"，欢迎红娘子入城。

何　车：唱官话还是普通话呀。

陈予之：这一段是用普通话来唱的。红娘子带着八个手下走圆台，唱"三

1　郑达（1922— ）：建国后，先后担任中共华南分局华南文工团副政委、广州文化局副局长、广东省文化厅党组书记、广东省政协第五、第六届常委、政协教文委副主任等职。

2　尚德贤：从事戏曲改革工作，曾在省、市戏改会和广州粤剧工作团、广东粤剧院、广州市戏曲工作室等任职。

3　广府俗语，泛指军装、制服及公职人员的工作服。

大纪律八项注意"。

何　车：唱完整首歌……

陈予之：当时呢，容思是大笑姑婆，哈哈大笑。我听了又不敢笑。

何　车：不敢笑？最大声应该是你。

陈予之：我只是皱着眉头，尚德贤也不十分满意。看完戏回来后，我向李门汇报，我说用这些歌放在古装戏里太离谱，不伦不类。

何　车：红娘子是明朝的人。

陈予之：李门说："你们不要说它离谱。不应该批评，应该欢迎；我们不应该嘲笑，而应该重视。他无非是想表现对中国共产党的拥护和解放中国后的喜悦，所以这样处理。由于当时没有新的剧本给她演，她在古装戏里这样演也是好的，是表示她对中国共产党对新中国拥护的态度。我们欢迎这样的处理，不能视之为不伦不类，要责怪的是我们自己没有现代戏的剧本给粤剧界去演。"

　　　　　后来华南文艺学院成立，丁波是戏剧部的主任，教授陈卓猷是斯坦尼斯拉夫斯基表演体系的专家。我是研究斯坦尼体系的，丁波就把我调去，协助教授斯坦尼斯拉夫斯基表演体系。另外，丁波在部里设立了"文工"训练班，要我兼任"文工"训练班教务。"文工"训练班是将广东各区县的文工团骨干集中来培训。"文工"训练班的课程与戏剧部不同，大课听欧阳山[1]讲毛泽东的《在延安文艺座谈会的讲话》。

何　车：第一课肯定是"延讲"，听欧阳山讲。

陈予之：是，陈残云当教务主任。这时我立了一个功，美术部的学员在光孝寺的大肚佛后面屁股的小孔里寻到了一些小佛像，美术部的学员就非常高兴了，拿出来收藏。我们戏剧部的同学也去拿，我意识到那是文物，立刻上报陈残云，陈残云和欧阳山对此十分重视，那些都是文物。

何　车：关系到宗教政策啊。

陈予之：欧阳山马上下令那些学员把那些小佛像放回原处。

何　车：那叫"金肠银肚"。不管是佛像还是神像，都必须在里面装这些东西，代表佛的肠脏。

陈予之：有好多佛仔啊。我立了大功，因此陈残云对我十分好感，以后成为朋友，写过几个剧本，要我导演。

---

[1] 欧阳山（1908-2000）：现代作家。

成立华南文艺学院不到两三个月，欧阳山建立华南文联，成立戏剧委员会，是黄宁婴主持的，欧阳山又把我安排到戏剧委员会工作。黄宁婴重点抓粤剧，从此我就真正介入粤剧了。

何　车：你介入翻粤剧排演的第一部是什么戏？

陈予之：排的第一个戏是《家》。

何　车：是哪位作者写的呢？

陈予之：林仙根。这个《家》是1955年排的。主演马丽明、吕雁声、颜铁英、曾三多，打锣的是刘熹。当时《家》没有粤剧本，我请林仙根按照我的要求去改编剧本。我参加过到越南演出的香港明星话剧团，和这个话剧团的吴回一起排演过《家》。我要林仙根按照我当时的那个《家》的版本写剧本。

何　车：香港那个《家》是吴楚帆、张活游、黄曼梨[1]主演的。

陈予之：是。还有林妹妹、谢益之等。我在排粤剧《家》的时候，就引出个大笑话啦。

何　车：这个笑话传到全行都知道啦。

陈予之：打烂晒所有敲击乐都未搞定。

何　车：是不是打锣牛[2]做打锣啊？刘熹做打锣嘛。

陈予之：对。在排粤剧《家》时，我又作了一个新处理，按照中国的民俗习惯，场内"马步催"音乐之后一个"大衿姐"带了两个童男童女上场、"数白榄"交代要把两个小孩藏在床底下，寓意将来生仔生女，儿孙满堂。我要求在"大衿姐"上场时用一种开朗、急速的锣鼓，因为那时候我对粤剧的锣鼓完全洋古[3]，于是我就要求打锣师父把所有的锣鼓依次、逐步打给我听，最后打到"扑灯蛾"，我认为就是这个锣鼓了，打锣师父们当堂哄笑起来，"大衿姐"上场"数白榄"就是要用"扑灯蛾"，何必打那么多次来选择。后来这件事传遍了戏行，成为一个笑话。

何　车：这件事我在剧团的时候已经听到过了。广东省曾经搞过把所有的粤剧老倌，集中到大沙头搞训练班，那是什么时候的事啊？

陈予之：1957年

何　车：你是做负责人。

1　吴楚帆、张活游、黄曼梨：香港著名电影演员。

2　指广州粤剧团掌板刘熹。

3　指"什么都不会"的意思。

陈予之：不是。负责人是"中国戏曲研究院"院长罗合如，和"广东省剧协"主席李门。我是教务组副组长，组长是黎舟。是中国戏曲研究院举办的，那不是一般的学习班，是讲习班。

何　车：我记得那时很大的规模，是全省名演员集中一起的。

陈予之：全省粤剧界著名大老倌都集中在那里，是"讲习"不是"学习"，既要学习也要讲课介绍经验。

何　车：是马老大和刘美卿[1]演《凤仪亭》那次吧？是在东乐戏院那里做示范。听说马老大和练玲珠[2]还演了一个戏，在讲习班作示范的，叫《斗气姑爷》。一场只有滚花，一场是哑剧连口白都没有的戏。

陈予之：当时提出进行粤剧改革，我安排马老大讲讲粤剧改革。马老大说粤剧当初改得非常离谱，用西洋乐器爵士鼓，演员在舞台行步路都好似跳舞样子。后来知道这是一个错误，就改回来。以前用西洋乐器，现在用回粤剧乐器，我只保留"色士风"，用它和我的唱腔和音；五哥保留他的小提琴，适合他的音色。

　　值得观摩学习的戏是《斗气姑爷》，马师曾和练玲珠演出。《斗气姑爷》只有两场戏，它大幅度地改革，但确实是粤剧。是结构上的改革，第一场是全场的唱只用"滚花"；第二场是哑剧，音乐奏[孔雀开屏]衬托。第一场讲浪子回家折磨太太打老婆就唱"滚花"；第二场是浪子回头认错，但又不知说什么好，只拿着藤条要老婆打自己。

何　车：这个戏给当时戏行的人留下很深的印象，特别是一些年轻演员，以前有很多人不服马老大，但看完这出戏后，发觉这样都可以演戏？！整场戏没有一句口白都可以表演成功，这对我们后辈是一种启迪，粤剧不是单单靠唱的，其实还有十分丰富的表演艺术。

　　我们转转过话题吧，你是老运动员[3]了，解放后的政治运动你都经历过，文化大革命对你的冲击较大，因为你是"越南特务"。一，我想听听你在历次政治运动的经历，第二，你是跨两面的，你是干部也是导演，对粤剧艺术的发展包括总体的发展有什么意见？"戏改""反右""四清""文革"这些经历，从1949年到1966年这十七年，能否给我们说说。

陈予之：文化大革命里我只受到轻微冲击，历次运动对我的影响都不大。

何　车：但是"反右"粤剧团出了好多个右派。

1　刘美卿：粤剧演员。
2　练玲珠（1932–1995）：广州粤剧团演员。
3　经历过多次政治运动并在运动中挨整的人。

陈予之：出了好多？但我所知只有一个，就是何建青，但第二年就摘帽了。

何　车：不止吧，剧团出了很多个右派。像朱少秋、何建青、薛老九[1]，市团都有好多个啦。陈卓莹、冯志芬、黄锡龄等一批人。在这个过程里面，对粤剧产生了什么影响？对艺员思想上的冲击，对粤剧艺术有没有影响呢？

陈予之：不是这些运动，是其他问题产生了影响。

何　车："戏改"影响肯定大些，《三春审父》到北京演出被批评。

陈予之：还有一个是"和尚戏"的问题。

何　车：和尚戏应该是《斩二王》吧。

陈予之：不是。那时有一段时期全省粤剧热演《情僧偷到潇湘馆》《碧海狂僧》等和尚戏。曾三多[2]是共产党员，在粤剧界里白驹荣是第一个参加共产党，曾三多是第二个参加共产党的，连共产党员都演一出《着起袈裟事更多》的和尚戏。问题就大啦，为什么会泛滥演和尚戏呢？

　　宣传部说我们没有禁止和尚戏的演出，于是"丁波、李门、黄宁婴被撤职审查"，我和省剧院的关子光也被撤职审查。

何　车：丁、李、黄下台不应该是和尚戏，应该是《山东响马》这个戏。

陈予之：宣传部那些人"极左"，他们不知道当时中央下了指示——"地方不能禁戏"，认为我们没有禁止和尚戏，就撤了丁波、李门、黄宁婴、我、关子光[3]的职。丁波被撤职后，马上被周总理调到北京，宣传部那些人知道搞错了，马上改口说是因为辩论《山东响马》问题，处理丁、李、黄的。这样改口也不成理由的，《山东响马》问题是学术问题，不至于要处罚的，后来就撤销了处理，黄宁婴恢复为粤剧院书记，李门恢复为省剧协主席。

何　车：那时说"一戏罢三官"，"一戏"就是指《山东响马》。

陈予之：丁波被周总理调上北京做中国图书进出口公司书记、总经理。华嘉上任当上市文化局长，粤剧界因为和尚戏事件害怕了，消极了。那时华嘉接任文化局长，叫我带两个团去清晖园[4]开一个月的"神

1　指薛觉先之弟薛觉明，粤剧演员，他排行第九，故行中称为"薛老九"。
2　曾三多（1899-1964）：著名粤剧演员。
3　关子光：曾任广东省文化厅艺术处处长。
4　位于广东省顺德大良镇华盖里，岭南四大名园之一，已列为省级文物保护单位。

仙会"[1]，让大家自由发言，批评共产党都可以。

何　车：这些就是政治运动的影响了。那时很喜欢开"神仙会"。

陈予之：我就带了广州京剧团和两个粤剧团到清晖园。

何　车：新谷莺、傅祥麟[2]的京剧团也去。

陈予之：在那里住了一个月，讨论戏剧的发展和改革。回来后我就进入粤剧团工作了。

何　车：是1960年，当时省市分家，广州成立了总团。

陈予之：我是1963年"四清"前回来的。华嘉那时对我说："陈予之，王建勋是艺术科科长，你去帮手，好不好。"。

何　车：那时黄力是保卫科长。

陈予之：我觉得我不是做官的人，我说："我还是排戏好。"华嘉说："要排戏，就跟我来啦！"于是就把我和朝阳粤剧团带到东莞安营扎寨排戏。

何　车：当时有朝阳粤剧团、春风粤剧团、东风粤剧团。东风粤剧团有靓少佳、卢启光、马丽明；春风粤剧团有陈笑风、陈绮绮、练玲珠；朝阳粤剧团有陈小茶、陈少棠、卢伟棠、小木兰[3]。

陈予之：到东莞为朝阳剧团导演《故乡情》。《故乡情》是陈残云、华嘉、谭青霜三个人写的剧本。一开始排练就出问题，华嘉质问我："为什么安排刘根[4]去抢救公社的蕉树？他应该去自留地抢救蕉树！"我说："刘根不至于落后到这个样子，他后来见到失去家乡的蕉园，心灰意冷，才去省城谋生。"华嘉说："你这个是无冲突论，无矛盾论，是修正主义，资本主义复辟。"这出戏从晚上7点停止排练，华嘉一直在批评我。大家都不吭声。只有我插话几次，最初王学军[5]还支持我，后来王学军也不敢出声了，华嘉批评我直到凌晨4点，大家都打瞌睡了，华嘉才宣布不谈了，大家去睡吧。

何　车：华嘉批评过第二天就会忘记的了。

陈予之：第二天清早起来洗面时，华嘉见到我就说："陈予之，还是按照你的意见排啦！"演员小木兰、陈小茶、陈少棠在这出戏中表演

1　是通过和风细雨的自由交谈、讨论和辩论来提高认识、统一思想的一种会议方式。

2　傅祥麟（1919–2005）：广州京剧团团长，京剧表演艺术家，工"麒派"老生。

3　小木兰：粤剧演员，导演。

4　《故乡情》剧中人物。

5　王学军：广州市文艺研究所任编剧。

得很精彩，小木兰、陈小茶塑造了一个精明能干，很有魄力、敢担当的农村女青年的形象，陈少棠塑造了一个老实的农民形象。陈残云看了彩排后很满意。

何　车：这个戏当时是作为样版去宣传的。广州市的剧团都要去看戏的，当时叫革命化的样板。要下乡去排戏，将演艺人员集中，"革命化"，去洗脑，排出这些戏。当时的影响是比较大的。后来华嘉排《南海长城》的时候得出个结论，革命化不等于艺术化，思想革命不一定演戏演得好。世事好奇怪，上个月我去了望牛墩，又是土地的问题，现在社会将土地集中起来，叫统筹土地。同那时刚好相反了，你们那时讲自留地。望牛墩那里的人要写一个戏，我也看了他们的剧本和录像。

　　戏剧作为一种艺术形态，只是生活的附属体，不是生活的主流和本质，随着社会发展的变化，戏剧是社会的非主流物质，它反映折射社会现象。从这个角度来看，除了你刚才说的《家》《故乡情》等现代戏，你也排过古装剧，哪个戏给你印象最深，你认为最成功的是哪个戏？

陈予之：没有一个成功的。

何　车：你心目中认为最能代表你艺术水平的戏。

陈予之：我比较喜欢的是《家》《故乡情》《李双双》和《王熙凤大闹宁国府》。

何　车：《王熙凤大闹宁国府》是不是陈卓莹写的那个戏？

陈予之：不是陈卓莹。忘记是谁写的剧本，是由刘晓珠、许玉麟、卢秋萍主演。

《王熙凤大闹宁国府》剧照

何　　车：应该是陈卓莹："不幸生来是女人，终日困在家庭过日辰"那段。你对这出戏有何感受？

陈予之：《王熙凤大闹宁国府》以前陈酉名导演的处理是：王熙凤在出场前慢板序，几个丫鬟打扫厅堂，然后凤姐上，这种手法能够显示出王熙凤身份、地位威严十足，我十分赞赏。我自觉没有能力超越陈酉名，但应有所不同，对于王熙凤的出场，我采用另外的手法。

何　　车：那段是采用慢板序上场的。

陈予之：不是。我用《孔雀开屏》起幕：一个丫鬟捧炖盅到帐幔衣边角的出口处迎候王熙凤；一个家丁把"小金兽"（檀香炉）放在躺椅旁的小几上，也到帐幔衣边角的出口迎候王熙凤。接着在环佩叮当响声中王熙凤在帐幔后行到衣边角出口处亮相。丫鬟一听到环佩叮当响声就手颤，把炖盅抖落地。这样处理，突显凤姐的气场，威严霸气。凤姐见状眯眼一笑，（《慢板序》）坐到躺椅上，命令家丁把炖盅拾起，带丫鬟下去"领奖"。然后"唉"一声，（唱）……

　　　　　按照上述处理演出第二场后，电视台来录像。不知何故搞装置的雷某（姑隐其名）把出入口开在帐幔中间，出入口的前面就是一张躺椅和小几，王熙凤从帐幔中间出入口处出场，就被前面的躺椅和小几挡了半身，没有整体形象，表现不处清代贵妇的服饰、体态的美。因此我要雷某按照原来把出入口开在帐幔的衣边角。雷某说："正印花旦应当在中间正面出场，怎么能在侧边出场！"我说："虎度门"不是也在侧边吗？花旦历来都是在侧边的"虎度门"出场啊。雷某无话可说，但不改挂帐幔。

何　　车：你做导演应该有舞美设计图给他的。

陈予之：不但有，而且还演出过两场。我后来考虑用三台摄像机看有没有办法避开损害凤姐形象的镜头。结果是：左右两台摄像机只拍到凤姐侧面，正面那台机还是被躺椅遮挡了半身，我决定改挂帐幔。雷某就发咆大吵大骂。后来卢某某（姑隐其名）从后台出来了，她嚷着头饰勒到头痛，宣布不要改挂帐幔了，开拍啦。当时她是团长，她的宣布就是命令，她的命令就是不要按照导演的艺术处理开拍，就是撤销我导演职务，既然如此我就丢下剧本走人。

何　　车：我也试过啊。

陈予之：你丢过剧本？我是丢下剧本，就走人。

何　　车：对此我很理解，很多人不明白搞艺术的心态，就像你，放着干部不当，有领导不做，去做导演。现在是做干部好过做导演。你的例子说明你对艺术是有追求的，但当落差太大的时候，很多人会不理解。你就对卢某某扔剧本,我就对女姐丢剧本,我就客气点,我说我生病了。他们不明白我们的追求,导演的职能是要解释剧本,一百个哈姆雷特[1],一百个演员就有一百个不同的哈姆雷特。同一个剧本也有不同的演绎。

除了导演,你还喜欢拍照,在艺术界你照相的笑话我也听过,能说几个笑话听听吗?我记得有一次你为谢锡光[2]拍婚纱照忘记上胶卷对不对?

陈予之: 是的。你讲的都是事实。其实这不是没有上胶卷,而是照得不好,照不到谢锡光的头发,结婚照这个样子是不能给别人的,因此我干脆说没有上胶卷。

何　车: 你是中国摄影家协会会员,宁愿说没有上胶卷,都不承认自己技术差。

陈予之: 不是技术问题,而是当时拍特写镜头忘记周边多留些空白,照相馆晒相时就剪裁了一些头发。对新婚相来说这是不吉利的,所以我就不给他,说是没有上胶卷,后来为他补拍。

何　车: 你影过这么多相,你办过摄影展吗?

陈予之: 我没有办过摄影展,也不发表,我多数拍粤剧人像照,因为这牵

陈予之拍摄的《刁蛮公主憨驸马》剧照

1　莎士比亚名著《王子复仇记》的主角。
2　谢锡光(1942—2011):粤剧编剧。

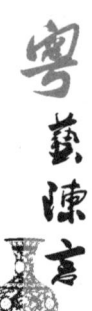

涉到肖像权的问题。

何　车：予之兄有没有拍过写真呢？关起门来拍的那种。

陈予之：没有。

何　车：你刚才提到三个人我都认识。一个是我的老师尚德贤，尚德贤和你分道扬镳，1958年就去了粤剧学校，那时叫做广东省老艺人剧团附设少年演员训练班，他做班主任，我入行的时候就对着他。尚德贤比你还严肃。文化大革命后期我和尚德贤比较老友，我们无话不谈，包括艺术上的探讨，最初认识他的时候我才十三岁。尚德贤给我的印象是身材矮，一米六二三左右，但他老婆有一米七那么高。我想听听你对尚德贤的印象。

陈予之：老实说，尚德贤的学养比较差，是一般的干部。尚德贤后来被安排去做白驹荣的秘书，对白驹荣比较了解，写了《白驹荣传》，好像没出版的。了解白驹荣只有三个人，第一个是林愉，他在省剧院，当导演，还健在，九十多岁了；第二个是尚德贤；第三个是我。我对白驹荣在解放后曲艺大队成立前这段时间的情况比较了解，他的事迹也十分感人。粤剧界第一个参加中国共产党的就是白驹荣。

何　车：我们都称他是中国戏剧界的保尔柯察金[1]。

陈予之：那是田汉对他的赞誉，所以后来我们都称他为中国戏曲界的保尔柯察金。解放后的几年更是白驹荣最辉煌的时代。

何　车：请你介绍一下他。我就知道他演戏，他在从艺、为人、政治立场方面都很值得我们景仰。郎海山[2]说"抗美援朝"（朝鲜战争）期间，在广州酒家门口，白驹荣积极参加宣传募捐。群众连金戒指掷下来，银纸好似雪片般飘下来。你应该也有参加抗美援朝艺人募捐？

陈予之：我没有参加，但我对解放后白驹荣的一段历史比较清楚。欧阳山筹办了华南文联，他调我到华南文联戏剧委员会，是李门和黄宁婴主持的，白驹荣也参加了这个戏剧委员会。解放军入城时，留在广州的只有两个剧团和白驹荣一人，两个剧团是是靓少佳的胜寿年剧团、楚岫云的花锦绣剧团[3]，白驹荣没加入剧团，他说他没离开广州一来是因为没有人带他走，二来想看看解放军是什么样子的。后来他知道了解放军半夜入城也不惊动老百姓，白驹荣赞

1　尼古拉·阿列克谢耶维奇·奥斯特洛夫斯基所编的《钢铁是怎样炼成的》中的青年革命战士。

2　郎海山：粤剧乐师。

3　此处与史实有误，应为"永光明剧团"。参看《粤剧大辞典》P757–P758。

颂解放军是个仁义之师，要歌颂共产党。《祝伯返台山》是白驹荣第一首歌颂共产党的粤曲，讲的是台山人福伯在海外受尽欺凌，解放后回中国，看见中国欣欣向荣，后来偶遇一女子，得知她是失散多年的女儿，父女重逢、悲喜交集。这首曲现在还有录音存着，我很赞赏白驹荣这首曲的唱腔。这时，新中国文艺进入一个"颂歌"时代，《福伯返台山》是粤剧界第一首歌颂新中国、歌颂共产党、歌颂人民解放军的粤曲。

华南文联组建一个曲艺大队时，要白驹荣和关楚梅参加，到各区、县巡回演出。丁波调了华南文工团一位导演林愉领导曲艺大队。林愉调入省粤剧院当导演，后来白驹荣调入省粤剧院演出。

何　车：白驹荣是1958年建立的粤剧学校第一任的校长。

陈予之：他后来受邀参加黄宁婴建立的剧协。他在省粤剧院的第一出戏是折子戏《二堂放子》，这戏有一句曲词是丁波写的。当时丁波不住恤孤苑二横路那座别墅，住在文德路高华里20号的平房。他要我和他住在一起，做他的马前卒。他是湖南人，要学粤剧，天天晚上都听电台实播当晚戏院的粤剧。一天晚上播《二堂放子》，丁波说最后那句曲词写得不好。改为"天上人间同煎迫，未知何处得身安"能不能唱？我说能，他就叫我明天把这个意见跟《二堂放子》的编剧陈晃宫说说，告诉他这是听了观众的议论，不要说是我丁波的意见。第二天，我向陈晃宫说了意见，导演陈酉名也在场，他们称赞了我，还打算叫七叔（白驹荣）当晚改唱那句曲词。我说当晚改是否可以，他们说七叔（白驹荣）"吞生蛇"[1]吞惯了。果然，当晚白驹荣就改了这段滚花，当白驹荣最后拉腔时，陈酉名紧急落幕，让白驹荣在大幕后余音未断，使台下观众无法抑制激动的感情，突发雷动的掌声。第二天我对陈酉名说你厉害啊，竟然想到急落幕这一招。

粤剧界有三个大家族在各个历史时期推动了粤剧的发展，分别白氏家族、罗氏家族和陈氏家族。罗氏家族即罗家权、罗家树、罗家英、罗家宝。陈氏家族即陈天纵、陈笑风、陈小茶、陈小华、陈小莎。而白氏家族即白驹荣、白雪仙、白雪梅、白雪红。

首先讲讲罗氏家族。罗家树，即"打锣树"。

何　车：他是我的开山师傅，我第一个音是他教的。

陈予之：他是全行有名的，打锣师父。罗氏家族的另一位粤剧人罗家英，他曾到中山大学给研究生作报告，他说粤剧演员最初是表演形式，

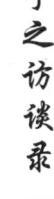

---

[1] 粤剧行话，指急读剧本，死记硬吞。

练好基本功架,表演以技能为主,起码做了二十至三十年才能塑造一个人物。演员能够塑造一个人物,就是对社会有影响和贡献,这样就足够了,不一定要成为李嘉诚那样的亿万富翁。我听了这句话很感动,这是真理,一个人对社会有贡献就可以,何必要非常富有呢?

何　车：他可能讲中了你的心,你对社会有贡献,所以你很富有。

陈予之：不仅讲中我的心,而且讲中了你的心。这是一个人一生的基本要求、基本目的、基本态度,要对社会有贡献,不一定成为百万富翁。

　　　　罗氏家族产生了一些在艺术上很有成就的人,如罗家宝。很多人都知道罗家宝因演《柳毅传书》出名,但不是他演得最好的一出戏,更不是他的代表作。他的代表作应当是《山乡风云》里的"奴才奉",他塑造了一个压在社会低层的人物,利用了他的低音而刚劲的歌喉;唱出了压在社会底层的那种沉郁悲怆的感情。当唱到"受气犹如吹箫笛,横竖一样清凉"时,我流泪了,偷看一下旁边的黄宁婴、李门、陈残云、欧阳山……他们都含着泪光。

何　车：罗家宝最初的时候不愿意演奴才奉这个角色,他平时是演靓仔小生的,因为他当时犯了错误,领导就特意让罗家宝贴须演老生。这个角色罗家宝是不熟悉的。后来黄庄平[1]出面,安慰罗家宝,并鼓励他克服困难,演好奴才奉这个角色。

陈予之：最后罗家宝成功地演了奴才奉这个人物。

何　车：除非他不接,戏班佬没有人肯认衰仔的,肯定会拼了命投入的。他唱"受气犹如吹箫笛"这段不唱"虾腔",是七叔白驹荣逐字逐句教罗家宝唱"公脚腔"的。罗家宝最初是演小武的,后来改演小生,他确实有点心思。

陈予之：《梦断香销四十年》"再进沈园"是罗家宝的巅峰之作。也是陈冠卿巅峰之作。

何　车：原本是写给黄少梅唱的,但黄少梅不喜欢,认为不适合自己唱,后来就给了罗家宝唱。

陈予之：开头两句唱的"斜阳画角哀,诗肠愁满载"已经让我流泪了,罗家宝用沉弘刚劲的唱腔和悲怆无望的感情塑造了一个报国无门的诗人陆游,爱人又已被铜棺掩盖,四十年后回到当年的映壁凭吊。

何　车：罗家宝深有感受,在三十年前,罗家宝被迫与妻子白燕珍离婚,白燕珍回到新加坡不到一年就去世。三十年后,罗家宝去新加坡,

---

1　黄庄平(1917–1995):曾任广州市委宣传部部长。

陈予之与陈冠卿（右二）、何建青（左二）、欧初（左一）合影

在白燕珍的坟前祭奠。他和妻子白燕珍曾经一起自杀。罗家宝的母亲和白燕珍吵架，罗家宝被批斗，夫妻两人相对凄然，一起服食安眠药自杀。白燕珍每天都吃安眠药，她过量服食后对她的影响不算非常严重，而罗家宝吃安眠药后却不省人事。第二天，罗家宝母亲发现罗家宝和白燕珍出了事，马上将他们送去医院急救。白燕珍抢救后马上醒了，罗家宝抢救了三天才苏醒。薛觉先的妻子张德颐在广州市第二人民医院做护士长，华嘉与她监督抢救工作。罗家宝因为有了这段经历，所以深有感触。因此演戏离不开对生活的体验，特别是情感上的认同。未经世事的小孩子唱不出这样的感情。

何　车：你是斯坦尼斯拉夫斯基体验派的导演，你退休后近年来的开会发言多数强调粤剧的基因和粤剧传统的传承，相对你们那一辈的导演，你观念上的转变相对是较大的。请问你的转变是基于什么？你对当今粤剧有什么期望？

陈予之：我这个转变，因为觉得开放改革后，粤剧跌入低谷，而且还没有复兴的迹象，所以我很伤心。建国初期中国共产党投入了很大力量和资金把粤剧传承下来，现在粤剧却跌进了低谷，我就开始研究如何将粤剧传承下去，我离开粤剧导演工作后才进入粤剧的研究工作。我过去是糊里糊涂搞粤剧，现在才开始做研究工作。要研究粤剧的传承，就要研究粤剧的基因，研究粤剧基因的组成。

第一，粤剧唱的基因包括"梆黄"系统和广东粤讴。"梆黄"是清代雍正年间在广东一带演出秦腔和徽剧传过来的。

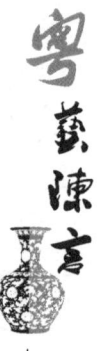

第二个基因是南派，不是北派。是清朝入关时火烧少林寺一个姓洪的弟子逃到南方传授南派武功，后人称为洪拳。粤剧的南派武功是硬桥硬马，显示刚阳之气。即使是小生演文戏也不会让人觉得娇声娇气，𡃉型（娘娘腔）。

第三个基因是全国所有戏曲都没有的，只有粤剧才有，那就是锣鼓。乾隆时期有一种锣鼓柜在民间唱八音锣鼓，一人拿一件乐器，演唱一段民间流传的故事。因而粤剧的锣鼓不但表现节奏、气氛，还表现人物性格、遭遇等一切舞台活动，也表现战争规模、等各种环境下的多种情绪和行动。两个亲人重新见面，大家哭，用"哭相思"锣鼓；痛苦饮泣的哭，用"暗相思"锣鼓；"三批"锣鼓就是质问；"顺三槌"是表现大家争抢的样子；"水波浪"锣鼓、做手，就是表现一个人正在思考如何处理问题。观众不看戏，只听锣鼓敲击就知道角色（人物）在做什么。粤剧的锣鼓有表现力，这个基因很重要，是粤剧的特有基因。现在粤剧没有特有的锣鼓基因，而用新的敲击乐、舞蹈去表现，让我十分担忧。

还有一个重要问题，是让大家都不愿意看粤剧的原因，就是粤剧原来有六个表演行当，现在只有生、旦两个行当，电视上尽是生旦对唱，让人看到审美疲劳。以前粤剧有"六柱制"[1]，要有大花面，大花脸是引起矛盾，引起激烈斗争的元素，不解决大花面引起的矛盾斗争是不能散场的。只通过对唱来交代情节是行不通的。粤剧不能只有生、旦两个角色，要多个角色，有矛盾有斗争才有戏。

何　车：你以后要多发表文章，让年轻人学习。

陈予之：我不发表的，因为我不是专家，也不是名人。我写的东西媒体是不发表的，我建议你写。何车电视上有名，报纸上有名，几十年来，你钩沉了很多粤剧的资料信息，出一本《粤剧史科钩沉录》吧。

何　车：予之兄，谢谢你跟我们说了这么多，祝你健康长寿，希望你以后多发表文章，让我们知道更多的历史。多谢你！

陈予之：辛苦各位！

访谈感悟

从事艺术工作七十多年的陈予之老师，激励着每一名年轻的文化工作者不断学习和进步。

1　六柱制：粤剧剧团岗位模式，指①武生②文武生③正印花旦小生④第二花旦⑤小生⑥丑生。因此这种模式称为六柱制。

陈予之老师从一位完全不懂粤剧的人，因社会客观因素与粤剧结缘，一直坚守了几十年。作为斯坦尼斯拉夫斯基理论体系的体验派导演，他力求完美，不断学习和分析，寻求艺术上的创新与突破。陈予之老师的另一个特点是善于启发演员对人物的感悟，让其按照角色产生意念和行动，根据角色的需要去演绎出精彩的舞台形象，发挥其创作的积极性。

虽然陈予之老师已九十岁高龄，但他离休后仍然继续关心粤剧，致力于粤剧艺术改革发展的研究和传承工作，为粤剧做着自己力所能及的事情。他的真诚和坦率，耄耋之年的童心感动了我们。他对粤剧的深厚感情和艺术上的执着追求是他艺术道路上永不停息的强大精神动力，也体现了粤剧这种传统民俗文化的独特魅力。

访谈文稿整理：陈冬琳

黎子流

「咬定青山不放松」

访问日期：2014 年 7 月 28 日 下午
访问地点：广州粤剧大院（桂花岗）
受 访 者：黎子流
笔录及整理：区子珩

受访者简介

  黎子流，广东顺德人，1932 年出生于龙江镇陈涌村一户贫困的农户家庭。

  自 1951 年被选为顺德县七区土改队员开始，他踏上了自己的"仕途"，先后担任了不同岗位的领导职务，其中最为人们熟知的就是担任广州市市长一职。他凭借自己坚定的信念和不畏困难的决心，为自己的家乡、江门市及广州市奉献了自己的青春，为群众办了很多实事、好事。

  黎子流老市长自小与粤剧粤曲结缘，是一位忠实的，甚至是狂热的爱好者。1992 年，他亲自筹办了广州市振兴粤剧基金会，二十多年来一直致力于发展和传承粤剧传统文化艺术，贡献良多。

  现为广州市振兴粤剧基金会会长，广府人珠玑巷后裔海外联谊会会长。

访谈实录：

何　　车：非常欢迎黎会长来到我们"粤艺陈言"，我们已经盼了很久。在这里，我们希望你谈谈对粤剧的期望和感受，同时也想在你身上获得一些教益，今天十分感谢你。

黎子流：不要这么说，是我要多谢你们。

何　　车：有一个比较私隐的问题，我想冒昧问问黎会长。早期你在基层工作，我知道你曾担任公社书记，那么在这之前，你有怎样的经历呢？而你从政后的经历又是怎样的呢？

黎子流：其实我是劳苦大众出身的，是一个很普通的老百姓，家境也是极端困难。这是由于日寇侵华，所以我很喜欢歌颂民族英雄邓世昌的一首歌[1]，国仇家恨永不忘记。今年是甲午年，又是"卢沟桥事变"七十七周年，我经历了三个时代，日寇侵占我们国土的时候，烧掠抢杀是我亲眼所见的，这个年代我经历了。第二个年代是国民党抗日战争后的统治时期，见证了它走向腐败。刚开始的时候，国民党是革命的，在抗日战争的时候就体现了它的革命性，但是战争后就在百姓中就流传这样一句话："烧错炮仗、拍错手掌、迎错老蒋。""金元券"[2]的价值每天都在变。同样的钱，今早可以买得半斤米，下午就只能买得二两，这已经是从腐败走向灭亡的道路了。我经历了这个时期，本来是满怀希望的，当时我在湛江。

何　　车：哦哦，原来不是在龙江，哈哈。

黎子流：第三个就是共产党解放后的时期，在党的培养下走上了不大不小的领导岗位，广州市长其实就是后勤部长。

何　　车：你开玩笑而已。

黎子流：这是事实，当然是我自身的感觉。不过这位后勤部长职责比较大，油米柴盐酱醋你都要关注，衣食住行你都要负责。

　　　　　其实我的经历很简单，也可以算是复杂。简单概括就四个字"酸、苦、辣、甜"，四种滋味我都尝过了。复杂的经历不多，从顺德到江门，再到广东省，我曾在省政府半年，在特区办当主任，最后就是来广州市。

　　　　　记得我五、六岁的时候，日本人入侵到我们的村庄，直接进入了我们陈涌村。当时他们来到我家，其中两个日本兵用刺刀威

1　粤曲《民族英雄邓世昌》。
2　解放战争后期南京国民政府为支撑经济崩溃局面而在国统区发行的一种本位货币。

胁我的父母，我听不懂他们的话语。他们步步紧逼，父母抱着我，我有一个妹妹，比我还要年轻三年，后来她也被卖到其他地方。

何　车：原来有这样的事。

黎子流：我一共有六兄弟姊妹，本来是七个的，有一个早逝。除了我是男孩，其他五个全是女孩，她们全部被卖出去了，有些做"妹仔"[1]，有一个卖到番禺，我的妹妹现在还在那里，到今天她仍旧是农民，已经79岁了。

　　　　父亲都没有能力养育我，连家用都没有寄回来。母亲因为霍乱病早逝，如果有今天的医疗水平，她应该不会这么短寿，走的时候还不够五十岁。在没有家用，母亲又去世的情况下，就只剩下我们两兄妹。我们两个为了过日子，唯有摘野菜、木瓜头，每餐限食三杯米，是拜神用的那种小酒杯。熬出来的粥，水比米要多，三杯米能有多少？估计一两不到。因为当时实在不够米，我和妹妹，一个五、六岁，一个三、四岁，两个人相依为命，大姐嫁人了，偶尔回来照顾。后来父亲在湛江打工，我就去了湛江，当时只是我去，妹妹留下来了。湛江当时并不是沦陷区，是属于法属占领地，但是日本人经常派飞机来轰炸。到了湛江，就在那所叫慈光小学的教会学校里读书，现在我想寻找都找不到。这所学校是耶稣教会的，每朝上课前都要念圣经，我就睁开双眼周围看，那时我都不知道什么是信仰。教会学校的学费比较便宜，我在那里十分刻苦地学习，考试全部是前三名的，因为自己贫穷，所以必须发奋。我就只有这两年的文化水平。

　　　　1945年，日本投降，我们一家迁回家乡。当时从湛江回到顺德，如果以现在的交通状况来估量，那是不可想象的。你猜我们全家大小走了多少天？足足走了半个月！

何　车：我以为最多一个星期。

黎子流：半个月。遇到渡口要过渡的，当时没有公路，遇山就走山路，一般都是走小路。我只有十岁，走的时间长了，双脚都肿起来了，不能继续走下去。我就只好坐兜[2]，休息一会儿后继续走路。这种情况放在今天是不可想象的，但是它深深烙在我的脑海中，所以这段经历对我的人生有很大的影响。国仇家恨永忘不了。我不是说要世世代代仇视日本，但是它让我家破人亡，使我们国家受到深重的苦难，这从小对我就是一种心灵教育。

1　粤语方言，是丫头、丫环的意思。
2　旧社会的一种人力交通工具。

日本投降后，由于父亲生活困难，就只好到二姐夫家生活。这时候我真正开始做农民了，从10岁开始，挑担有一百多斤重。在外面购买桑叶，然后担回来养蚕。这段时间使我学会了很多务农的技能，不论是繁重的体力劳动还是技术劳动都已经掌握了。学会种很多经济作物如蔬菜、养蚕、甘蔗等，还懂得在鱼塘中挖起淤泥，堆上塘边，这是重体力劳动与技术劳动相结合，只有十二、三岁，就要把一千多斤的淤泥堆起来，我觉得这是我人生经历的开始。

　　我当了一年半农民后，就到了龙山村（乡）一间文具店打工。只有十斤米一个月，当时的工资报酬是用米来发放的。

何　车：对啊，解放初期是这样的。

黎子流：十斤米一个月，食饭就不成问题，但是我要做很多工作的。店铺伙计一共有五个人，担水、买菜、煮饭全是我一个人负责，还要养十头猪，我就是这样磨练过来的。所以说"酸、甜、苦、辣"都经历过了。因为文化有限，我十分努力，开始学写字。我主要学习中文字，阿拉伯数字就是用在计数上，加减乘除都懂。英语就会一点点，因为以前在教会的学校学习了一年多，就知道那二十六个字母。

何　车：哈哈。

黎子流：解放时我亲眼目睹解放军进村，每一个士兵都睡在大街上，借老百姓的床板，用后归还，绝对不进百姓家住。对此我有很大感触，因为曾经在山头看着国民党军队溃败撤退，这样就有一种对比，共产党真的做到不扰民，我真心觉得它的好，当时这种情感还是比较肤浅的。

　　从做农民到打工这段时间，那时从全镇的店员工人中选举了三个人参加土改队，我就这样参加了革命，走上革命队伍了。我参加了一些青年宣传活动，"抗美援朝"时学会唱"抗美援朝"歌，上街宣传，号召群众捐钱给志愿军添置飞机、大炮。当时我们不懂共产主义，就是觉得共产党好、解放军好。

　　我参加了土改队，受到了深刻的教育，要到最贫苦的农民家同食、同住、同劳动，感受旧社会农民生活的艰辛，反衬现在社会的好。新社会并不是马上能改善生活，但是起码人民能够当家，共产党就要人民翻身当家做主人。

　　我参加土改的时候是十七岁，土改一共有三个阶段，我参加第一、二阶段都在顺德，但是具体地点不同。通过土地改革，我的认识提高了很多，当时很民主的，是用豆子来选举，按豆的颗

数画正字[1]，最后选了我当乡长。乡长的任务其实就不是太复杂，征收公粮、恢复生产、发展经济、访贫问苦、关心底层，任务大概就是这样了。我从土改队到乡长，乡长再到副区长，就是现在的副镇长，后来又担任了镇长和镇委书记。

"文化大革命"的风暴和灾难我也承受过，我是首当其冲的，全顺德的镇委书记中，最迟"解放"[2]就是我和另外一个镇委书记。我被批斗了百多次，把我定为"反党""反社会主义""反毛泽东思想"的三反分子。当时我妻子拒绝举手[3]，全家都遭殃，十分凄惨。我觉得"文革"的灾难绝对不可以再重演。

"文化大革命"时要把我打倒，我又变回普通农民，受到一些"革命派"的监督，直接到农民家劳动。我还坐了两年监狱，印象最深刻的是整天没有休息的，早上被押去劳动，中午就是念《敦促杜聿明投降书》。那时我还要当伙头，负责煮饭给大家食，伙食费各自支付，那时我每月只有十九元，原来是三十多元的，因为你是"走资派"，所以只能发十九元。妻子由于不举手不揭发，最后被禁押在农科站。我的大儿子又顽皮，读小学的时候不小心用弹叉把毛主席像弹穿了，被认为是"小反革命"，周围的小孩马上疏远和孤立他。家里就只剩下我的小儿子。我在监狱时，早上食的番薯就是我的小儿子送来给我的，那时他只有六、七岁。这段日子我都熬过来了，我有一个信念："六万多个人民公社，不可能都反对毛主席，你说我反对毛主席只是断章取义。"虽然我为人比较率直，有时说话比较随便。我说："你们不要夜晚学习白求恩，白天就抢'工分'[4]。"这就变成了反对毛主席的言论，反对毛泽东思想了。接触了群众后有了深刻的体会，我曾说："'人无横财不富'是不对的，'马无夜草不肥'又是对的，所以我们的农业不能仅仅是农业，必须要搞副业，有本事的人要进入集体，按劳分配。"

1967年底，我被关进监狱，一边被批斗，一边劳动，规模最大时开了万人大会批斗我，数我的罪状，基本都是那几条，他们搜集我的一些日记、笔记本等，看看有什么"反革命言论"，找找你的"历史问题"。我认为党的政策一定要遵从，但是不结合实际，就会犯错误。我觉得"大跃进"运动是错误的路线，它违反了科学。

---

1 用"正"字作五笔整数的一种简单数据统计方式。
2 历次政治运动中被审查的干部最终解除审查，就叫"解放"。
3 在表决中赞同和认可。
4 起源于新中国成立后农村建立的农业生产互助组，在农业生产合作社和农村人民公社中普遍采用的报酬计量单位。

最后，批斗后我就有了很多条罪状，这些"历史问题"都被一一清算。

"文革"的这些灾难我都承受了，我得出了一个结论，共产党的伟大之处并不是说它能够领导中国获得今天的成就，关键是犯错误的时候能够自我纠正。任何一个政党都不可能不犯错，伟大之处就是有了错误懂得自我纠正，十一届三中全会就是纠正党的错误路线，历史事实证明"文化大革命"是错误的。

我得到解放后，虽然有个官名，在顺德担任农委副主任，实际上是"充军"[1]。1969年底到1974年7月，去了珠海横琴岛围垦中心，带领着三千八百人工作，开始是副指挥，第二年就做了总指挥。去参加围垦的人是民兵编制的，所以我不仅仅是会长，还当过民兵团长。三千八百人在这里战天斗地过了整整五年。横琴岛分为大横琴岛和小横琴岛，有三个解放军连队驻扎在这里，南海前哨英雄连队"钢八连"就在小横琴岛。我们的任务是要把横琴岛两边堆起堤坝，建两座较先进的水闸。本来这是珠海方面主责这件事的，从顺德要走三天三夜才能到横琴岛，为什么会由我们顺德承担呢？因为他们围了六年，一边堤仅仅抛了三百米石，涨潮时，一边堤就被淹没不见了，所以就要向佛山地区请救兵了。那时我们是"军管"[2]的，他们认为顺德有条件，第一，顺德是鱼米之乡，第二，顺德人会游水，第三，我们拥有很多工具。生产队出人力、出工分、出小艇，大队就出大船，公社就出电船。我在横琴岛望着对面的澳门，澳氹大桥已经在动工，他们是现代化机械作业，我们就只有靠人海战术，三千八百人爆石、运沙，要在大海上拦起一条堤坝。先抛两百米沙，厚度要一米以上；抛完沙就要爆石，爆完后就要用当地的红树林做"钢筋"，把它扎在一起，堆成钢筋；最后在上面堆泥。水下面是蚝田，我们双脚每天都会刮伤出血。

我们当中的正副指挥，共有五、六位，年纪都是三十岁出头，每一位都能够劳动，而且懂水性，如果不具备这些条件，就不会派到这里工作的。其实我们都不是"官"，没有坐办公室里，每天都在大海上指挥工作。

我在顺德搞了两大工程，"疏浚监修水道"和"围海造田"。其中"围海造田"的时间长，当时我的饭量讲出来，恐怕大家都会吃惊，我一个月要食七十五斤米。早餐食半斤米，正餐要食一

---

1 原意是罚犯人到边远地区从事强迫性的屯种或充实军伍，这里指到条件艰苦的地方开展工作。

2 指由军队接管政府权力，对全国或部分地区、或某些行业、或个别部门实行的一种特殊的管理和控制形式。

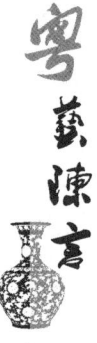

斤米，因为劳动量大，如果不食那么多，根本没法支撑。我们的工作有一定的危险性，"围海造田"就害怕工作时人数过多，因为要管理他们不容易。来这里工作的都是十几、二十岁的年轻人，其中七成是女的，三成是男的。住宿是分开男女的，但很多事情是很难避免的，男男女女在一起工作，人是有感情的，这些感情问题我们要负责处理好，要对家长负责，不能无缘无故有了小孩。那时还担心他们看着对面澳门的霓虹灯光，禁不

"围海造田"时期的黎子流

住诱惑会偷渡过去，因为他们每个人都会游水。两岸相距最窄的地方退潮时只有七十米，一下子就能够游过去了。当然也是有人走了过去的。参加"围海造田"前后大概有四万人，走了七十七人。

何　车：到现在还这么清楚记得是七十七人？

黎子流：当然啦，我是总指挥，一定要记住这些基本数字。我讲的都是事实，这块地是真正表达了顺德人民的"顺德精神"。就像我们的"广府人精神"一样，除了慎宗追远，不忘历史外，还有开拓奋斗、务实包容、敢为人先的内容。

　　我们一年只回家三天，我妻子对我说，如果放在今天，恐怕两夫妻都要分开了。第一年的时候，十月开始工作，到了春节都不能回家，民兵们都问："为什么我们不能回去？"我回答说："我也没有办法，这是上级的命令，你们在这里过年，我也和你们一样，而且我还有妻子和儿女。"所以我在"围海造田"中也重新受到了教育，锻炼一个人顽强的意志，我们在工作中受到了很多挫折，例如伤亡五个人。

何　车：以几万人计算，这个数字算小了。

黎子流：第一阶段最艰苦，要在大海建堤，接受大海风浪的考验，东面珠海力量不够，需要我们支援。我们接受经验教训，终于建好水闸，结果我们围起了十八平方公里的土地，相当于三个珠江新城那么大。

何　车：这段历史《顺德县志》有没有记载？

黎子流：这个我倒是没有留意。

何　　车：我觉得这段历史很感人。

黎子流：粤剧界曾经想编一部戏，我就提供了这段历史作为材料。我说："你们可以慢慢研究，至于编不编由你们决定。"它寄托了顺德人的情怀，当时去工作讲"服从、贡献、牺牲"六个字。我们自己是一无所得，虽然协议写着以后这个地方归顺德管辖，但最后变成了国家级规划开发区。最后取得也是这六个字。

"一国两制"后，澳门与珠海交接，这个地方的价值就很难估量了。当时省委协商决定，以二十九亿八千万的价钱把这十几平方公里的土地交给珠海，包括了建造的材料费用、人工等。二十九亿八千万按平均计算，一亩地才二十多万，到现在恐怕要几百万一亩地了。顺德人的精神一向是顾全大局的，是"广府人精神"的一部分。我讲这段历史，因为前后我在这里工作了五年，最艰苦的五年，当时蔬菜无法种植，我们除了大米外，就是食番薯、腐乳，所以我们称作"腐乳（负隅）顽抗"。我们也有改善生活的，就是夜晚去红树林里叉蛇，在那里捉老鼠最少过万只，都是田野和海坑的老鼠，是比较干净的，没有什么污染。

它属于珠江出口"八大门"之一"磨刀门"，出去就是南海海面了，我从没有见过这么大的风浪，沉艇都试过十次八次了，那时整个艇身都会翻转。

何　　车：你游水回来？

黎子流：不仅仅是这样，还要翻起小艇。面对这种情况，必须要懂得游水，这些经历太多了，很艰巨，艰苦奋斗的精神深深印在我的脑海中。我们回顺德要三日三夜的时间，第一天要等待潮水涨，因为船要到水涨时才能到珠海；我们到珠海渔民大厦过一晚，然后第二天一早就乘单车到另一个地方乘艇过河，赶到中山；如果赶不上珠海途经石岐的车，又要在客栈过一晚了。只在地上有张席子，我们就要睡在地上，用葵扇生风。客栈要收房租，5角钱一晚。第三天早上起来，赶汽车回到大良，之后还要乘单车到勒流，这才回到家。所以前后一共三日。我还记得一件事，有一年年二十九我们放假，我和副指挥两人一起回来。因为那时正值严冬，天气寒冷，前面挑着棉衲，后面就担着棉被。我们来到大良已经深夜了，由于没交通工具，所以没法趁夜回勒流。我们走到清晖园，在门口看见一位年轻人在写东西，就问他："今晚有没有地方让我们过一夜呢？"他望了一眼，看见我们胡子长长，又担着棉衲和棉被，样子古怪，就说："没有！"副指挥听到马上就要发火了，我马上劝止他："你发火也没用，就算你跟他说自己的职位都没用的，

别人根本不认识你。"我问他:"你有没有地方睡?"他说:"有个亲戚在附近。"我就要求他收留我们,但是他说不行,因为只有一个床位。我心里想这下该如何是好,快过年了,周围的店铺都放假了。怎么办呢?后来想起我们指挥部在县政府门口有一个板帐房,里面有一个床位。我到了那里,看见房门上了锁,但无论如何要想办法进去,最后拿了一根竹子爬了进去。房中有破烂的蚊帐、火水灯,幸好的是还有火柴,我点了灯就在这里过了一夜。由于蚊帐破烂,我被蚊子叮了一整夜。我们那时当官当指挥就是这个样子的了。

到了1974年下半年,我就调回顺德县了,算是"流放"完毕回来了。当时还是"军管",我当了革委会的办公室主任。我想:"我的文化水平不高,这个主任该如何当?"那唯有依靠同事们。有文化的人都落乡、写调查研究、写报告,这些我都不在行。但我会搞调查研究,善于与农民打交道,其它的事就依靠他们完成了。后来当了县革委副主任。到1975年我当了县委书记,一当就是九年,我就是这样走过来的。

1983年5月,省委开党代会,要求佛山地区分开两个地级市,调我去当江门市委书记。这应该算是越级提拔了。开始我并不想去,当时记得是王德书记与我谈话,他是老革命了。他严肃地对我说:"省委的意见决定派你到江门当第一把手,我给领导班子的名单你看看。"我看了名单后就有一个感觉:"自己没有资格当这个职位。"我在顺德工作不错,当了九年县委书记,就应该要退让了,因为顺德有大批人才,千万不要像打篮球那样阻人前进。我说:"可以让我退下来吗?"王德说:"不行!你要挑重担。"我说:"也有很多人干得比我要好得多,之前我只是管一个县,江门毕竟是一个市。"江门市开始是管五个县,后来连阳江、阳春都划了进来。省委拟定的班子名单中,有三个是我原来的上级,包括佛山地委副书记、副专员、还有原江门市委书记李天祥同志,他也是一名老革命,这三位都是我的领导。另外再看看其他的年轻人,全部是本科生、学士、硕士。我觉得论什么我都是最差的一个,我说:"先不说要领导江门市的几百万人,单单是领导班子就已经不容易了。"所以我曾找省委书记任仲夷谈话:"最好是另选贤能啦,我可以不坐顺德县委书记的位置,在顺德随便找个岗位给我也没有问题。"省委决定再考虑,谁料只是过了三天,省委就有了决定,严肃地问我:"你到底去还是不去?如果你不去江门就去海南岛。"我当然不想去海南岛,海南岛偏远,又不熟悉情况。江门虽然不太熟悉,但是毕竟在同一片地区,都有一些朋友和知情况的人,所以我是被迫到江门的。既然承担这个岗位，就要对江门的人民负责，当江门市委书记一共是七年，开了党代会换届我就离开了。

1989年就调我到广东省特区办当主任，做了半年。特区办的级别很高，属于正厅级。比较清闲，只管理二十二人，上班时大家都在看报纸打发时间，够钟就下班了。我想这样下去不行，特区办除了管理特区的事情，还要找事情做。特区办中科长一级的有十个八个人没有住房，不安居又怎能乐业呢？于是我从顺德借了两百万，买了十套房安置特区办的人员。

那时我们还管理着二十多个离退休老干部，去探访他们时就连利是都没有，因为单位经济能力有限。我们三个正副主任一个办公室，而且地方很小，如果有人来访，其他两个人就要回避。电话也是要轮流使用。我看见外经贸办的条件就比我们要好得多。我认为想办法解决了科长们的住房问题，不能单靠上级支持，同时也向我熟悉的朋友筹集一些资金，发给离退休的干部作为补助，也向他们反映单位的困难，他们都很理解。我与特区办的同志感情很好，现在特区办已经撤销了。

1990年我到广州任职，到1998年正式退休。在1997年底就完成党代会的任务，我已经64岁了，就立即申请退休。其实在61岁再选举我为市长，我已经申请辞职的了。广州藏龙卧虎，有很多人才，本来轮不到我当的，是历史的机遇和人民的信任使我当上市长。我是农民出身，耕田就在行，以前也只是管理小城市。我的从政经历大致是这样了。

我是如何认识粤剧和曲艺呢？其实早在我当农民的时候，在姐夫家里就开始接触粤剧。在那个年代是没有其它文艺节目，也没有文化生活的，除了舞狮子、扒龙船，晚上的节目就只有看大戏。我做农民打工时就看大戏，由于工资低，买不起戏票，就站在戏棚前两米的"企位"。这些位置是先到先得，如果赶不上就没法看了。我越看就越觉得有味道，越看越觉得印象深，《火烧连营七百里》《三气周瑜》等戏讲历史故事。老实说，我很努力学习，除了写字外，我还喜欢读书，中国的四大名著我全部看了几遍。其中我最喜欢的是《三国演义》，然后是《水浒传》，因为我觉书中描述的军事策略、"三国尽归司马氏"这些都很有教育意义。看书与看戏是两个不同的概念，但是也有相同之处，剧目是把历史故事整理出来搬到舞台上，演员表演，活灵活现，这时我对粤剧开始上瘾了。做农民的时候，民间习俗到了农历七月七日，就请一些盲人来拉奏粤曲，那时已经有《平湖秋月》等曲目，我觉得这些音律很好听，就是通过这种方式接受粤剧粤曲，所以应该说我是自小就接受粤

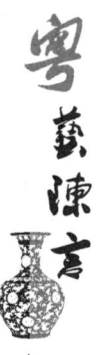

剧粤曲的熏陶。

在我当顺德县委书记时,顺德有三个粤剧团。为什么我这么重视粤剧呢?"文化大革命"后,剧团演了一部戏叫《三打白骨精》,因为当时江青等人还未审判,上级就指责我们,说我们影射江青。我觉得《三打白骨精》的确是有所指,但是为什么江青不能影射呢?这部戏深受群众欢迎,作为领导,我觉得应该要支持和发展粤剧,因为它有教育意义。

我到江门任职时,是江门粤剧团最困难的时候,我也为他们出了一臂之力,使它能够重新振兴,一直发展至今天。我很佩服余阳丽[1],红线女叫她回广州她也没有答应,坚持在江门工作,这就是同甘共苦,精神可嘉。

何 车:那时我认识你了,记得和你食过一次饭。

黎子流:不奇怪,其实很多粤剧演员我都亲自接待的,我觉得应该尊重他们的艺术。他们来到顺德县演戏,我也看了很多。文觉非[2]来龙江演戏,他演的喜剧是喜中有泪,喜中带笑,这是很难得的,证明他是水平很高的演员。他走上舞台,观众就会笑,艺术上有他独特的地方,是经过刻苦的磨练的。

江门是侨乡,这是侨乡唯一的一个剧团,它代表侨乡走向世界,受到当地群众的欢迎,它能够自力更生离不开自身的努力。

何 车:你的大力支持也是一个重要的原因。

黎子流:这是应该支持的。来到广州后,我组织成立了广州市振兴粤剧基金会,到今天已经有二十二年了。

红线女到顺德演出,深入农村体验生活时,我与她就有了接触了,我很早就认识红老师了。因为我自己文化水平低,接受粤剧艺术的熏陶,从初步接触到认识提高,自己受益很多。

我曾研究顺德为何出了三大流派[3],第一、粤剧是寓文化艺术娱乐教育于一体,不管是喜剧是悲剧,最后都是教育观众要做好人,坏人就一定会受到惩罚。我很佩服薛觉先,他是我家乡龙江人,他曾说:"粤剧是第二所学校。"他身体力行去推动粤剧的发展。他是一个改革派,在粤剧改革方面走在最前。粤剧能够教育人、熏陶人,我就像走进粤剧的人物和故事中一样,不管是历史剧还是现代剧,都有很深的感受。

---

1 余阳丽:江门粤剧团著名演员,师承著名表演艺术家红线女。

2 文觉非:著名粤剧丑生演员。

3 著名粤剧演员薛觉先、马师曾、白驹荣都是顺德人,所以说顺德有三个流派。

第二、粤剧是具有民族特色、岭南文化色彩浓厚的剧种，为什么我们不提倡它呢？它已经有几百年历史，经过很多代艺人的奋斗，才形成的一件珍宝。我们一定要扶持、促进和发展粤剧。我成立广州市振兴粤剧基金会就是基于这个想法。但是，只有政府才能起主导作用。举个例子，基金会就算倾囊而出，也建不了粤剧博物馆。我们只能做一些党和政府顾及不到的事情。基金会与我以前帮助、扶持剧团的性质并不一样，它更多地通过民间渠道，起到拾遗补缺的作用，量力而行，尽力而为。

第三、粤剧的音乐旋律优美，深受群众喜爱，它起到其他剧种是无法代替的作用。它丰富多彩、开放包容；吸收了中西文化，我认为在这么多地方剧种中，粤剧音乐唱腔是走在前面的。粤剧的音乐很优美，有的表达慷慨激昂，有的表达喜怒哀乐，有的表达嬉笑怒骂，节奏感很强，故此很吸引人。

何　车：粤剧音乐优美是全中国都承认的。

黎子流：因为它与其它剧种不同，粤剧广东音乐具有岭南特色，艺术来自民间。例如《赛龙夺锦》，是番禺人何柳堂编的，他参加了赛龙舟，然后吸收了赛龙舟的精神编写出这一首曲。《雨打芭蕉》也是反映我们岭南特色，描述下雨时，雨水拍打蕉林的声音，就像"春眠不觉晓，处处闻'雨'叫"，哈哈。

第四，粤剧粤曲是我们的国粹。要有古文修养，才能撰写出好曲。中国的国学是应该大力发扬提倡的，我们的语言是言简意赅，一句话可以表达的意思就胜过其他外语几十句。例如刻画陆游再进沈园，就有一句"斜阳画角哀，诗肠愁满载。"仅仅十个字，就表达了陆游这个人物怀才不遇，爱国无门可报，同时受封建思想影响情场失意的心境。充分表现了陆游的性格。

我曾跟叶选平介绍这句曲词："斜阳画角哀"形容他忧国忧民，心情很悲壮，报国无门。第二句"诗肠愁满载"表达他虽满腹经纶，但无处可用。如果你不懂古文，就不能体会这种意境。所以我们提倡学习国学古文，就可以与粤剧结合起来，因为它容易为大众所接受。

粤剧的特点和作用应该要重视，它主要包括三个方面：表演、粤曲、广东音乐，缺一不可，各有不同的作用。演戏都不会缺少这三个元素，唱做念打。而粤曲是从广东音乐中提炼的，当然也有吸收其他剧种的音乐。作为领导者应该振兴、发扬和发展粤剧，同时要创新，与时俱进。这样的领导才算是两手一起抓，一手抓物质文明、一手抓精神文明。现在我们改革开放，百花齐放，各地的文化艺

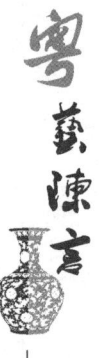

元素都要吸纳，但是不能忽略了本土文化，否则就是"手拿金钵乞讨"。要珍惜本土文化，不能自我放弃。有人说："粤剧被评为非物资文化遗产后，就只能摆在博物馆，很难再有发展。"其实不然，我们要看到未来，看到实际情况，"文化大革命"的十年给粤剧带来了很深重的灾难。我的观念是，粤剧不但能够立足于本土，面向全国，还能够走向世界。当然现在有势头了，但是远远未够，我们的路还很长，不可一蹴而就。教育是"第一课堂"，它是"第二课堂"，为什么抓好"第一课堂"而不抓好"第二课堂"呢？

我接触粤剧比较多，粤剧的艺术家、编剧、导演都是对我有所教育的，每个人都是我的老师。本来我完全不会唱，但我很有兴趣，喜欢听。到广州当市长，1992年成立粤剧基金会，接触的艺术家多了，就学到了一些皮毛。后来我还发现可以通过粤剧为社会出点力，可以义唱义卖。高高在上当官没有用，你只是人民公仆，也是老百姓的一员，应该与群众在一起。当然我唱得不好，一是"撞板"、二是"抢板"，我未学习过，所以没有基础，我唱曲最主要靠听录音，录音本当师父。

我是通过听，然后逐句学唱的。最早登上舞台，是在全国人大代表会议。人大代表会议每年在"三八节"都会召开妇女庆祝大会，当然也欢迎男士参加，领导们都会出席。有一次红线女邀请我上台唱一段曲，我说："不行啊，我没有学过。"她就说："我教你。"《搜书院》中一句"敢问姑娘何以愁容满面？"我就学了很多遍，当然我是跟不上的，但是基本都能唱出来。

我与粤剧曲艺走过的历程，影响了我做人，也影响我当领导，经常警醒自己，要当个"包青天"，做不了十足，也要有几成。当然不能连酒也不喝，我平时很少饮酒，但我的酒量很好。记得洽谈白云机场搬迁的时候，就饮了很多酒，当时计委副主任和秘书都醉倒了。所以我说这是甜中带苦，苦中带甜，我是为了得到上级的支持才喝酒的。

何　车：别人出酒，你来拼命，哈哈。

黎子流：我当市长平时真的不饮，饮酒是迫不得已的事。广州市属于第六级：广东省委、广东省政府、大军区、广东省军区、中央直属单位，我们就在他们的领导下。如果要搞建设，必定要与这些上级打交道。做市长能够做成一些事情，能为这个城市做了一些基础功夫，我就觉得心满意足了。但是苦也很多，记得那时每天晚上我只有时间看看电视新闻，其余什么都看不到，都是在办公。人民来信最多的时候是一天七十七封，有时深夜都会办公。有次凌晨一点多在批改文件，女姐打电话给我，说："我有些事情想不通。"

我就说:"女姐,你有什么事情想不通?明天谈可以吗?"女姐说:"不行,我不能入睡。"我问她是否立刻来,她说是,"不吐不快",那我就去了。她是艺术家,我应该尊重她的,红线女爱国,一生都忠于粤剧,矢志不渝。同时她重视培训青少年,她八十多岁的时候还与我一起到龙江参加"纪念薛觉先"活动。我说服她帮忙培训青少年,记得她走到四楼教小朋友,听她们唱几段《荔枝颂》,指点他们哪里不对。她很重视这些工作,这是令我敬佩的。至于红老师的艺术成就,我没有什么发言权,国内外早有评价。她是一位值得我们怀念的老师。

何　车: 听了你对粤剧的见解,我觉得喜欢粤剧的人很多,但是像你这样有条理地分析是很难得的。你要把这些东西分享给年轻人和领导。

黎子流: 要逐步来做。其实领导都很重视粤剧的,例如陶铸、赵紫阳、杨康华、王匡等都不是广东人,但是都很支持粤剧。

何　车: 当时《山乡风云》就是王匡主抓的。还有一样我们比不上你的,你唱粤曲起点高,一开始就与红线女唱,哈哈。

黎子流: 那天是三八妇女节庆祝会,是红老师带着我唱而已。

何　车: 有个问题我们很想知道的,广州市曾经举办了一个很辉煌的"市长粤曲演唱会",这件事是谁筹办的呢?

黎子流: 这个"市长粤曲演唱会"其实有两个目的,第一是接受了省的扶贫任务,省扶贫协会缺一笔钱,我认为可以想想办法。当时"教育基金百万行"演唱都有一些"荣誉市民"赞助。其实观众不是听我唱,而是听艺术家唱,我是唱态度、唱精神。

　　第二是粤剧不能只是广州重视,还要力所能及地调动各个市。有兴趣参与的有些是市长,有些是市委常委,有些是宣传部长,每人唱一段。我记得一共筹集了一千六百多万元,全部交到省扶贫基金。我请了汪明荃参加,她是香港著名的演员,我与她唱了一曲。

何　车: 这次你不用害怕了,因为你已经有和红线女对唱的经验。

黎子流: 那时只是试唱,其实那天我还在医院吊针,但是确定了日期就不能更改的,我与她对唱《十绣香囊》。那次主要是为了扶贫,我从中领悟了一个道理,粤剧粤曲艺术不但可以为人民服务,让人民享受,还可以与社会慈善公益相结合,有一定的号召力,可以做成一些好事。

何　车: 这个活动总策划应该是你吧?

黎子流：总策划由懂艺术的人负责，我只是提倡，同时找赞助、捐助人士。

何　车：以你的号召力这是不成问题的。

黎子流：那不一定啊，搞了活动，也可能会空手而回的呀。这件事是好事，第一能够宣扬粤剧，第二能够扶贫，第三能够推动各个市的领导层支持粤剧，支持扶贫。

何　车：很多人都记得这件事，还常常问："为什么不叫黎市长搞第二届呢？"

黎子流：我等于搞了第二届了，上次和陈建华市长唱，他下了很大决心，学了很多遍，他的公务是很繁忙的，大家要原谅。我对他说："你上台唱，效果比开一百次会还有用，一方面表示你对粤剧文化的重视，另一方面也和老百姓拉近了距离。"

何　车：你和女姐、汪明荃等很多花旦都合作过，你这么喜欢唱粤曲，你家人是否反对，有没有支持你？

黎子流：我家里就分为三派，一家四口人，我是积极支持派，我第二个儿子就认为粤剧曲艺没希望了，刚刚改革开放的时候，他喜欢听流行曲，他对我说："为什么你要做这些事情，那是没有用的。"所以他是反对派。大儿子和妻子就是中间派，既不反对也不支持。后来就慢慢分化了，特别到退休后，邱姨[1]也慢慢喜爱了，可能是听得多的缘故。

何　车：据闻她现在经常唱粤曲。

黎子流：她只是学唱而已。老实讲，她比我还是差一点。因为她不会用声，年纪大了，声音也不是太好。她在群众曲艺社、老干活动中心学了几年，逢周六就积极去学。有时也会到顺德，顺德有很多曲艺社，二百多个曲艺社从周一到周日都有安排。我因为承担了一些社会任务，没有时间去学习，倪惠英与我拍档多次，就经常会给我纠正。记得红线女曾经教我："唱曲不能靠大声，那是喊歌，不是唱歌。"见到我这么艰辛地做这件事，我的家庭也受到感染。

　　2012年，我全家大小都来听我唱粤曲，包括我的孙女和年纪最小的男孙，就连最反对我唱粤曲的小儿子也来了，他还捐了钱。在顺德唱粤曲时，我最小的孙子，只有十岁就上台献花给我。邱姨也跟着学唱，我大儿子有个好朋友罗耀辉就是打扬琴的，在顺德有时间就会到新领域曲艺社，他说："我不会唱，但我会听。"第二个儿子慢慢开始支持我了，他见爸爸这么辛苦为粤剧，为本土文化出力，当他接触多了就慢慢改变了。我引导家人身体力行

1　邱焮文，黎子流的妻子。

爱上粤曲，就把原来的三派变为基本一派。

何　车：黎会长，我记得2004年时，我在广州电视台，搞了一台元宵晚会，你在唱《广州好》时，你改了别人"三年一中变"的曲词。你不但改了，还学戏班的人把曲词写在手掌上，看着唱，哈哈。

黎子流：这是跟老师学的嘛，我不是经常排练，有时候我会忘记曲词。

何　车：特别是这些创作的新曲目。

黎子流：如果我与你拍档上台，能够与你先合一次乐队就已经算是排练了。没有办法，因为时间不够。有艺术家为我壮胆就不会太紧张了。

何　车：那天与你唱的不是艺术家，那时她是九岁大的小女孩[1]，现在是在香山粤剧团担任主要演员了。

黎子流：茁壮成长了。

黎子流与青少年粤剧爱好者同台演唱

何　车：得益于您培养。

黎子流：不能这样说，是大家培养她。

何　车：有您的鼓励，她才去了粤剧学校，毕业后到香山粤剧团。

黎子流：粤剧培训青少年是一件很重要的任务，除了粤剧学校外，我们还会送一些小孩到北京学习。本来有意向组织一个青年粤剧团，后来因为各方面的形势变化没有办成。但是这些年轻人分散到各个地方后，大部分始终还是成才了。我非常主张多给机会青年演员。

何　车：对啊，就像你的从政经历一样，如果不多压担子，又怎会有如此

---

1 黄嘉裕，现为香山粤剧团演员。

丰富的经验。接下来还有一个话题,凡有新戏,你一定会到场看,但是看完后记者们问你对戏的看法,你都是赞好的。

黎子流: 这是肯定别人的劳动成果嘛。

何　车: 站在你的立场,肯定要说好的,因为你是领导嘛。

黎子流: 特别是对新编剧,你讲不好会打击他的自信心。

何　车: 如果不是站在领导和会长的位置,以你个人的见解,觉得有哪些戏不那么好看呢?

黎子流: 我喜欢《梦断香销四十年》,是罗家宝主演,陈冠卿编写的。罗家宝晚年成熟的作品,里面六首曲都十分好,水准很高。

　　我佩服的不仅仅是某一个人。一部戏能够编好一首新曲,作者肯定要感情全身心投入,编写的人一定要有戏班实践的经验。如果编粤剧、编粤曲是闭门造车,就一定不能出精品。以前看戏印象最深的是《火烧连营七百里》《三气周瑜》。我进广州之后,也提倡粤剧继承优秀的传统,发扬传统艺术,又要紧跟时代的步伐创新。所以既要有古代戏的改编,也有外省剧种的移植,但不可不创作一些新的现代戏。

　　我看过的,觉得比较好的有几个戏,第一个是《山乡风云》,当时很多大老倌都参演,搞得很成功。这个故事是吴有恒住在顺德清晖园写的,专门写了《北山记》,这个故事就是在《北山记》中抽取出来的。这部戏编、导、演都很成功,剧情紧凑、扣人心弦。第二个是《刑场上的婚礼》,这部戏选取了广州起义的故事,而且不断修改演出,情节的构思吸收了一些时代元素。我和红线女一起看了这部戏,那次我第一次见红线女饮酒,她说要饮"酒鬼"。

何　车: 湖南的"酒鬼"酒。

黎子流: 是啊,白酒。我们与演员们在食饭,准备演出前,提早开始。我对女姐说:"这么辛苦来到这里,你够胆喝一些酒吗?"她说:"得,我跟你喝三杯。"最后她真是喝了三杯,她很高兴就上台唱了一段,第一晚唱的那首不行,难上口,然后我叫女姐:"不如你还是唱《荔枝颂》吧。"第二晚就唱《荔枝颂》,效果就完全不同了,全场热烈鼓掌,因为大家听惯了。这首歌的确不错,有时代气息。

　　《刑场上的婚礼》最好之处就是感情的投入,以国家和人民的利益为上,最后壮烈地牺牲。第三个是带点高雅色彩的《花月影》,我认为也很成功。这是以粤剧艺人的生活为背景编写的戏,吸收了很多新的元素,曲比较动听,倪惠英担纲演这位女主角比较成功,表现了她刚烈为人的气节,忠于爱情,不受恶势力所逼。

《花月影》的歌舞都很美妙。

文觉非的戏我也很喜欢,他演喜剧为主,粤剧的"六柱制"导致喜剧少了,文武生、花旦的戏倒是多了。武生戏也有,但不算太多。武生戏有演关云长、包青天等。前年,我回顺德建议一定要花钱编一部新剧,想办法要令它成功。当时何笃忠老师帮忙搞的,但是还是未成熟,演员未能投入感情。其实一部戏的成功首先是编剧的成功;第二需要有高水平的导演。要贴近群众,贴近历史、贴近实际;第三就是需要演员全身心投入角色,如果不能融入角色就没有味道了。戏是演给观众看,台上台下要有感情互动。要把人物带到观众心上,把观众的心弦扣在舞台上。

我不是说上述的剧目没有缺点,还需要精益求精。如果说有哪些剧是我不喜欢的,全场都不好的戏我认为是没有的,但是缺点我也记得不少。最重要还是编剧、导演的问题,还有就是演员的水平。不是国家一级演员才能够演好戏。长江后浪推前浪,老艺术家要称赞新人才有希望,仅仅是新人赞老艺术家就没有用了。我在广州有参与研究《土缘》这个戏,主要是提供一些农村的历史背景和情况,包括"知识青年上山下乡",和当时的一些真实的政策,例如搞合作社,也许合约化未必是成功的,但是都算得上是一种探索;我们最后还是要走集约化农业的道路,单家独户行不通了,通过合作使资金、科技、人才集中,才能更好地发展。

《南国红豆》播放的节目,有些我并不喜欢看,有一些节目搞笑比较庸俗,我在这里就不便讲太多了。

何　车: 这主要是迎合一些小市民的口味。

黎子流: 关于市民的意识,作为电视节目都应该具备引导的作用。如果要迎合大多数的市民,就应该要引导他们向上,不管是什么类型的剧目。要做到幽默而不庸俗,能够使观众喜中带泪,不要有过于下流的语言。我认为不能够迎合这些低俗的口味,这是没有市场的,最后都要走向灭亡。有很多剧目都是显得不成熟,因此演不了多少场。

《风云2003》是一部好戏,但是编剧未有认真请教钟南山[1],这是一大缺憾。死者并不是记者,而是一个护士长。我看了两遍,就认为这点是不行的。另外蒋文端[2]演一位书记,在危险的关头应该当断则断,要有书记的风范。她要集中指挥全局,在人民的生死关头,要站在第一线,要在最高点寻求出路,救援人命,在这

1　钟南山:中国工程院院士,教授,呼吸病学专家。
2　蒋文端:广东省粤剧院著名演员。

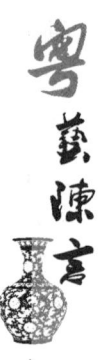

一点上蒋文端同志拿捏得不够到位，比较平淡。

何　车：这与编、导有关系。

黎子流：哈哈，编导是前提，蒋文端是一位水平较高的演员，记得我曾与她对唱，她还教过我。《南海一号》编得不好，水平一般，没有什么特别动人的情节，构思不理想，不能吸引人。当然这些都是私底下的建议，公众场合我是不会说的。

何　车：今天我就是想听听你私下的意见。你刚刚提及的两个戏，我都有同感，其症结是编和导都没有亲身的经历，没有那种感受。

黎子流：对啊，例如陈冠卿编剧，一边写一边会流泪，原因是他能够把感情融入到剧中人物，他把自己切身的感受和对生活的体验都写进剧中。

何　车：现在的编剧没有这种感受。

黎子流：我觉得编剧一定要跟随戏班，否则是不行的。

何　车：再说《南海一号》，编剧连广州话都未熟悉，他没有这种情感。我同意你的说法，要对粤剧有感情，需要更多的经历。黎会长的确是真知灼见。

黎子流：说不上是真知灼见，只是个人的感受而已。我现在已经不是领导者了，是作为一个观众的感受而已，我希望每一部戏都能够成功。但是鲁迅写文章也需要反复修改的，因此我认为每编写一部新剧都是一种探索，这是需要肯定的，但是成功与否，我心中有数。是否成功就是以广大群众的鉴定为标准。

何　车：最近《南海一号》在香港演出。

黎子流：省剧院也有一部戏是以粤剧演员为背景的，戏名是《梦·红船》。这部戏不成熟，后面讲述主人公壮烈牺牲，场面是值得保留的，但是最后全部没有了。它没有集中反映抗日，日本人出场的机会很少，这是最大的缺陷。现在党中央很重视，"卢沟桥事变"国耻日都作为重大事件纪念，如果这部戏以粤剧红船为背景，真实表现，插入真正以抗日为主题的题材，这部戏的效果会更好。

何　车：它现在写的故事出现了很多人物。

黎子流：对了，有土匪、有汉奸、有日本侵略者，不知道哪一个才是主要矛盾？

何　车：本身的立意已经错了，它想要讲述红船的故事，但是1945年左右已经完全没有红船了。从1941年开始，粤剧戏班已经没有使用红船了，不能硬把并不存在的东西跟时代结合起来。没有像你那样的生活经历，没有对日本人那种切齿的仇恨，没有国仇家恨的感受，怎能写出好戏呢？

黎子流：可以深入到历史生活，认真研究博物馆的东西，可以以"南京大屠杀"为背景。《梦·红船》的名字不适合可以改的，你说得对，那个时代的确已经没有了红船，红船是以前存在的。

何　车：红船的历史大概只持续了百年左右。

黎子流：它主要集中在江河密布的地区，那时候还未普及汽车。

何　车：主要是珠江三角洲。上述问题比较敏感，下面我们就谈一些平和的问题吧，希望你谈谈做了二十年会长的经历。粤剧"申遗"（申请入选《世界人类非物质文化遗产代表作品录》）从2003年左右就开始筹划、准备，记得第一次申报是不成功的。2008年我在北京签署有关"申遗"的文件时，有一点对我感触比较大的，要与黎会长交流。"申遗"文本是省、港、澳三地政府共同签署的，同时向联合国提出申请的，其中有一个条款我有很深的印象，就是承诺每年我们投入多少资金来排演新戏，每年投入多少资金挖掘传统，每年要花几多资金出版DVD\CD，还有每年要花几多资金出版艺术家的书籍。现在我在这方面努力工作，但是切身感受到困难，今年我计划组织一场《粤剧流派唱腔展演》，就是把所有的粤剧流派唱腔，包括薛、马、桂、廖、白、红线女、芳艳芬、大珠、上海妹、虾腔和凤腔进行汇演，演一晚是不够的，最少要演出两晚，我好想把这些都搬上舞台。计划已经做好了，在这里希望呈上贵会争取最基本的启动资金。

黎子流：今年举办就来不及了，基金会的资金已经全面安排好了。

何　车：哎呀，我在今年三月份已经把计划提出了。

黎子流：这就是理事会研究的问题了，我不能代替理事会行使这个权利。

何　车：我与政府谈，也不认可向联合国"申遗"时承诺的条款。这当然是讲笑。所以我才会找作为民间组织的基金会，我很希望能够办成这件事情。

黎子流：这件事如果你的方案已经完成了，我个人觉得是件好事，但是好事有很多，一次很难全部办成。基金会理事会需要研究，我有时间会出席，但是忙的时候也会缺席，一些重大的事情我会提意见，但要尊重理事会，尊重刘长安[1]。这件事今年办不成，明年也可以继续办，各大流派唱腔的精品演唱，是会有市场的。

1　著名作曲家，现任广州市振兴粤剧基金会理事长。

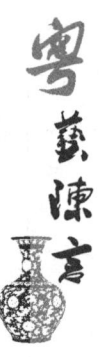

何　车：节目的编排我已经计划好了。

黎子流：你提的这个问题引起了我的深思，今后粤剧的走向，具体来说就要培养新人才，编出新名剧，要有好戏、好曲，最后就要开发新市场。办到这几点要有三个因素决定，第一，党政领导、机关积极重视，现在广州市委市政府是非常重视的，陈建华市长非常重视的，我退休后曾说："在广州，只有重视搞好粤剧才有资格当宣传部长。"我们是文化大省，如果缺少了粤剧，又怎能称为文化大省呢？所谓重视就是从各个方面入手，当然资金的安排是重要的，有没有投入，投入排在第几位，文化艺术的投入有多少都要全面考虑。我当过市长知道，粤剧困难的时候我经历了，所以我说政府要有基本制度和政策。基金会的组成是通过民间的渠道，政府就是主要的渠道。据我所知，政府是有投入的，应该是比较重视的，但事情总是有先后之分。

　　第二，粤剧本身要真正发奋、振兴、改革，自身改革。另外，要根据市场的走向培养新市场。我们既要阳春白雪，五万、十万一场演出，其价值是远远不止，但是你不得不迎合现在的市场。所以除了剧团外，就要像过往历史上我们有些小分队，深入到工农群众中去。粤剧节的时候，我去吴川，看到有两万多观众看戏，我是第一次遇到这样的场面，不简单啊。如果在剧场，有一千多人就已经很厉害了。吴川是名副其实的粤剧之乡。粤剧在吴川有群众性，所有喜事和喜庆的时节都要演粤剧庆贺，而且当地的企业家在外面赚到钱，都会回报乡里，包下三、四晚粤剧进行惠民演出。这就是群众性的体现。

　　我主张要收取看戏费，要像文化中心那样，票价要有体现，不同的剧场定不同价钱的票，最少能够收取一部分的钱。我不主张派票，买票看戏难道很困难吗？如果把票派给领导，有时候不是本人来看，会给保姆、朋友和老人家看，派票给领导目的是为了请领导来指导和提意见的。所以粤剧自身要研究如何走出一条新路。

何　车：就你的观点，我要跟你汇报情况。去年我们在中山纪念堂演出，四百元一张票，结果是纪念堂全部坐满。

黎子流：所以我要主张卖票，票价有平有贵，要有不同的市场。

何　车：粤剧绝对是有市场的。

黎子流：不可能老是赠送戏票看戏的，相信很多观众还是有能力买票进场看戏的。

何　车：当时市文广新局陆志强局长都说有几个想不到，第一，近几年没有看过这么精彩的粤剧；第二，想不到纪念堂三千多个座位全满。

黎子流：基金会筹集资金扶贫，梁耀安曾在那里演过一场，也是全场基本满座，一共筹得二十多万。如果从盈利的观点，单纯的演出我并不赞成，粤剧有惠民的性质，政府应该花点钱让群众看戏，让年轻人看戏，这样观众能够以比较低的价钱买票看戏，自然就有买票的观念。当然大部分需要政府和企业家资助。

　　　　粤剧界要努力，社会需要关注，关注就需要出力。很多大型企业依靠改革开放发展起来的，它有三个原因：一是企业人本身的聪明才智；二是有改革开放的大环境，造就了企业的发展空间；三是企业员工的付出和汗水，他们花了心血。作为民营企业者，赚到的利润应该有计划、有步骤、有比例，按照自身的意愿回馈社会。社会有公益事业，不仅仅是救助贫困，还有文化扶贫。薛觉先所说的"第二学校"是应该给予支持的，例如可以支持剧团演出一百场。如果谁有好的点子和方案，经审议后认为可以，便可实施。花钱占总开支的比例有多少？这是可以计算的。当然广州有广州的难处，市长也有市长的难处，我当过就知道情况了。举个例子，如果市政府收入一千万，其实就只有三百万，其余的七百万都上交国家的。顾全大局，但我们局部就有困难了，广州市财政收入不错，但是要上交国家、上交省，然后才是自己可分配的。当时有人问我政府财政收入高有什么好处，我说："什么好处都有，唯独财政不可自主。"那时取消了包干财政，这种方

黎子流在基金会庆祝活动上演唱

式可以"水涨船高",例如一年包干一千万,超过的部分对半分成,那就不错了。所以我觉得社会发展起来了,部分先富起来的要回馈社会,支持粤剧艺术文化和教育事业是应该的。只有这样做,你才能得到安慰,才是真正的企业家。所以我常常劝我的朋友捐钱。

何　车：你身体力行,已经捐了不少了。

黎子流：我那些是有限的,全部拿出来就只是一份退休金。

何　车：精神可嘉。

黎子流：如果按比例计算,我就算厉害了,一年中最少捐出三个月工资给各种事业。三个月工资就是三万、四万元左右,算是很好的了。记得我初来广州也只是八百元一个月,我问过东方宾馆的员工,他们比我要高,有一千二、三百元,哈哈。

何　车：我们转换轻松点的话题。我说现在很多职位你都辞去了,就只有广州振兴粤剧基金会和广府人恳亲会。

黎子流：现在还不断有来信请我当什么会长,我都拒绝了。已经八十三岁了,很多事情要逐步淡化了。

何　车：但是你还是全国推广普通话的标兵。

黎子流：应该讲是"推广普通话先进工作者"。全国共有五个人,目的是推广普通话和文字改革。我写简体字十个还有三个是错的,因为我不记得,还是写繁体字比较顺手。我有自己的见解,汉字简化是必要的,但是有些字简化得离谱了:例如"广东"的"广"字。所以我也是形势所迫。

　　从我刚才讲从政的这段历程,你就知道,我是不会讲普通话的,其实也不需要讲普通话,也不能够讲普通话,因为农民听不懂,所以不能说。直到 1975 年,鹤山的县委书记是山西人,开三级干部会议我要请翻译,他原来讲话一小时变为讲了两个小时,我仔细听都领会不到三成意思。他说话就像开机关枪一样,夹杂着山西的口音,我完全听不懂。那他如何跟当地农民交流呢?

　　普通话很重要,全国必须有一种通用的语言,但不等于要消灭地方语言,我反对消灭地方语言。广东话是很厉害的,世界上很多地方都有人说广东话。我认为"普通"两个字都要改,应该称作"华语"或"国语"。

何　车：估计不会,因为台湾目前就是称作"国语"。

黎子流：我进入广州后,"人大"[1]有个规矩,一定要讲普通话。

---

[1] 人民代表大会的简称。

何　车：开会讲？

黎子流：当然是开会讲啦，如果私下的就不用说了。如果开会不说普通话你就没有资格当市长，就会受到质疑、质询。

何　车：讲到你的"华语"，听讲你到"人大"开会就说："我'拒绝'接受'人大'的监督。"

黎子流：那时我刚来广州，其实我说的不是这样，是翻译的问题，我说的是"自觉接受人大监督"。"自觉"两个字普通话很难发音。我知道自己很多毛病，但我是推广普通话的。有很多广州的干部提醒我，你经常讲错"广州市"，我说："不是吧？"他们说我把广州市说成"广州'死'了"。所以后来为了防止出现这种情况，每当我说"广州市"时候都会把声音提高八度，这样就肯定不会撞板了。

何　车：后来我听讲你说"自觉接受监督"时，肯定要用广州话再说一遍。

黎子流：我知道自己说得不准后，没办法就照着内容直念了。例如"势在必行"四个字，我怎样说别人都听成是"实在不行"，我没有办法说得准，主要不懂发音。我觉得这比唱粤曲还要困难得多，所以很多都是我自己真正讲错了，别人在讲错的基础上再加工，就变成了笑话。但是这些笑话都是善意，所以我从来没有追究过。

　　1997年，我退下岗位后，李鹏总理到广州视察中信广场，那时谢非书记还在，一行人在车上有说有笑。李总理一下车就问我家庭情况，我说："我家里边有一个老婆，两个'妓女'（子女）。"我原意是说我家有一个老婆，两个子女。我见他哈哈大笑，陪同的省委领导也是嘻哈大笑，我心想可能大家误会了，我连忙走上去对朱琳[1]说："可能我说得不准，我的本意是一个老婆，两个子女，如果我家里一个老婆，两个妓女，估计我妻子不会这么大方吧。"哈哈。

何　车：这些讲错可以笑，有些讲错是不能笑的。胡楠卿去世的时候，你说的"一支公（一鞠躬）……"

黎子流：那是后来传为笑话，当时的环境是这样的，胡楠卿同志是参加二万五千里长征的老红军，由高祀仁[2]致悼词，"搞死人"[3]我没有讲过，是别人炒作的。当时我是主持，下面全部是老领导和省市的老干部，我要说"一鞠躬"，心想应该怎样说呢？主持稿中有

1　朱琳：前国家总理李鹏的夫人。

2　高祀仁：时任广州市委书记。

3　这是个笑话，原是指黎子流普通话发音不准，把"高祀仁"说成广州话的"搞死人"。

好几句话我都没有搞清楚应该如何说，后来我觉得都是用顺德话讲最好，就说成了"一支公"。"鞠躬"两个字到了今天我还是没有办法说准。

何　车：今天还是说成"一支公"？

黎子流：都是差不多，也许有少许改进吧。当时的环境，是在灵堂开追悼会。后来出来，一群省委老领导包围着我说："你这个黎子流怎么搞的，你刚才讲话搞到我们哭笑不得。"因为到会大多是领导干部，我心想不妙了。但是我有两点是好的，一是态度好，大会小会都讲普通话，提倡讲，不讲不行，讲不出就用顺德话搭够。所以机关干部在我讲顺德话的时候就要拿笔记本记，其实我是推广普通话。第二是我会慢慢改正，就算只是讲准一点点。我得出一个经验教训，讲普通话如果你讲不准，那就一定要讲得快。

何　车：让他们听不到，哈哈。

黎子流：要像打机关枪一样，当我第一句讲错了，你意识到的时候我已经讲到第三句了，这样就能够引开他的注意力。所以我虽不准确，但比较流利，这是我讲普通话最后的秘诀。

何　车：这是经验之谈，值得我学习，因为我的普通话也不准。

黎子流：最准确是电视台的主持。我所知道本地的选举结果都是请电视台的播音员念的，他们是最准确的。你们笑我，其实很多领导人都不准确的，毛主席讲的是湖南话，邓小平讲的是四川话。我觉得普通话的推广要有几代人的努力。我从来没有学过拼音，说得肯定不准，我讲的都是珠三角的土话，所以从这里出来的干部说普通话没有一个准确的，大家都是半斤八两。

何　车：还有"三个镇"的笑话。

黎子流：那些是编出来的，先到北滘镇，后入伦教镇，最后到大良镇（运用顺德话说）。如果讲出来就太俗了。

何　车：非常感谢你，黎会长，今天抽时间参与我们的访谈。

黎子流：不客气。

访谈感悟

　　他在河网交错，美丽富庶的顺德出生，一个乡村子弟通过农村艰苦生活，磨练出坚定的信念和实干的精神。因缘际会，他走到了领导岗位上，却始终不忘农民的恩情。回首过往的岁月，虽然历经大风大雨，但仍然能够保持一颗赤子之心。铁骨铮铮的硬汉，从来不惧怕任何困难和险阻，为一方热土奉献了自己的青春，干一番实事。

少时聆听动人粤韵，从此结下不解之缘。时代的变迁磨灭不了他对粤剧粤曲文化的热爱和执着。应该安享天伦之乐的时候，他仍然奔走在城乡之间，为实现一个振兴和传承粤剧粤曲文化的梦想而不遗余力地忙碌着。但他没有一丝一毫的怨言，更没有失去信心，他激情澎湃，选择坚定地走在前面，努力地向社会大众弘扬优秀的岭南传统文化。

黎子流，一个在我童年记忆中既熟悉也陌生名字。眼前这位年过八旬的慈祥老人，虽然面上布满了岁月留下的痕迹，但他的乐观、睿智和豁达似乎在向大家证明他依然是那一个和父老乡亲们一起，在顺德乡间的土地和水田里挥晒汗水的阳光少年。

访谈文稿整理：区子珩

新名扬

"古调重翻新名扬"

访问日期：2014年6月5日上午
访问地点：广州粤剧大院
受 访 者：新名扬（谈康）
笔录及整理：梁嘉琪

受访者简介：

新名扬，原名谈康，广东顺德大良人。父亲谈厚和曾在清晖园做管家，其父去世后，家遇抢掠变穷困，为生计跟其哥哥入戏行。入戏行后从最底层的堂旦、手下、拉扯做起，为其后来的粤剧生涯奠定了坚实的基础，积累了丰富的经验，后以"神童"作宣传，专门演童角戏，长后担任文武生，以演文戏见长。习何非凡、新马师曾、薛觉先等各名家唱腔。演出较为成功的剧目有《仕林祭塔》《十三岁封王》《甘罗十二为丞相》《红孩儿》《方世玉打擂台》《哪吒闹东海》等。其后到广东粤剧学校任老师，教授出不少优秀学生，桃李满天下。

新名扬曾得粤剧名家薛觉先的指点，使其终身受用。曾与著名粤剧艺术家郎筠玉演出《仕林祭塔》，其饰演的仕林被郎筠玉认为在与她合作过的众多扮演她"儿子"的演员中演得最好的。

新名扬与其妻子陈少珍同为粤剧演员，于1952年结婚，至今62年，他们相互扶持、相互尊重、相濡而沫，在行内成为佳话。

访谈实录：

何　　车：康哥，您好！

新名扬：你好！

何　　车：非常欢迎您参加我们这个访谈！因为我想向你学习，但又没有机会。

新名扬：不要这样说，最怕不能够如你的所愿啊。

何　　车：不是不是，其实你不熟悉我，我很熟悉你。

新名扬：我也熟悉你，你的大名我早就听到了。

何　　车：在粤剧学校，你当老师的时候，很多人跟我讲，教他的老师是谈康，我说谈康是谁，我真不知道谁是谈康。我那时不认识，不要见怪。后来一查，原来是新名扬。新名扬我肯定认识啦，看过他的戏啦。

新名扬：我讲一段笑话给你听，加拿大有一位刘耀泉先生，以前是香港《星岛日报》的记者，他专门收集桂名扬的资料，那就来粤剧学校找。学校有位老师很热情地说：请等等。她叫我出来看看，啊！原来不是桂名扬。有这样一段笑话，桂名扬和新名扬。

何　　车：哦。那我们转到正题，我们薛马桂廖白有桂名扬，他不是粤剧世家，是名门之后哦，我讲古也讲过了，他的叔叔是翰林，祖父又是京官，桂家很厉害的。

新名扬：肯定啦。

何　　车：那我想问，那你的艺名新名扬，是否桂名扬有关系，是不是桂名扬的弟子呢？

新名扬：不是，失礼、失礼！

何　　车：好，那就讲段古来听听。

新名扬：如果讲到出身，我就很失礼了，以前的人讲："不穷就不演戏。"我就是正牌大良顺德人。

何　　车：哈哈，顺德"阿嘅"。

新名扬：是啊。父亲不是很富有，就在清晖园做管家。

何　　车：那很厉害哦！

新名扬：那个时候应该是啦，后来他去世了。不久，日本侵略，生活很艰辛，家里被贼都抢光了，家里没饭吃，靠母亲和大姐卖瓜菜度日。我大姐很喜欢听粤曲的，幸好家里还有一台留声机，经常播放薛觉先和以前那些前辈的曲："呢只高窦猫儿……"。

何　　车：哦，是那些旧曲。

新名扬： 一说你就知道了。我们小时候很喜欢听那些曲。后来我大姐就嫁了给陈超武，一个演戏的，我哥哥就跟姐夫出来演戏。是哥哥带我出身的，我就这样入了戏行。

何　车： 是跟你哥哥？

新名扬： 是的，谈笑风。

何　车： 哦，谈笑风，我知道后来他去湛江了。那你为什么又改了新名扬的名字呢？

新名扬： 现在问起来，我也不是很清楚。

何　车： 不是吧？连自己的名字都不清楚。

年少时的新名扬

新名扬： 是啊，以前没名字的嘛，我从做最底层的"堂旦""手下""拉扯"一直做上去。到开始会演戏的时候，没有艺名不行啊，那就随便写一个名字"谈少康"。为什么会有"新名扬"这个名字呢，当时我姐夫很重视和培养我，他知道我演戏有点灵气，就说："这样不行的喔，你当演员没艺名怎么行呢？"那就找人给我改，到底是谁改的我也不知道。其实我没有看过桂名扬演出，亦不是他的弟子，也不是他的亲戚朋友，只是知道有这个人，这些叫做"叠老倌的名"。

何　车： 那时没有版权的，哈哈。

新名扬： 没有的。就好像我大哥，以前莫志勤¹是专门给别人改名的，究竟是不是他改的，我也不知道。他跟我大哥讲，当演员没有艺名不行的，不如你改名"谈燕青"啦。后来有人讲"燕青"是乞丐来的，"浪子燕青"，不行不行！后来再给我大哥改"谈笑风"，"谈笑风"这个名字就好。

何　车： 就是莫志勤改的。

新名扬： 是的。到底我这个名是不是他给我改的呢，我也不知道。

何　车： 连自己这个名字是谁改的都不知道。

新名扬： 不知道。因为你有戏演、会演戏，没有名字是不行的，就是这个原因。

何　车： 你就是跟谈笑风演戏，最初是在哪里演呢，是在什么班呢？

新名扬： 一讲起这些就"水蛇春咁长"啊。一出身就跟戏班去大岗东流戏院演出，那里基本上整年都在演戏，是靠赌、烟、嫖赚钱的。

1　莫志勤：（1924-1966）著名粤剧编剧。曾编撰《罗成写书》《平贵别窑》《借靴》等剧目。

82

何　车：黄赌毒都齐了。

新名扬：是的。多数是晚上演出，日场很少。我哥在戏班当"手下"。后来他就叫我出去，在剧团混口饭吃。

何　车：去做"饭枳"[1]。

新名扬：是啊，做"饭枳"。你不能够坐在那里光吃不干活呀，只能被剧团中人使唤干活。班主还叫我们两个"靓仔"抬宣传牌卖广告，担头那位就打锣，担尾那个就打鼓，从东流行到大岗，村过村，来回走几个钟。班主又叫我做"地方鬼"。你知道"地方鬼"是做什么的啦？在剧团叫人食饭、上台的杂役，"地方鬼"这个职位，一般剧团都没有的。

何　车："红船班"[2]那时有。

新名扬：以前就有。"地方鬼"的职责是到了起床的时候叫老倌起床，到开饭前就叫老倌吃饭，到上台时就叫老倌上台。还有在演出的期间，比如某某演员，还有两场戏就轮到他了，但他还没到舞台，你就要跑去找他了。所以做"地方鬼"一定要很精灵、很熟行才行。整班有几十个人，每个人叫什么名字，哪个叫什么叔的，你不知道你怎么找到他呀。"靓仔，你去烟馆找某某阿叔啦。"那就要赶紧走去了，找到他就告诉他还有两场就到你了，快点回去吧。

何　车：他还正在吹吧？

新名扬：是啊。要不就赌钱啦，或者睡觉啰。唉，做"地方鬼"最惨的是狂风暴雨都要去找找人，走来走去，又冻又饿，又无时间睡觉，又要做"三出头"，连"天光戏"[3]都要做杂工。

何　车：熬了很多苦啊！

新名扬：是啊，熬得惨啊！最惨是"天光戏"叫人上台，以前你知道啦，烟馆离舞台好远的，半夜三更，什么都没有的，灯笼和电筒都没有的，真的是鬼都不怕啊，都不知道有没有鬼。

1　吃饭时拼命地填塞的食相。过去戏班里随师学艺的艺童，只食饭不参与工作，适逢长身体的年龄，吃饭时难免快吃多吃，于是这些艺童被称为饭枳。枳，读广州话"质"音。

2　约19世纪20年代至20世纪30年代间，以红船为栖息地和交通工具的粤剧本地班。

3　粤剧特有的**乡间**神功戏，谓"连绵不断"的吉利意思，由主会订明子夜到黎明（天光）这段时间，台上一直要演戏，谓之"天光戏"。

何　车：黑泥白石光水氹[1]。

新名扬：是啊。这样又过去了一段时间，后来因为自己勤奋，得到一些叔父[2]赏识："靓仔，不如参加练功啦！"那时我连练什么功都不知道的。那些老前辈说出来你就认识了，有梁家森。

何　车：我认识，"大翻森"叔。

新名扬：是的。他在那里当"打武家"[3]，另外有个叔父做武生的，叫做华云峰，他每朝一早起来就拿着一支藤条站在台口，等那些小孩练功。那时没有强迫，你喜欢就练，不喜欢就不练。所谓练功就是"鞠一下鱼"[4]，打一个"半边月"[5]，抽一下"藤条"[6]，碌个"无头鸡"[7]，就学这些基本功。打武家要学很多东西的，后来想不如"趯兵"[8]啦，但又不够高，那就只好当"堂旦"[9]了。但当堂旦要懂表演程式的，例如一般的"企栋"[10]，一、二、三、四，最后的那一个，一走出来就不用动，这个就最简单的啦。什么叫做"企栋"，什么叫做"花开门"[11]"圆台""开巷"等等，总之这些最基本的排场都要学。得到他们的教导，我真的做了"堂旦"。做"堂旦"要穿以前叫"眼瞓衣"[12]的戏服，四个"堂旦"在台口打瞌睡。

何　车：一场大审戏，哈哈哈。

新名扬：我就伏在台上的椅背后睡着，睡到演员都全入场了，我还在那里。

1　以前粤剧艺人下乡演出，在没有电灯、手电筒等照明工具摸黑赶路总结的一句经验，黑麻麻一片就是泥，白色的是石板、石块，反光的地方就是水氹。

2　父读（fu2），"叔父"一词原是三合会内辈分较高、资格较老的职位称呼，这种称呼传到戏班，指年纪较大，舞台经验丰富，有一定威信的老艺人。后来引申为对戏行内长辈的敬称。

3　即"五军虎""龙虎武师"的别称。

4　"鞠鱼"是粤剧对竞技运动基础训练项目"俯卧撑"的俗称。

5　粤剧对竞技运动基础训练项目"侧手翻"的俗称。

6　粤剧对竞技运动基础训练项目"腾空抱膝弹跳"的俗称。

7　粤剧对竞技运动基础训练项目"前滚翻"的俗称。

8　"跑龙套"之意。

9　表演行当。在早期粤剧十大行当中归属"杂"类。是专门负责扮演太监、衙役、随从等群角演员。是粤剧戏班中最底层的群角，多由初入行者担任。

10　舞台调度。舞台上官员行堂理事或皇帝登殿等场面，由堂旦扮演的太监衙差就按"花开门"的调度先行上场，然后站到舞台的两侧候命，故行内借用"栋笃企"这个日常用语，把它倒置过来叫"企栋"。

11　舞台调度。京剧称"站门"。一般表现古代官员升堂理事或将帅升帐，属下的衙役、兵丁先行上场伺候的过程。

12　由于饰演衙差的演员一般一动不动地站在舞台上，时间久了便觉得睏了，广州方言称"眼瞓"。所以衙差服被称为"眼瞓衣"。

等到"杂箱"¹要拿张椅子换位置时,我就低着头溜进后台,就是这样开始学戏了。

何　车:这些我们就没有试过,最多就是演出时太困了,拿一条盘龙棍顶在这里(胸前)"噏眼瞓"。

新名扬:我个子矮,观众看不到嘛,我就躲在椅子的靠背后面。

何　车:那时学戏挺辛苦的。

新名扬:练功也是,你"鞠鱼""抽藤条",初时由这里(脚)抽到这里(喉咙),最高抽到这里(鼻子),那就有希望了。那森叔就要我打"半边月""破米"²,后来就学"冇手半边月"³。当时有个文武生叫张啸峰,花名叫"飞机虾",虾哥见我比较听话,就教我唱"中板四六句""滚花""白榄"等,又教我打"手桥""打四星"等基本功,他是我没有正式跪地拜师的师父。哥哥谈笑风就到别的戏班演戏,留下我在"东流戏院"。后来戏班解散,虾哥带我出广州,我就住在他家跟他"开班"。沦陷时期,我们没有戏做,生活艰难,虾哥就帮我寻回姐夫,以后我就跟随姐夫"开班",不久就开始真正演戏了。

何　车:做戏出名了,先跟哪个班呢?

新名扬:如果说真正出名,是做"神童"⁴,那时开始要演戏了,什么戏给我都演,我姐夫陈超武,在艺术上很有才华,你问孔宪珠就知道了。

何　车:哦,是"沙嬲猪"⁵。

新名扬:是的。我姐夫是"度桥"的,全部"提纲戏"⁶都在他肚子里。他说:"你当神童,你不担⁷一套戏不行的。""那担什么呀?"我问。

何　车:《十三岁封王》吗?

新名扬:还没到啊。

何　车:还没到?

1　戏班盛放盔头、须口、靴鞋等道具的木箱。现多称"道具箱"。
2　粤剧打武棚跟斗。
3　粤剧打武棚跟斗。
4　戏行对未成年(通常是10–16岁)却已挂头牌担纲演出小演员的称呼。
5　粤语中形容调皮好动、老练且有主见的小孩为"沙嬲猪"。这里是粤剧演员孔宪珠的绰号。
6　20世纪30年代或以前粤剧演出的形式。演员以戏班"开戏师爷"所写的提纲作为演出的依据,这种方式演出的戏,称为提纲戏。提纲只提示剧情大概、演员剧中身分、布景、道具及演员上场的锣鼓点。
7　担纲主演。

新名扬：你猜演什么呀？演《石鬼仔封王》，我就叫"神童石鬼仔"，就从那个时候起做神童担戏。

何　车：那时您几岁呀？

新名扬：十来岁吧。

何　车：就是一早就踏台板，十来岁就担戏。

新名扬：是啊。在韶关曲江"醒群戏院"演戏，那个地方不是演几天的，要演就整个月在那里演，不拉箱的。我虽然是神童，但不是每晚你担的，还有那些大老倌，如：梁三郎（梁耀安的父亲）、花旦黄露霜等。后来我想还是不要那个"石鬼仔"的名字了，"石鬼仔"那么难听，改过一个新名啦，以后叫"新名扬"了。

何　车："新名扬"就一直"新"到现在了。

新名扬：是的。

新名扬年少时上妆照

何　车：中间断了，是在粤剧学校那段期间。

新名扬：那段期间没办法啦，因为那个时候呢，女姐都不叫"红线女"啦。叫"邝老师"嘛。

何　车：是啊，她叫邝健廉[1]。

新名扬：是的，不叫"红老师"的，人人都叫她"邝老师"。

何　车：那时极左路线，全部都改回原名了。所以我找来找去，究竟谈老师是哪位前辈呢，哈哈哈，原来有那么一段古在里面。您有没有正式拜过师呢？

新名扬：没有正式拜过师，但我学习前辈就很多。以前当"手下"[2]就不用说啦，站在毯边，哪个老倌怎样表演都清楚，从中就学到很多表演排场。一要多看，二要留心，就会明白：《斩二王》是这样的，《大闹青竹寺》那样的，《西河会》又是怎样的，《武松杀嫂》那场"戏叔"又是怎样的，这些排场虽然不是我表演，但我全看在眼内了。

1　著名粤剧演员红线女的原名。

2　表演行当。在传统粤剧十大行当中归属于"杂"行。是粤剧舞台演出中担任兵丁、衙差、家人等群角的演员。

何　车：说实话，"企毯边"挺好的，好是好在能偷到师。以前有个规矩，你站在"虎度门"[1]看戏，很多时候那些阿哥阿姐[2]走过来说一两句奚落你："阿哥，我刚才那句对不对呀？"那你就麻烦了，哈哈。

新名扬：是啊。还有，以前很多都是"提纲戏"，一演"提纲戏"就很辛苦了。

何　车：要"爆肚"[3]啦，呵呵。

新名扬：是啊，需要"爆肚"啰。"开戏师爷"[4]将整个戏的那么多场讲了后，你干什么，他做什么，只是讲了内容，但是自己出场要唱什么都不知道。

何　车：你"劈"[5]惯了。

新名扬："劈"惯了这些就随时"爆肚"都不怕了。另外，"爆肚"有时候就是偷曲的，比如我们那时学薛觉先唱"懒步厌厌"[6]，我就全段移到剧中唱出来，观众不知道你什么是"懒步厌厌"，总之能唱就行了。

何　车：那时还讲究韵，如果再早一点，那些前辈唱官话，你都不知道他唱什么呢，哈哈。

新名扬：讲韵脚就可以了，你唱什么韵，我接又是什么韵。你唱"滚花"[7]，你交给我，我也唱"滚花"。

何　车：我唱上句，你就唱下句。

新名扬：哈哈，是啊。还有，如果你唱完上句。入场，落幕，那些师父就问你……

何　车：应该是问"哪个师父教的呀？"呵呵。

新名扬：他会说"留到夜宵呀？不唱下句你就入场了，"哈哈。

何　车：哈哈。现在的演出就经常不分上下句的，真的，你看看那些改革戏吧。你问他为什么会这样，我们的导演有句名言："我都不懂，观众又怎会懂呢？"这是真的啊！所以，我们说戏剧的规律就是"带着手铐、脚镣跳舞""无规矩不成方圆"你接连三句都是上句就

1　戏班术语。是演员进出入戏剧空间的门栏位。
2　戏行对剧团主要演员的称呼。
3　演员在舞台上离开剧本，自编台词。
4　粤剧戏班过去对编剧者的俗称。
5　旧时劈柴，经常会遇到一些纹路不规则的柴，需要花大力气才能劈开。戏行中人渐渐把"劈"字，用来形容花大力气完成演出任务，如把从未演过的剧目马上攻克下来，就可以称之为"劈"。
6　粤剧《范蠡献西施》之"苧萝访艳"中范蠡所唱"倦寻芳"的首句。
7　滚花：粤曲唱腔的一种板式。

不行了。

你什么时候开始正式担戏呢？除了做"神童"外，什么时候开始演戏呢？

新名扬：做"神童"本身就是演戏啦。

何　车：但那些不是整晚都是你的嘛。

新名扬：但是你要担得了才行啊。1947年时就去湛江，那时叫"广州湾"，去那里演等于过埠一样，要坐那些大的铁船，在下面铺一张席子，看不到天的，好像"拉猪仔"一样。

何　车：坐船到湛江要一整天才到的。

新名扬：那段时间演戏的机会比较多，担的戏也比较多，如：《十三岁封王》《甘罗十二为丞相》《红孩儿》《方世玉打擂台》《哪吒闹东海》。《哪吒闹东海》是没有剧本的，是"提纲戏""爆肚"来的，我姐夫就演托塔天王李靖，他用手举起宝塔，拿脚踏着哪吒"数白榄"[1]："小畜生，真胆够，敢同老窦斗，举宝塔，将你收，呢回你仲走！"我就"爆肚"："老窦啊老窦，你千祈唔好嬲，你拎开嗰个塔，慢慢先至痞啦。"他没想到我会这样对答，搞到他拿着那个塔，说不出话，全场笑起来了。观众看见觉得厉害啊，使劲拍掌，我就伸伸舌头下场了。他入场后就对我说："你个死靓仔，整个塔给我痞？！"所以"爆肚"是事先没有设计好的，都是靠灵机，临场发挥的。

何　车：靠急才，哈哈。

新名扬：靠急才、靠口才。如果他的韵脚不是"流兜"韵，你就不能"痞"了，是吧？

何　车：是的。康哥，你那时候究竟归武那边，还是归文那边呢？你现在说的这些很多都是武戏。

新名扬：我喜欢文戏，另外文戏我还喜欢演穷生[2]，就是给别人欺负，欺负到垂头丧气那种，我和太太陈少珍演《珍珠塔》就合适了。就是喜欢演那种角色，带有苦情味的戏，演武我不够高大。

何　车：但给我印象比较深的就是演《仕林祭塔》。

新名扬：我在舞台上经历了几十年，作为我自己来说，除了自己的努力，从"堂旦""手下""拉扯""地方鬼"等下层做起，从做"天

1　粤剧念白形式，属于有节奏有韵的念白。

2　传统戏曲角色行当，小生的一种。大都扮演不及第的寒酸文人。

光戏"一直做到现在，我都很满足。因为我没有后台，都是靠自己。1948年从湛江回来，没有班做，幸得有"福哥"孔壮志当时在"大龙凤"做武打演员，每晚带我去看戏偷师。"大龙凤"由新马师曾[1]、芳艳芬担纲，我就看祥哥他们演《媚香楼》《宝玉哭晴雯》《胡不归》《夜祭雷峰塔》等。又跟剧团的人，到"太平戏院"看"新星剧团"靓次伯、任剑辉、陈艳侬、白雪仙、欧阳俭等演出的《红楼梦》。为了学戏，又无钱买票，就同守门的讲句："戏班嘅"，就入戏院看"非凡响剧团"何非凡[2]、楚岫云、陆云飞演出的《情憎偷到潇湘馆》。当时三大巨型班，同演红楼戏，场场满座，互相辉映，那是粤剧最鼎盛的时期，我有幸看到各大老倌的演出，各大流派，各有所长、各有风格，使我获益良多。

1948年，班主黑英组班演出，订我做文武生、陈少珍做正印花旦、我姐夫陈超武做丑生、第二花旦是冼丽云、小生是梁鹤鸣，首演就做新马师曾的新戏《三月杜鹃魂》了，那时刚刚正式担文武生，那时就不是"神童"了。后来又演前辈白玉棠的首本戏《雷劈好心人》等。

1951年的时候在文艺剧团，就和陈少珍拍档了，我自己比较满意的也是比较受观众欢迎的《红花开遍凯旋门》。

何　车：哦，是凡仔的戏。

新名扬：是啊。文艺剧团解散后，我独自在珠三角一带及广西梧州搭班演出，又到上海跑码头。行话说：河南过河北班的演员最难。一要有艺术，二要有戏服，连演出用的刀枪剑戟打武道具都要私伙备齐。幸好前期我与苏文侠、邵芙莲到各地加顶分票价，收入不错，便添置了些私伙行头，但因为没有大扣和蟒袍，不能接文武生位，只好到河北班的光华剧团接小生位，当时的文武生是崔子超[3]。

何　车："崔老四"是很迟才回来的。

新名扬：是啊，他在光华剧团。1953年，我在那个时候接卢灵德[4]的戏。

1　新马师曾（1916–1997）：著名粤剧演员，原名邓永祥。行内尊称其为"祥哥"。首本戏《万恶淫为首》《光绪皇夜祭珍妃》。

2　何非凡（1918–1980）：著名粤剧演员，原名何贺年。独创一种"狗仔腔"，被称为"凡腔"。首本戏《情僧偷到潇湘馆》《碧海狂僧》是其艺术表演的代表作品。

3　崔子超（1913–1987）：粤剧演员，擅长武生表演。首本戏《张汶祥刺马》《武松打虎》是其艺术表演的代表作品。

4　卢灵德（1923–1992）：粤剧演员，又名卢龄杰，原名卢大德，曾用艺名白凌风。同行戏称他为"龟公德""乞儿德"。

何　车：乞丐德，"七柱唱爆唛"[1]，哈哈哈。

新名扬：是啊，我接他也很辛苦的。

何　车：他回来时演《张汶祥刺马》。

新名扬：《张汶祥刺马》《信陵君窃符救赵》《金玉奴》，我是接替他演戏，难度挺大的。

何　车：是啊，我认为那时候广州市第一个唱爆唛，唱到鼓掌的就是他了。

新名扬：我从小型班转上中型班，在小型班的时候就担戏演文武生，到中型班就做小生，一直到光华剧团，至1956年参加市粤剧工作团，与白超鸿[2]一起工作，1957年在市粤剧工作团二团与文觉非一同演《拉郎配》，到1958年成立省剧院，我加入了五团，也是演小生，与陈笑风、罗家宝、吕玉郎一起，那时就开始与"仔姐"郎筠玉演《仕林祭塔》了。后又与罗家宝一齐演出《苏小妹三拦新郎》，虾哥饰秦少游，我演啊祥，由于我和虾哥[3]的表演相互配合很投契，把整个戏都带高了，虽然是一个小小的角色"阿祥"。演完以后，第二天黑板上写着：新名扬演阿祥获奖。记不清楚是奖20元还是30元。

何　车：那很厉害的了。

新名扬：是啊，从来没有过的。

何　车：那时每个月六元钱一个人补助、生活费。

新名扬：就是说我做得好。为什么会做得好呢？因为我过去演了很多童角戏，加上有"虾哥"的表演，还有"七叔"白驹荣[4]的点拨，我们配合得很好，所以整个戏都不同了。

何　车：演员很讲究默契的，同一套戏，不同对手，真的完全不同的。说起来，我觉得康哥您的经历比较丰富，从小型班到中型班再到大班，你又能演文又能演武，你又唱"凡腔""新马腔""薛腔"，是以唱见长，以文生见长，那么究竟你是学哪一派的呢？

新名扬：在童星的时候，我就学"新马"，因为"新马"的声音清亮、高亢，童星就合适啦。最初学的是《卧薪尝胆》，"忧怀国恨……"在

---

1 七柱唱爆咪：传统粤剧戏班以"六大台柱"编制模式进行组建，卢灵杰加入剧团凭一首主题曲获得满堂掌声，故行内称其"七柱唱爆唛"。

2 白超鸿：粤剧演员，原名陈永熙。

3 罗家宝，著名粤剧演员。因他的乳名为阿虾，唱腔自成一家，故人称作"虾腔"。

4 白驹荣（1892–1974），著名粤剧演员，原名陈荣。主演《金生挑盒》《泣荆花》等剧，被誉为"小生王"。

湛江演了很多戏，除了演童角戏，还演花面，演《薛刚打烂太庙》《胡不归》就反串演家婆文方氏。

何　车：我就觉得你比较全面，这么多个表演流派你都学，现在很多年轻演员，嗓音很好，我在电视台就讲："几好声。"其实我这句是批评他们的，你"几好声"，不是"几好听"。要唱得有韵味不是那么容易的，你刚才说，七叔他年纪大了，声音不好，演唱时中间有几个音走音，但乐句最后结束那个音又对了，呵呵。虾哥、陈笑风、小武卢启光[1]声音都不算好啦，甚至到"华叔"冯镜华[2]声音都不算好。

新名扬：是的，声音沙哑，有名的"梵音鉴"，他的演唱方法在于磨牙，这要实践才掌握的，很有韵味。

何　车：是的，综合各家之长。你当过一段时间老师。

新名扬：20多年了。

何　车：哗，这么长时间？

新名扬：我60岁退休，退休后返聘，按我高级讲师的职位可以做到65岁。我说不做了，我想出去放松一下，也想去看看我的女儿。然后两老就去了加拿大一年，去了一年回来就返聘。

何　车：您演戏我不是看很多，就看过《仕林祭塔》，我觉得您这样的老师人才真不多。

新名扬：过奖了。

何　车：其实当老师不需要本身很有名很拔尖，演戏好不一定能教得好，这是真的！

新名扬：那也不奇怪。

何　车：教人，要因材施教。

新名扬：完全不同的，有很多不同。我刚开始做老师的时候，想将自己做过的角色，传授给学生，他们不是一下子就能够接受了。因此要根据学生的声音、身段、形象等条件进行备课，并要有准确的规范动作来示范教给学生才可以，太深了不行，太浅也不行。

何　车：对啊，他有他的接受能力，还有他自身的条件。

新名扬：自己演没那么辛苦，教更辛苦。

1　卢启光（1925–2005）：著名粤剧演员，以小武表演见长。原名卢锦培。首本戏有《罗通扫北》《时迁盗甲》《三帅困崤山》等。

2　冯镜华（1894–1977）：粤剧演员，原名冯名鉴。以武生见长。

何　车：那是啊。因为戏行有一句："哪个师父教你的？"在前面加多一句"XX"就麻烦了，哈哈。你教过那么多学生，应该有酸甜苦辣，教得开心时挺开心，教得激气时也挺激气的。

新名扬：激气也要教啊。

何　车："一言就'九鼎'（顶）"，"顶心顶肺"的"顶"，哈哈。

新名扬：有时你讲上面，还没讲下面，他就抢着讲，"叻唔切"啊，那就由他吧。

何　车：那些酸甜苦辣，应该讲给那些新老师听，所以我不敢教人，因为我冇料。

新名扬：哪里，你的料不同那些的。我上课就要求一定要严肃认真，那些学生都知道的，如果谈老师不出声呢，他们就不出声的。他们一吵，我也不出声，他们就会自动停的。习惯了，我也锻炼了修养。

何　车：你那么多学生，哪一个接受能力好一点，又能成才的？

新名扬：有好几个，但到后来都转行了。就说第一届吧，红线女组织的广东"五．七"粤剧训练班那一批学生不错，多数都是贫下中农子弟，能吃苦，也很听话，全部都是乡下出来的。有两个学生也挺好，一个是曹敏强，一个是夏永钿，还有好几个都不错，可惜后来都转行了。那时都是演样板戏：《沙家浜》《智取威虎山》《红色娘子军》等。我们也要全部重新学过，老师先学了，再教学生，好辛苦的。但到毕业的时候就麻烦了，男孩子到了变声期。一到变声期，到了剧团，却没有机会演出。那些年轻人就转行了，有

广东省"五．七"粤剧训练班师生聚会

些做生意,当老板了,每一届都有这样的现象。

何　车：呵呵,凡是这些学戏醒目的,出去当老板都挺醒目的。

新名扬：是啊,以前演"提纲戏",没有那样的基础,没有那样的条件,你怎么演呀?譬如我和你演一场戏,"开戏师爷"讲了人物,你唱什么我不知道,我唱什么你也不知道,音乐师傅也不知道的,那就只有靠"手影"[1]了。

何　车：就是你们那时已经是出"手影"了?

新名扬：是啊,"提纲戏"你不出手影不行啊。

何　车：那时戏班也有用这些方法?

新名扬：有用。有剧本的戏就不用,演"提纲戏"就要用了,现在的演员都不懂了。

何　车：现在不需要了,连曲坛都没有了,以前曲坛基本上都是出"手影"的。

新名扬：没有了,没有"提纲戏",没有"爆肚戏"就好很多了。

何　车：现在有现在的办法,现在科技发达嘛,幻灯柱就在舞台前面。

新名扬：那就科学了。

何　车：演员先顾着看字幕,那怎么入戏呢?我想问你以前是怎样学戏的呢?

新名扬：你讲起这些,我又讲一段笑话给你听,那时叫做"跑码头",1957年有人订我一个人去演出,20元一天,那就演了。休息的时候最好就是看戏,京剧、越剧、昆曲等各个流派的老倌、名人都看了,使我大开眼界,真是个学习的好机会,通过看戏来充实自己。后来演出观众点戏,点了《断肠碑》《范蠡与西施》,最惨就是演《断肠碑》了。

何　车：那你就唱那段主题曲啰。

新名扬："秋风秋雨撩人恨……"那一场是《祭奠》,我不是全部不记得,只是有个别不记得。我就拿一个斗方盘放在台上,把剧本放在斗方盘内,"秋风秋雨撩人恨……",观众有人拿着"戏桥"对着内印的曲词,跟住你把那个"很"(恨)字唱上去。

何　车：哈哈。

新名扬：那你没办法啊,观众点戏,班主要你演,你不演不行啊,所以那

---

[1] 在传统无固定曲白的"提纲戏"中,演员必须用手势示意乐队他选用的锣鼓、说白及唱腔形式。

时候"跑码头"是很辛苦的。

何　车：我都见过，也经历过，就是在80年代，我不说是谁了，在排戏的时候，他不记得曲，在虎度门两边侧幕有两位剧务负责提词，还有"斗官[1]"那里也有一张曲纸，"水袖[2]"那里也有一张，打开扇子也有一张曲词，有很多在舞台上的这些"执生"[3]。所以说演戏的都很聪明，如不记得就搞这些小动作。因为80年代的那一代人，他们没有"劈"过啊。

新名扬：哪可能"劈"呀？

何　车：你想想，一个星期要演七套戏，哪有试过呢？以前一套戏演七天就有，没试过一个星期演七套戏，那就只有到处贴曲词了。

新名扬：是啊，每晚演新戏，以前是九套戏的。就是四场日场，五场夜场。三个台柱：文武生、正印花旦、丑生，都有权交戏，一晚就要看一部新戏。

何　车：那不用演"天光戏"就更好啦。

新名扬：不用演了，光复[4]后就没有了。

何　车：说了那么多趣闻轶事，我也想知道多一点，学到多一点，康哥，那么多个前辈，虾哥、七叔、你大哥，哪个前辈对你的艺术道路影响最深呢？

新名扬：真正亲手教的就是薛五哥，我小时候就闻其名，未见其人，但我喜欢听他的曲。他在广州市粤剧工作团时演《花染状元红》，这位老前辈有两件事令我很感动。第一件是：我们在文艺剧团的时候，那帮人全部都是十几岁的青年，演得好不好都不知道，反正就是卖力，打得唱得，就和他们"拍台[5]"，薛觉先是巨型大班，他们的画艇很大，我们就是几只艇仔。我们第一晚演出，他们没演。他们六条台柱买正对号位来看我们，难得从头看到尾，到最后谢幕拍掌才离开。这是前辈对后辈的关怀，虽然他没有指点你什么，

1　斗倌（"斗" 广州白话"豆"字音）：道具。京剧称"喜神"。用红布裹包着长约40厘米的包袱形状物体，在舞台上代表戏中的婴儿。

2　戏服配套用物。20世纪20年代由京剧传入。它是传统戏服蟒、海青、海长、披风等袖端所 约30厘米的白绸。

3　演出时突发意外，演员或乐队妥善应对。后来成为艺人的口头语，用以提醒大家在工作和生活中要视情况变化行事。

4　1945年9月9日，日本侵略者投降，祖国山河光复。

5　两个粤剧团同时上演不同的戏。观众可以在同一时间同一地点欣赏两台演出，两戏班同场竞技，各比高低。

但重视、尊重艺术,这一点很难得。文艺剧团在中华戏院演出,薛五哥他们也在中华路的电影院演戏,为了争取学艺,我们散场后赶去睇他们的尾场戏,一连七晚,第一晚看《横霸长江血芙蓉》,真是演得好啊!

第二是他在我们剧团看完我们彩排,就亲自点名,把我叫过来:"康仔,演员一定要讲'衣食'[1],还未到你的时候一定要在虎度门等场。另外,出台应该哪一只脚先走?应该是左脚先走,因为你在'杂箱角'[2]嘛,不要右脚先走啊。第一,出虎度门前第一个亮相;第二,走到台口亮相的时候,要正中有侧,侧中有正,要求每一个观众都要看到你,这样才是一个好演员"。另外,他还指导我怎样出手,这些都是五哥亲手教的。

何　车:所以说,以前的前辈是有规矩的。康哥,你现在有空有没有去看戏?

新名扬:很少了,因为都上年纪了,如果剧团有请,方便时我就会去看的。退休了,就好像隔了行,更别说去看戏呢,呵呵。

何　车:我就最怕哪些媒体问你:"今天这套戏,怎么样啊?"那我就不知道怎么样说才好了。你和现在的演员说"哪只脚先出",惨了,他最好是屁股先出。十个花旦有九个都是这样出场的,我也不知道是哪个师父教的,没有规矩。"水波浪"[3]怎么起呀?不懂!你别看五哥点你那几样很基础的东西,可以终身受用。

新名扬:是的,我永远都记住。还有,你出门口也是,入"杂边"[4]时,右脚先出,入"衣边"时,就要左脚先出了。为何以前都说"觉先声剧团"是粤剧的大学呢?凡是在"觉先声"演过的人,出来都是很厉害的。吕玉郎[5]最初也是演"天光戏",就这样演上去的。

何　车:您刚才所说的细节是给我们年轻人一些有益的教训。比如"出门""上楼"等程式,现在全部都没有规矩了。电视台最近还播回虾哥那套《血溅乌纱》,怎样上公案,要走多少步等等,全部

1　衣服和食物。泛指基本生活资料亦借指俸禄。粤剧行内认为戏行中人不遵守相应的道德准则和行为规范,就会遭遇报应,连基本的基本生活来源都保障不了,这就是所谓的"无衣食"。因此"衣食"便渐渐引申为道德准则及行为规范之意。

2　杂箱角:详见本页注释 4。

3　传统粤剧表演程式的一种。多用于展示角色进行思考,以及左右为难和犹豫不定等心理状态或搜索对象、觅路等情节的表达。

4　整个粤剧舞台(包括前台后台)可分左右两边。演员面向观众的右边,称为杂边,左边则称为衣边。杂边和衣边也分称"杂箱角"和"衣箱角"。

5　吕玉郎(1919–1975):著名粤剧演员,原名吕庭镜。师承薛觉先的唱腔流派,有"玉喉"之美誉。

都是有讲究的。

新名扬：是啊，以前大审戏就最难演，官生戏讲究台风、亮相，我听前辈讲白玉堂演官生戏最好，全行赞誉，做手"食锣鼓[1]"，棰棰食到正。

何　车：凡是大审戏都是那个官会下来，"开位"、"水波浪"、两边看，这些肯定有的，所以难做就在这里。

新名扬：你熟悉就知道了。

何　车：现在没多少人懂，整个"水波浪"都走完也挺难。其实传承不单指哪个武艺或哪个腔，是从最基本的开始。五哥亲自指点你，我觉得你很幸运。

新名扬：是啊，我永远都记住啊。

何　车：就是说："袋钱落你个袋。[2]"现在就是要你把钱拿出来了。

新名扬：不拿出来了，懒得拿了，现在的人有自己的想法。我那些不是钱来的。你就有很多，哈哈。

何　车：哈哈。那起码你见得多，我没看过，但看过电影，例如特技"踩沙煲""打闭门""莲花座"[3]等等，你不一定做过，但你见得多，我就想听一下"挞软掌"是什么呢？

新名扬："挞软掌"，你真的难倒我了。

何　车：不知道是不是我们那些"羊牯"[4]学者，他们写那些"理论文章"，究竟是什么来意思，我怎么想都想不明白。我觉得你在下四府的那段经历应该是很丰富的，就是下四府的那些特技演出，"打真军"你看过没有？

新名扬：看过，我们都打过了。

何　车：咦，那要说来听听。

新名扬：我不仅在舞台上"打真军"，还打到去街边。有次在东莞演出，完场后第二朝拉箱，"锦哥"卢启光当时做"二式"，我做"拉扯"，跟他去卖药，经过市集开档卖武，锦哥先讲一段开场白，然后我就与他"打真军"，双刀对大刀，单刀枪开打，最后"走针"[5]，

1　指演员的表演与乐师之间的相互配合要求默契，表演及动作过程要与锣鼓的节奏一致。

2　广州话俗语，指教了你、指导了你或提醒了你。

3　莲花座，亦称"莲座"。即佛座。佛座作莲花形，故名。

4　戏行对外行人的贬称。

5　戏剧表演程式，表现两军对垒把子开打的常用动作。

围观的人看得兴起，拍手叫好！我们就开始卖药了，大叫"班中好跌打"（跌打丸）。那些枪头是真的，大刀是铁的。

何　车：那些度戏的时候怎么办呢？

新名扬：也是这样。双刀大刀，靶子有两样的，有真有假，还有"插仔[1]"呢，都是真的。

何　车：有没有受过伤呀？

新名扬：没有。

何　车：那些开打的演员也不会受伤？

新名扬：不会，怎么会呢。受伤就麻烦了，真枪真刀一插进身体就大件事了，特别"走针"，要很熟练才能演出的。最初学的时候，基础很重要的，譬如你做"手下"，很多表演排场，都是叔父传下来的，不像现在学校那么正规训练，只能自己练。比如在戏中表演"打和尚[2]"，南派"手跷功"，正主讲打一套就打那套，没有排练的，只是跟你说：第一步怎样、第二步又怎样。

何　车：不记得就看"影头[3]"了。

新名扬：也没有"影头"你看，你不懂就别演啰。

何　车："打把子[4]"也是这样吗？

新名扬：把子就不同，把子"三十二刀"就是固定的套路，"单刀枪[5]"就有"单刀枪"的套路。

何　车：传统南派把子肯定就是"滴水""三枪""十棍""反身咪头[6]"，这些把子技巧如果不排练也挺难的。

新名扬：这就要看基础了。好像"打四星[7]"，现在那些年轻的演员哪懂呀，一是没学过，第二个是演出时没用；所以现在都不会"打四星"了。这些传统的表演排场以后都会失传了。以前前辈说，你现在学了这些技巧并不是说你一生都做"手下"，但演"手下"就是你的基础，你现在做"手下"懂得了演"手下"的规律，以后你做"官"

1　即匕首。

2　表演排场。是小武与二花面及五军虎等合作表演的粤剧传统武打排场。

3　戏曲演出时演员、掌板、头架之间特别提示的沟通讯号。

4　舞台演出中使用刀、枪、锤、铜、弓箭、剑等武器做武打表演，粤剧戏班按习惯称"把子"为"刀枪把子"。

5　戏剧表演中单刀与单长枪对打的把子套路程式。

6　戏剧表演中器械对打的一个常用动作。

7　传统粤剧最基本和最主要的武打表演组合。

就知道怎样用"手下"了，前辈就是这样说的。

何　车：我不知道你有没有在"下四府"看过排场戏，我在"申遗"时去看，就觉得我们上六府演《杀忠妻》跟下四府有所不同，我发现连牌子和表演都不同的。

新名扬：我就没有看过，因为我去下四府不是去农村，而是去广州湾[1]、赤坎[2]。

何　车：霞山[3]那时没有戏院吧？

新名扬：霞山有两间戏院，一间电影院，一间很小的戏院，演出主要是在赤坎。赤坎三家戏院，一家专门演大戏的文化戏院；一家是搭棚的太平戏院，旁边就是百乐门电影院，我小时候最喜欢看电影。看电影对于一个戏曲演员来说是很有好处的，看别人的面部表情，喜怒哀乐等等。我最喜欢看《泰山》，那时美国片很流行。我为了看戏被姐夫追着打。

何　车：为什么呢？

新名扬：不练功啰。那个时候白天是不用演戏，但我姐夫很严格，除了早上练功，中午吃完饭也要练功，一般练一下"拉山""走圆台""跳大架"[4]等这些基本功，但我就偷偷跑到隔壁看电影，我姐夫走进后台拿着藤鞭打我，我就跳下台口逃走，他就一边追一边骂。最后我在门口跪下。那他也没打，就骂我。我等他骂完了就再溜过去看电影。

何　车：哈哈，做靓仔都是这样调皮的，呵呵。

新名扬：有段笑话，我在另外一个剧团，男花旦是吴惜衣，丑生吴粉超、小生小金刚、文武生罗鉴雄（十哥），十哥是河南班最厉害的文武生，那些前辈全是名家。以前下乡，除了那些大佬馆分配了床位之后，我们那些当"拉扯"[5]之类的就"飞天寰"[6]啦，哪个醒目就找个好点的地方，就是在一间祠堂里，号了床位之后，风炉都

1　广东省湛江市旧称"广州湾"。

2　位于广东省湛江市。

3　位于广东省湛江市。

4　传统粤剧的基础表演程式组合。

5　表演行当。在早期粤剧十大行当中归属"杂"类，类似京剧的"扫边"和"零碎"。

6　戏班人称床铺为"寰口"。旧时戏班常年流动演出，一般工作人员没有固定的睡觉地方，铺盖需要朝行晚拆，待演出完自行找位置休息，戏班人称此为飞来飞去，并谓之"飞天寰"。

	要自己搭的，那就找几块砖，一人搭一个风炉煮饭吃，每个人都写个名字在风炉上，预防别人占了我的位置，你有没有听过呢？
何　车：	风炉都要写名字，我没听过。
新名扬：	是啊，比如你是文武生，那时文武生是罗鉴雄。
何　车：	哦，"大喊十"[1]。
新名扬：	他花名就是这样来的了，"式十"，"正式大喊十"，还有一样就是画个神主牌在那里写着"正式大喊十"十哥啊。
何　车：	哈哈。
新名扬：	那我也有一段笑话的，写上"扯康"，因为我做"拉扯"的，别人就加上"你扯我就疴康"，又是画个神主牌在风炉那里。
何　车：	呵呵。
新名扬：	后来才知道原来这件事是谁干的呢，是吴粉超干的。
何　车：	哦！
新名扬：	因为他有文化嘛，又喜欢画画，爱整蛊整怪，这是我后来才知道。
何　车：	是清哥搞的。
新名扬：	是啊。"你扯我就疴康"，真的扯（走）了，一扯扯了六个人，六个都是打仔，我们为什么"扯"呢，因为觉得工资少，隔壁有另一班人，就是他们（陈少珍）那班人了，就是崔子超、罗艳卿那些中型班。
何　车：	那时他们是两夫妻。
新名扬：	是啊，他们要找人，那时找"打仔"很难的，他们需要能打又能演的，还有包做"天光戏"。他们过来挖角。要订我们，我们就答应了，半夜就走了。"花门"就是"你扯我就疴康"啦。
何　车：	那听了谈老师说了那么多对我们有启发的东西，又想问一些私隐的问题。
新名扬：	又打起我"假单"了。
何　车：	呵呵，不是，这些没有"假单"打的，这些很清晰的。你是不是文艺剧团那时候认识珍姐的？
新名扬：	你猜是不是呢？
何　车：	你怎么猜呀，那时我才是"靓仔"，怎么知道呢。

1　粤剧演员罗鉴雄。

新名扬：肯定不知道啦。

何　车：就是很早的啦。

新名扬：很早。是光复的时候。

何　车：1945年已经认识她了？

新名扬：我"花门[1]"去找她的。

何　车：那时就会"及美"啦。

新名扬：不会啊，我"花门"到凯歌剧团，在那里认识她（陈少珍）了，她做梅香，比我少两岁，我们两人都演天光戏《疍家妹卖马蹄》，她演疍家妹，我演可仔。

何　车：演完之后又怎样呢？

新名扬：演完之后又分开了，我去湛江演了一段时间。1948年回来，我就当小型班的文武生，她当正印花旦。那时还没谈恋爱啊，就是感情好点吧。

何　车：听说结婚是解放后的事情吧？

新名扬：1951年文艺剧团正印花旦陈雪影怀孕，聘请陈少珍做正印花旦，每日20元工资，她做了八个月就离团了。她到艳阳天剧团当正印花旦，幸得师父梁荫棠见我两人相好，提出为我们主婚。艳阳天剧团在东乐戏院准备演出，他代表全团为我们送上三幅大镜屏，写上"新名扬、陈少珍结婚纪念"。晚上在戏院薄酒请我们

新名扬与陈少珍的结婚证

的家人和艳阳天剧团、东乐戏院的全体人员食晚饭。数十年来，我们都忘不了梁师父和各位好友的祝贺。刚才你看到的那张结婚证，已经60多年了。

何　车：那张是文物啊！钻石婚啊。

新名扬：是啊，很难得的。现在在戏行里都……

何　车：你别说戏行了，现在想找张这样的东西都挺难的。

新名扬：是啊，值得庆幸啰。

1　粤语泛指说话喜欢扰嚷的人为"大喊十"，这里指罗鉴雄的绰号。

何　车：1952年的东西，到文化大革命的时候，一般人因为害怕，连结婚证都烧了的。

新名扬：荫哥（梁荫棠）送给我们的那块镜屏，我把它拆了出来，什么"喜结良缘"，就换成了"共产党万岁、毛主席万岁！"，中间就用毛主席的画像来盖住它。

何　车：呵呵呵。

新名扬：就是这样过来的啦，我不舍得砸烂它。

何　车：这样东西就值得我们羡慕妒忌，不要说恨了。真的好厉害，60多年了。

新名扬：失礼失礼。

何　车：你别说，对着60多年也挺难的。

新名扬：是啊。我讲个笑话给你听，"虾哥"罗家宝身体还比较好时，有一次外出旅游，去完海南岛坐火车回来，他说："阿康，你几十年也只有阿珍一个呀？"

何　车：系啰，没"换画[1]"吗？

新名扬：我说："没有哦，我没你那么厉害呀。"

何　车：哈哈，这句倒是真的，如果好像他那样就麻烦了。

新名扬：我跟他是没什么所谓的，什么都可以说。

何　车：还有一个隐私的问题，你有多少个小孩呢？

新名扬：两个，大女儿做化学老师，小女儿谈霭婷就在加拿大。

何　车：你的大女儿我就没见过，小女我见过，虽然没什么交谈，但我觉得你的小女儿不演戏真的是浪费了。我与她见面虽然不多，但从我个人的感觉她真是演戏的材料，无论从个人的反应，包括出来待人接物方面，我见她是文化大革命后了，她整个人好像不同一个时代似的。为什么她没演戏呢？真是浪费了人才，你们两位都是演戏的，为何不传承下来呢？

新名扬：讲到我女儿，无论从形象、声线等各方面来讲，应该是有条件的。我也没打算让她学戏的，但她是愿意学的。那时候学校那里配了一台可以录音的收音机给我，我就把录音机拿回家里。另外，我有一个朋友是当医生的，他儿子在香港带了一盒任剑辉和白雪仙的《帝女花》录音带回来，借给我们听，结果我女儿就将任剑辉的唱段听熟了，就把白雪仙的声音关了，用这台机来录她自己唱，

1　换画：广州话俗语，指换男（女）朋友。

是唱《帝女花》的"庵遇",她把全段都唱完整。后来平喉她也唱,子喉她也唱。我就将这些情况跟"七哥"文觉非[1]讲了,七哥也很关心我,我就给他听,他也觉得有条件。我又问过"女姐"红线女,她说如果真的有条件,演戏是可以的,如果没条件还是读大学好。从那时开始,她自己就喜欢上演戏,她一喜欢演戏就喜欢唱、想演。除了她妈妈睡觉的时候抱着她唱,我们就找老师教他,现在还有那些录音在,有苏州女[2]老师、骆津[3]师父、殷满桃[4]老师……

何　车: 哗,这些全部是"大朵[5]"啊。

新名扬: 还有啊,陈冠卿[6]老师亲自去我家,他说:"我从来没提过要收徒弟的,我想收你女儿当徒弟。"哗,难得嘛,卿叔大驾光临,还说要收我女儿当徒弟,真是求之不得。他喜欢她人品好,肯学,就教她弹筝,又教了她很多东西。她没进过科班,很多老师都教过她,就是这些前辈教她传统排场,苏州女老师说要把自己所懂得的东西全部教给她,真的很难得。平时津叔、桃叔、卿叔教她唱那些录音还在,卿叔教她唱《黛玉葬花》《残梦泣笺》。她肯学肯练,去深圳粤剧剧团,一出台就演"袭人"[7],彩排休息时,我听到意见,来的多数都是剧作家,一句话令我很安慰的,"啊,看不出来,这个女孩肯定'扎'[8]的。"她去香港演出,卢丹说:"这个女孩给我两年时间培养她,一定'扎'的。"说明她本身的基础、条件,各方面都比较好,后来她就跟林小群学艺了。

1　文觉非(1913—1997):著名粤剧演员。原名文七根。专攻丑生,首本名剧有《拉郎配》《选女婿》《卖油郎独占花魁》等。

2　苏州女:资深粤剧女演员。20世纪二三十年代在加拿大走埠演出,后回国在广东粤剧学校任老师,传授技艺。

3　骆津(1919—1996):著名粤剧乐师。原名骆毓臻,长期从事粤剧唱腔、音乐设计,设计过数十个戏中的唱段,如粤剧《家》《情探》等。广东音乐《凯旋》是其音乐演奏的代表作品。

4　殷满桃:粤剧乐师。从事伴奏、作曲、音乐唱腔设计、剧本编写。

5　有名气的专家、艺术家。

6　陈冠卿(1920—2003):著名粤剧编剧。编写的粤剧剧本过百个,如《宝玉哭晴雯》《情僧偷到潇湘馆》《碧海狂僧》等。他还写过一批广为流传的粤曲作品,如《姑苏晚咏》《锦江诗侣》《荔枝颂》等,《梦断香销四十年》是其晚年的代表作品。

7　中国古典小说《红楼梦》中人物,原名花珍珠。宝玉因见她姓花,故取陆游诗句"花气袭人知骤暖,鹊声穿竹识新晴"之意为其改名为"袭人"。

8　粤剧演员成名上位、受观众欢迎。

何　车：跟"大珠姐"[1]。

新名扬：对，跟"大珠姐"学。但是跟"大珠姐"学的时候，她就在省粤剧院做一般学徒，如果她一直这样下去，应该是不错的，但是制度上的东西好麻烦，你知道的了，梅香都要"挂起"[2]的，有演出就发一元钱，没演出就"挂起"。那她都没所谓了，后来刘美卿演《奇女状元》，那套戏婷婷是担纲第二花旦。那你别说第二花旦那么重要，就算是有点戏份的演员，在戏院门口写个名字都无所谓啦，但写上了"谈霭婷"的名字，剧团某领导就说："写她名字干嘛，她是临时工。"你说这样怎能培养人才呢？所以，她喜欢怎样就怎样吧，后来她认识了我的女婿，就直接去了加拿大，离开了剧团。

何　车：我觉得浪费了人才啰。

新名扬：是啊，她现在还有录像在家，我就一个录像都没有了。

何　车：哈哈。所以戏行有一句谚语："三年出一个状元，十年才出一个戏子。"的确是啊，演员除了声、色、艺的条件外，还要有机遇。不过很遗憾，我没看过她演戏。

新名扬：有录像啊，她戏不多，但是身段和唱等各方面都不错。老实说，我们也是内行人，如果她表现不好，我也不会说她好的。其实她演戏，我们就更辛苦了，她在广州市每做一场戏我们都一定去看，很多时候没位置坐的。我们夫妻两个就站在那里看她，看到做得不够好，回家就告诉她那里不对，培养一个人才是不容易的。

何　车：真的是很难的。除了你两老之外，你看看，苏州女、津叔、卿叔、殷满桃，通通都艺术大家。现在要找一班这样的叔父教一个人都挺难的，他肯教你，还要他肚子里有那么多东西教你才行呀，现在没有多少个老师有这么多东西的啦。

新名扬：她学了很多表演排场的，比如"击掌""观音十八变"等，就是以前那些传统排场。

何　车：其实人才难得啊。

新名扬：现在也好啊，她现在生活很好，多谢大家！

何　车：现在这个生活好归生活好，但那是另一回事。

1　林小群，著名粤剧演员，因其乳名"阿珠"，行内人尊称她做"大珠姐"。她是已故著名男花旦林超群的长女、林锦屏的姐姐。曾成功塑造粤剧《柳毅传书》中龙女三娘的形象。首本名剧有《牡丹亭》《玉簪记》《附荐何文秀》等。

2　剧团对没有分配任务的艺员等待安排工作状态的称呼。

新名扬：她现在有两个女儿了，我两个孙女都很乖，两个都在读大学。

何　车：这肯定应该恭喜你了。我就很羡慕你们，因为有些媒体也曾问我，前一段时间很流行讨论的"什么叫做幸福？"我说，有钱人很幸福吗？有钱人并还一定是幸福的，我有个学生对我说："我比何鸿燊还好。"那年我到澳门，在戏院旁边有一家羊肉铺，外面下着雨，我们两个人叫了个羊肉煲，花了葡币180元，再来两个菜，一瓶红酒，两个人一边饮着酒，说着笑，都不知道有多开心。他说："像我们这样随便吃喝，何鸿燊绝对不行，他吃东西时后面要有一排人围着他的。他吃鲍参翅肚，我也吃得起，一餐也花不了多少钱。"就是说，幸福感只是一种感觉。我们以前吃饭还要用粮票的时候，有顿饱饭吃就感到很满足了。

新名扬：是啊是啊，呵呵。

何　车：幸福只是一种感觉，回到你女儿那个话题吧，我个人感觉是，什么叫幸福呢，把我赖以谋生的手段和我的爱好结合在一起。生活中很多人都做不到的，你想想，开的士、开大巴的司机，他们很喜欢开车吗？其实只是为了谋生。但是我不是这样，我跟你聊天，因为这是我的兴趣和爱好。

新名扬：我现在和她（陈少珍）都有共同爱好的，常在家研究艺术和听前辈唱曲。另外我们还喜欢旅游，喜欢录像，到处去一下。

何　车：这样就最幸福啦，随心所欲。

新名扬：好像你问我现在有没有去看戏？别人都没有请我，我怎么看呢，不是找麻烦吗。

何　车：哈哈哈。所以，到您女儿的儿女长大了，她可能又会回过头来喜欢粤剧了。真的啊，人总有一个循环的。我今天才知道，您刚才拿那个1952年的结婚证，是六十二年历史的文物，真的要恭喜你！现在六十二年，到七十年搞个形式庆贺一下，我来当主持，哈哈。

新名扬：多谢多谢！希望大家都健康！

何　车：今天很高兴和康哥聊了那么多。

新名扬：是你引导我，引导得好。

何　车：这给我们的后辈一些很好的启发，为什么我们要搞这样的访谈呢，就是想多介绍一些粤剧规律性的东西给我们的后辈听，现在的年轻人了解得比较少。但经过由康哥、谈老师你讲出来，他们就相信。

新名扬：以前给年轻人上课都没讲这么多，因为学校规定了我讲课的内容。我再讲一个因材施教的例子吧。学校培养人才应该是一专多能，

新名扬在课堂上指导学生

这是对的，当时分配我教《仕林祭塔》，你猜分配两个学什么行当的学生给我教，两个平时学"花脸"的学生。

何　　车：演塔神呀？

新名扬：是演仕林啊。

何　　车：哈哈。

新名扬：他们是做须生的，牛高马大，一出去挭（gang6）手挭（gang6）脚。

何　　车：穿着海青。

新名扬：我问领导，这是不是开玩笑呀？他们说："我们是这样安排的啊。"我说：那我不教了，我不是说他们不行，而是我教不了他们呀。

何　　车：哈哈。

新名扬：他们一直在学"花脸"，身材又高又大。而演仕林是要有基础条件的，我演仕林比较适合是因为我的个子比较小，舞台上像"仔"，郎筠

新名扬与郎筠玉演《仕林祭塔》剧照

玉[1]说："《仕林祭塔》中，那么多个'仔'，演得最好还是康仔。"过去演《仕林祭塔》就好像现在我和你一样，我讲，你坐在这里听，很少调动位置。如果按照几十年来的前辈积累的经验去演出，那就没什么发展了，所以双方都要加强动感，大家相互配戏，把情绪带进戏里。

何　车：其实这样更难演。

新名扬：是啊。香港演出就不是这样的，香港有几个版本的《仕林祭塔》，他们唱得较多，我们则着重表演，例如不做官就脱乌纱帽的表演，就比传统的演法好看多了。可是现在学生没人演，如果那时是陈颂华[2]当校长，那就好多了，他认为你只要演好这套戏就可以毕业了，将唱、做、念，什么都有包含在里面。这些都是过去的事情了。

何　车：我们也看很多版本的《仕林祭塔》，我们说艺术要发展才会有观众，对待传统也是如此，先传承才能谈改革和发展。很高兴和康哥聊天，希望向你学习，多点交流。

新名扬：千万别这样说。

何　车：我向你学习就是通过看您演戏，另外就是你的学生复述："谈老师唱那一段《追贤》用白话唱的。"我们学的时候是唱官话的，我想可能那时粤剧学校不准唱官话吧。

新名扬：不是，这不关学校的事。是电台要求的。

何　车：我记得你已经把它录下来了。

新名扬：我录了，有录像。但我觉得不是很理想。如果用华叔[3]教我们那样全部用官话就好了。"恨不能，霎时间奔回故里，心忙急乱，我的马蹄忙。"（与何车齐用官话哼唱）不过我都算满意了，电台对我算是培养了，1960年我就在电台教唱《海阔天空任鸟飞》，那是毛主席提出："知识青年要上山下乡"，"背行囊昂首阔步，"镜哥[4]知道了亲自到电台关心和鼓励我。

在剧院，领导也培养我，罗家宝不出台就由我演出了，我演一些短剧。镜哥、郎筠玉不出场，我就和郑绮文演。1965年，"文化大革命"前组织了一个农村演出队"十三条扁担轻骑队"，我们演《掩护》《红松店》这些戏，我演老红军，郎秀云演女老干部，

1　郎筠玉（1919-2010）：原名郎紫峰，著名粤剧演员。
2　陈颂华：原广东粤剧学校校长。
3　冯镜华。
4　吕玉郎，原名吕庭镜，故粤剧行内人称他"镜哥"。

这些戏都受到观众欢迎。

何　　车：演《借靴》。

新名扬：《借靴》我没演，演《审椅》，我演老生，那时还算不错，观众还接受。文革后就 Byebye 了。

何　　车：没有 Byebye，当了老师，其实您也培养了很多学生。

新名扬：我也有跟曹秀琴演过，是老师和学生一起演出的。和曹秀琴演《仕林祭塔》，和郭凤女演过《常青指路》。所以领导很重要，既是培养人才，也是老师的实践，老师不能只凭老一套教就算了，还要吸收新的养份。

何　　车：他们那一届的师资比较强，那个教跟斗的，现在去了香港的，戴奀[1]。

新名扬：他是教身段的，那时他们的教学就吸收了体操的方法和传统的技巧相结合。

何　　车：我觉得你们那一届教得很好，陈丽琴是不是你学生呀？

新名扬：是啊。

何　　车：她给我最深的印象就是《虹桥赠珠》，是姜世续[2]老师教的。到现在为止没有一个武旦能超过她。

新名扬：她毯子功比较好，但是对传统的东西了解不多。

何　　车：是"文化大革命"刚刚结束的缘故。

新名扬：后来说要恢复传统，就到处去找教材，以前粤剧学校的教材都被烧光了，那就要自己重新设计教材。例如：小武一定要学《罗成写书》《凤仪亭》这些戏，小生要学《西厢待月》《宝玉怨婚》。

何　　车：呵呵。现在传统方面关键是没有师资，好像康哥你这样经验丰富的老师不多了，现在粤剧学校老师的素质相对弱一些，这方面就见仁见智吧，因为现在学的东西和以前也不同了。

新名扬：我听梁荫棠讲，以前的老前辈练功是企单脚，穿高靴，放砖头[3]，

1　戴奀：原名戴成崐，原广东粤剧学校老师，后移居香港教学。

2　姜世续（1901-1984）：著名京剧教师。一九五三年受聘于广东粤剧团后，先后在青年训练班、实验剧团、省粤剧学校和湛江粤剧学校教学。

3　放砖头：梁荫棠在练习"护裆腿"功夫的过程中，为训练其单腿站立的稳定性和耐力时，在抬起护裆的脚踝上放置砖块，进行的负重训练。

别人说：" 荫哥，你好厉害啊。"他说："我只是'湿过桶底[1]'而已。"你说他多虚心呢。

何　车：我们说舞台上那三尺毯是英雄地，你出去就没有认"衰仔"的，呵呵。所以听康哥讲的这些，今天受益匪浅。

新名扬："合嗮合尺"[2]啊，哈哈。

何　车：哈哈，多谢您！

访谈感悟

　　谈康老师给人的感觉敦厚、谦逊、随和，一副为人师表的形象。通过此次采访，了解到谈康老师的艺术人生、教学历程、家庭生活等。其中最令人感动的是他娓娓道来的，与其妻子粤剧演员陈少珍一段美满幸福的婚姻。他们这段"钻石婚"至今已有62个年头，来之不易，是我们年轻后辈的典范。现代的爱情十分脆弱，爱侣动辄分手、离婚，说彼此"性格不合"。幸福的恩爱夫妻并非天造地设、完美兼容，而是要双方准备好接受现实的考验，懂得欣赏对方合适自己的地方和对方的优点，相互理解、相互包容。

　　在采访的过程中，谈康老师时不时会情不自禁地看看陈少珍老师，也不时会提到她。而陈少珍老师也一直默默地、深情地看着谈康老师，这种眼神碰撞是一种心灵的交流，是一种相互的支持。六十二载流金岁月，精雕细琢美满姻缘。值得我们学习，值得我们传颂！

访谈文稿整理：梁嘉琪

1　谦虚的说法。世人原指功夫不深的人为"半桶水"功夫，梁荫棠谦逊说自己的功夫连"半桶水"的水平都达不到，仅是"湿过桶底"而已。

2　对板对线。原指演唱者的演唱与乐曲音调和谐、节奏合拍。后借喻生活中人事两相契合。合嗮（广州话），完全符合之意。合尺，广州话读"何车"，为工尺谱的音阶。

吴志明

"香雪迎寒焕新生"

访问日期：2014 年 6 月 20 日 上午
访问地点：广州粤剧大院（桂花岗）
受 访 者：吴志明
笔录及整理：崔振强、区子珩

受访者简介：

  吴志明，1934 年出生，广东南海大沥、荔庄人，原名吴善卿，曾用名吴香玲。是广州著名蛇餐馆"蛇王满"创办人吴满的孙女，生父为粤剧著名男花旦吴惜衣。幼年跟随父亲的戏班登台，父母离婚后跟随母亲与继父一起生活。

  1951 于广州市实用会计学校就读中级会计专业，次年毕业，经人介绍到东莞县常平镇常平中学工作，先后担任少先队辅导员及副总务主任。1957 年为解决夫妻分居问题，调回丈夫工作单位广州文化局，被分配到广州粤剧工作团工作。1960 年省、市粤剧团分家后，一直在广州粤剧团工作至退休。历任粤剧《海岛女民兵》剧组组长、广州青年粤剧团艺术秘书、广州粤剧团总团艺术室主任、艺术委员会常务副主任等职务，擅长于艺术管理，在多个大型演出活动中担任舞台总监和艺术总监。她是广州粤剧团 60 年的发展历程的见证人。

  吴志明现为中国戏剧家协会会员。

访谈实录：

何　　车：采访明姨十分难得的事情，我认识明姨已经五十几年啦，有很深的感触和感情，今日好高兴能够请到吴志明"同志"，多谢明姨接受我们的采访。

吴志明：你真是太客气了。

何　　车：我和明姨相交、认识已经有五十三年了。明姨是看着我长大的，看着我从1961年底入剧团（青年剧团）一直到我退休。其实我一直都在明姨的领导下面成长的。

吴志明：不对，是在党的领导下成长，你不要搞错了位置（大笑）。

何　　车：是在明姨的管理下面、教育下面成长的。很奇怪，我真正了解明姨是在我退休之后，去搞粤剧历史、去搞趣闻轶事，我那时才知道，原来明姨祖父是大名鼎鼎的"蛇王满"（大笑）。

吴志明：那时你才知道？

何　　车：对，我是退休后才知道的，知道吴惜衣是你的父亲，知道吴惜衣的艺术活动和其它生活的情况。所以今天很希望把这段资料都留下来，特别从艺术管理的角度，从我们与艺人合作的种种关系中，一是希望留下历史的足迹，另外给我们当今的艺术管理一个烛照，大家有一种交流；或者是反思我们以前是怎样处理艺人同干部的合作关系，整个过程又是怎样发展过来的，我觉得会对今天应该有很多好处。明姨，我就单刀直入了，我一向都叫惯你做明姨，如果改叫"吴志明同志"就好似生疏很多了。

吴志明：粤剧界的同行、老老少少都习惯叫我做明姨啦，我感到好亲切。

何　　车：我是在1961年底入粤剧团那时就开始认识你了，我想知道明姨你是什么时候参加革命的呢？我知道你最初还做过戏，当过演员的。

吴志明：没错。

何　　车：尤娟（指尤娟儿，她是原广州粤剧团一团团长）同你两个都演过戏吗？

吴志明：尤娟是唱曲艺的。

何　　车：你就演过戏？

吴志明：我是"八和会馆"的会员，解放前就已经入会了。

何　　车：哗，你真的是老行尊了。

吴志明：现在真是人又老，应该讲的历史都老了。

何　　车：那你是几岁入行的呢？先不讲你做干部的经历，先讲你做戏，开始演戏时年纪有多大？

吴志明：我五岁就在"海珠大戏院"登台了，我参加了"师傅诞"在"海珠大戏院"的大集会演出，那时我虽然年纪小，但是我是演"哪咤"。从来都没有人知道我这段历史的。

何　车：我现在知道啦。

吴志明：我是说当年在东莞常平中学没有人知道，我在东莞常平镇常平中学工作了六年。

何　车：哦，你在东莞做过老师？这段历史我就真的不知道了。

吴志明：现在知道都不迟。我觉得这个访谈很好，肯定是蔡孝本的点子了。虽然回顾这些历史，你说它有作用也好，没有作用也好，反正都是一个回顾。过去的历史与现在不能相比，但是进行回顾会对现在有所启发，看看你如何取舍。所以我觉得搞这个访谈很好。我支持这次访谈活动，因为我觉得中心的领导待我不薄，所以中心组织的活动我都会尽自己能力去参加。至于有没有起到作用，那是另外一回事了。今天我很感激主办这项工作的所有工作人员及中心领导，还记得我这个过气"干部"。退休二十多年了，应该算是"过气干部"了。我就根据你想知道的问题，逐一讲述吧。但我有点紧张，人老了，动作慢，脑筋慢，讲话也慢如果有错，请你纠正，如果有遗漏的，你就补充。

何　车：我们当做普通的谈话就可以了，就好似以前你同我做思想工作一样啦，哈哈。

吴志明：我不会做思想工作的，当时在青年剧团，你算是年纪轻的了，那时你很顽皮，但口才很好。

何　车：既然当初已经演戏，为什么不当演员？做干部呢？

吴志明：你向我提出的问题，有些我是从来都不对别人讲的，如"为什么你不当粤剧演员，要做干部？"这个问题。原因比较复杂，但是我都要简单地讲。这要从我的家庭讲起，我的祖父叫吴玉堂，又叫做吴满，即是"蛇王满"。到我懂事的时候，他已经很有钱了。我的祖父就好有形有款喔，长五柳胡须，样子好像齐白石，身材很瘦很高。他出身贫苦是孤儿，早年背着一个草袋，去山上捉蛇，因为捉蛇是不能用布袋的。我见到祖父他十只手指只剩下六只，听说是捉蛇的时候被毒蛇咬伤，为防止蛇毒蔓延，那时候没有药可以医治蛇毒，斩断了手指，毒就不会蔓延了，就这样斩去了四只手指，后来他在桨栏路开了"蛇王满"，当时是卖蛇、蛇药和

蛇酒。有很多人来帮衬的。

何　车：我去帮衬过，我外婆九十多岁的时候还去帮衬。去吮蛇血。

吴志明：听讲是把蛇尾斩断了，听闻就这样生饮蛇血是很有益的。后来就开了餐馆，在楼上扩充了营业。解放后公私合营的时候餐馆被接收了。

　　　　因为祖父是个孤儿，想光宗耀祖，想更多人接他的班，就娶了很多老婆。我知道的有大嫲、是扎脚的；另一个是四嫲，她就是吴惜衣的生母。还有就是五嫲和八嫲，其他的就不知道了，起码他有八个老婆了。五嫲因为意外死了，我只见过其他几个。大嫲只生了一个女儿，祖父并没有重男轻女的观念，男女都喜欢的，所以他给了一间铺给女儿，就是在佛山的"蛇王满"卖蛇酒及经营蛇餐，她就是我的姑妈。八嫲、五嫲全部都没生小孩，就只有吴惜衣的生母生了三个儿子。吴惜衣是第一个，第二个儿子早逝，只剩下吴惜衣和最小的儿子，即是我三叔。所以他们就非常得宠，我听说祖父把在十三行的铺头传给了吴惜衣，还在宝华路买了一间带天台的三层大屋给他们。大屋有天台有厅，大厅可以做舞台演出的。在长寿路还有一间屋给了他老婆，即是四嫲。四嫲有三个妹仔和一个保姆，吴惜衣有三四个随从服侍。平时钱就让他们随意花，所以在家里他们很威风。吴惜衣很孝顺，每天早上起来打水给母亲洗脸，准备好烟筒给她，他母亲说一，他不会说二。

何　车：这是传统美德，我父亲都是这样的。

吴志明：本质不同吧！我祖父因为要开枝散叶，所以就急于给儿子找老婆，我妈妈自小就没了母亲，外公是在澳门行船的技术人员，当时家境并不富裕。我外公与祖父"蛇王满"好熟络，祖父很喜欢我妈妈，就娶了回来做媳妇。外公说："'蛇王满'这般有钱，我女儿如何配得上。"祖父就说："不要紧，嫁妆全部由我包，该要多少就多少。"所以我妈妈的嫁妆全部由"蛇王满"准备的。我妈妈嫁入吴家，你可以想象有多惨，要服侍四、五个婆婆。家里的人看不起我妈妈，因为她外家穷，连三朝都没有回门[1]。吴惜衣母亲对她就更差，吴惜衣也不喜欢她，这始终是盲婚，大家都未见过面就娶回来了，加上母亲不喜欢，他对我妈妈就更不好了。连对待自己的儿女都是这样。我妈妈生了三男一女，本来是不错的，

---

[1] 新婚夫妇新婚的第三天后回岳父母家，对于新娘来说，则是初为人妇后回到自己的娘家。

但我祖母就认为是我们是"贱骨头""臭罂出臭草"¹，几个子女全部无书读，我在明德小学读到二年级就没有书读了，九岁就开始跟戏班做戏了。当时吴惜衣组织戏班，为了要赚钱，我跟着戏班当"梅香"²，可省了一份工钱。我大哥和三弟早就要自己打工了。

最小的四弟读一年级的时候，我们在家居然没有饱饭食，每天限食一碗饭，弟弟追着饭斗都不能添饭。祖母居然说："食太多会食大条肠。"吴惜衣这么有钱，在家吩咐工人煮菜，最好的给他们食，摘出来不要的就留给我们和工人食。我年纪较大，性格比较倔强，他不给食我就不食了，但是我弟弟年纪小想吃点餸菜，即被祖母用筷子打手不准吃，祖母还说："如不听话，做个擦鞋箱，你上街帮人擦鞋。"

我跟班做梅香很辛苦，除了一些苦活要干，散场后还要帮吴惜衣捶背。很多类型的戏我都参加了，住过画艇³，做过天光戏。

何　车：一般都是"爆肚戏"⁴。

吴志明：当时我不知道如何"爆肚"，戏棚下面都在睡觉的。我十一岁就同陈小茶在"大天台"⁵演日戏，当时我做小姐，她做梅香，表演游花园……。她曾笑说："吴志明是我前辈。"其实陈小茶当时会唱时代歌又能演粤剧，我比不上她。

何　车：那时你用什么名字，是吴志明吗？

吴志明：不是，做戏时父亲（吴惜衣）为我改了名字叫"小吴惜衣"，也曾经改为吴香玲。解放前我在八和会馆的登记名字应该是叫吴香玲。当时粤艺发展中心找到一份名单，上面就只有我和小木兰两个人的名字，当然你们不知道吴香玲就是我了，哈哈。

何　车：你当年是怎样学做戏？

吴志明：嫦娥英⁶在家中教戏，他很喜欢我，我从旁看看，那时我的名字是吴善卿，"师父诞"要找人演哪吒。嫦娥英说："阿卿做。"要我演哪吒出世，当时我大约是五、六岁，我还记得那时戴着一件肚兜，穿着三角裤。有个师父教我藏在巨蛋型的道具装置中，如

1　广州俗语，意思是说臭的盆罐里种出的只能是臭草，养育不出鲜花，引申为怎么样的环境氛围就会培养出怎样的人群。
2　表演行当，负责跟随花旦出场，多演戏班群角，如宫女、丫鬟、女兵。
3　红船消失之后戏班下乡演出的主要交通工具。
4　演提纲戏时，因为没有固定曲白，一切靠演员自我发挥，故亦称为爆肚戏。
5　原广州大新公司（南方大厦）的天台游乐场，粤剧全女班多在此演戏。
6　嫦娥英：原名陈庭耀，20世纪初著名粤剧男花旦。

果有人敲打道具，就放开双手走出来，跑到嫦娥英老师前面坐到他腿上就得了，就是做这些动作而已。在"师父诞"中，武打演员很威风的，一般戏结束的时候，他们就堆人山。

何　车：《香花山大贺寿》中有这样的表演。

吴志明：是啊，例如"祭白虎"[1]、"跳大架"等我都见过了，《天姬送子》等排场戏也曾演过。到解放前夕，在陈锦棠组的戏班中，原来由陈小茶担任第四花旦，后来她因某些原因离开了，不知道吴惜衣用了什么办法，安排我顶替她。吴惜衣有很多私人演出物资，就把这些东西给了我，用来做顶替陈小茶的条件。那时我真不清楚怎样演戏，可能只识出场和入场就是了……。当时打锣鼓师傅是钧叔[2]。后来在剧团工作时，我曾私下问钧叔："那时我演戏的过程是怎样的？"钧叔说："你不过不失啦，扮相、嗓音还可以。"所以我的演戏历史就是这样奇形怪状的了。

后来吴惜衣做班主组班，我就和罗丽燕、罗剑飞、蔡群玉[3]拍档，两家人合作，罗丽燕就跟他父亲罗剑飞练功。罗丽燕基本功很了得，在《十三妹大闹能仁寺》中扎脚演出。相反，我吴志明就什么都不懂，就是因为班主是吴惜衣，所以才在戏班中有位置。在《六国大封相》中，除了包尾车和最后的胭脂马，所有的女角色我都演过。当时跟罗丽燕一对推车过场，我们之间的感情很好，因为年纪差不多，大家的工钱都是一样。这都是吴惜衣是班主话事而已。

何　车：你不说我真不知道，我以为你只是跟着戏班做梅香，原来你在戏班中的经历是这样丰富的。

吴志明：丰富？畸形才是。我感觉这个家庭没有什么温暖，没有父爱，也没有母爱，因为母亲在家没有地位。我大约十岁的时候，就曾经看到母亲自杀过两次，一次上吊被救了；另一次是食鸦片，也被救回来。我的心就很憎恨这个家庭了。解放初期，我父母要离婚，因为我们家在社会上都算得上有地位，不想太张扬，就问我们四个子女选择跟随父亲还是跟母亲。哥哥已经出来工作了，可以独立了，我和三弟都表态要跟母亲。最小的四弟只有六岁，当然要跟着吴惜衣。吴惜衣不喜欢我，可能只想把我作为"摇钱树"。后来知道我性格反叛，就准备要卖我到新加坡，当时我只有十几岁。

我跟了母亲后，就好少回家了，多数住在三叔家或者回乡下。

1　又称"开台"，传统例戏，旧时戏班下乡演出，凡新搭建竹木戏棚的地方都要"开台"。

2　林钧（1923-2008），粤剧乐队掌板，精通粤剧传统锣鼓。

3　蔡群玉：粤剧花旦、教师，罗剑飞妻子。

吴志明与弟弟合照

在乡下的时候，祖父请了一个私塾老师回来教我们读书，我就和一班同乡姊妹一起，在八嫲家的大厅里上夜学。当时学的是古文，大约学了大半年。如果有戏演，就出广州，多数时间还是留在乡下。1950年春节初一晚，我最小的四弟在宝华路大屋二楼遇上火灾被严重烧伤。祖母和吴惜衣居然说不救人，先抢救财产。街坊见到有个小孩在大厅中躺着，已经严重烧伤了无人理。有人告诉我三叔，当晚我在三叔家，三叔要马上救人，由他出钱，把四弟送到当时最近的柔济医院。由于那时父母已经离婚，所以不允许母亲去探望四弟，只有趁他们不知道，母亲才能够到医院忽忽望一眼四弟就走。我在医院陪着四弟两天两夜，因为抢救不及，四弟最后还是死了，才刚刚七岁，很惨、很苦！

我亲眼目睹弟弟的惨死，母亲受尽折磨，我亦将降临不幸，我对这个家庭只有恨，没有半点爱了，就彻底与父亲脱离关系，转身离开这个家，什么都没拿走，一件衣服都没带走（其实什么都没有）。就是在那个时候把名字改为吴志明，后来就到继父家生活。

我继父曾达泉艺名叫"小金刚"，是曾超允的爸爸，他对我很好。我跟母亲到他家的时候，曾超允已经出世了。因为他们家的生活环境也不大好，因此我很想自己独立，但是我没有什么本事，所以很渴望继续读书。当时有一个街坊介绍我到国家银行高级会计实用学校读书，校址在原"东乐戏院"的位置。学校分初、中、高级，读完就可以找份工作了。我就去了那所学校读初级班，读了半年毕业。然后我去考新华书店，可惜考不上，就唯有再读

中级班,又读了半年。那时是1951到1952年间,正值抗美援朝,国内的政治气氛甚浓,我不懂,只想找到工作,又去考长堤那间最大的中国人民银行。初试过关了,但是面试不过,原因就是家庭出身不好,"蛇王满"是工商业兼地主,吴惜衣是自由职业兼地主,自然就落选了。恰逢国家挑选干部,由政府公开招聘,我又去尝试,笔试过关,面试时考官一看登记表,问都不问,直接叫下一位来面试……,这次再因家庭出身原因又落选了。我很失望,很徬徨。

何　车:这些经历我与你深有同感。

吴志明:是啊。当时"小金刚"要养育儿子,如果我找不到工作,家庭负担很重,怎么办?后来幸好大沥有个医生的朋友,他说:"我认识常平中学一个老师,可介绍你去工作。解放初期山区、农村学校比较缺乏人手,条件比较艰苦,而且只身在异乡,你要考虑清楚。"我当时只求有工作,减轻继父负担就干。结果在1952年,我就到了常平中学当会计。常平中学校区建在山岗上,四周都是水田、河涌,当时有教职员工30多人,各科任教的老师都是上年纪的高级学者,我是最年轻的。学校设有图书馆、卫生室、实验室等,新建了一幢教学大楼,但厕所、厨房、食堂都是临时的草棚搭建。我其实还是很忐忑,害怕学校若顾忌我出身不好,不再录用我,失业了,该怎么办?因此我非常努力地工作,什么工作都做,晚上加班、帮忙计算分田地给农民、双夏农忙、抗旱、抗洪……等,我都主动报名参加。当时东莞县是林若[1]做书记,县组织部和常平镇镇委都很赞赏我,就教育培养我,让我逐步认识工作是为革命,是为人民服务,不光是为生活,1953年我就被吸收入共青团了,1956年5月4日县成立共青团总支委员会,我当选为委员。随后县组织部就培养我入党,是常平镇委的老同志当我的入党介绍人,是东莞县党委组织部批准我为中共预备党员,学校当时只有副校长是党员。当时东莞县只有莞中、常中和虎中[2]三间中学,常平中学的学生来自四乡,通常要走一个多小时的路程才能到学校,还要自带柴、米来上学,全部都是光着脚上学的,很艰苦。

何　车:我们以前在广州都是这样啦!

吴志明:我曾经是全国第一批少先队辅导员,带丝绸红领巾的。常平中学校长姓吴,学识甚广,他教语文、英语,对人和蔼可亲,对我很

1　林若(1924-2012):时任东莞县五区工作委员会书记。
2　东莞的莞城中学、常平中学和虎门中学。

吴志明（后排右一）与常平中学老师合影

关心，经常对我说："有空就到课堂听听课，多增加些知识有好处。"其实我真的需要多学习知识，但是的确太忙，没能常去听课。后来学校还培养我成为副总务主任。

1955年我结婚了，1957年就生下大女儿。产假不足56天就要上班了。我在常平没有亲戚，当时只有二十二岁，既要照顾女儿，还经常要到莞城开会。当时去莞城的路程很崎岖，要先乘坐单车尾到大朗，再从大朗换乘汽车到莞城，或乘坐单车尾到常平火车站转乘火车到石龙，再换乘汽车到莞城，带着女儿上路的确很辛苦。

1957年，恰逢国家有政策，要照顾两地分居的夫妻，我丈夫陈继荣就向组织申请，请求调我回广州工作，什么岗位都可以。他在文化系统属下的演出公司工作。我一个人背着几个月大的女儿，骑单车到东莞县组织部办理干部调动档案及党组织关系转移手续，即日便到市文化局人事处报到，由财务科给我进行书面考试（财务知识），合格了。原本我估计是派我到新华书店或演出公司工作，谁料1958年准备"反右"运动，要培养骨干，就把我调入了粤剧工作团，与尤娟儿、李锐明共事。李锐明和我是1957年调入来的，尤娟儿就是1953年从曲艺大队调入来的。进入粤剧工作团工作后，领导也培养我，我曾做过工会干部，进行文化"扫盲"工作，组织名演员"家属委员会"，发挥她们的作用，因为1958年省市大合并时，文化局知道艺人都没有什么文化，就专门请了几位文化老师来开展"扫盲"工作，还成立了家属委员会，希望能发挥一些大老倌太太的作用。家属委员会的主席就是鉴哥的太太，下面有吕玉郎、七哥[1]等人的太太做副主席，其他有名老倌的夫人都加入了家属委员会。这个家属委员会对粤剧发展是有帮助作用的。1960年省市分家，我就分配到了广州市粤剧团，然后就到青年剧团工作了。

何　车：兜兜转转始终又回到这一行。

吴志明：我在常平中学从最低级别的干部做起，领24.5元工资，每月还能汇10元给母亲。罗丽燕与我一直有联络，她写信叫我回来广州。当时她在冠南华剧团，她说："你回来做第三、第四花旦，最少也有50到60元左右的工资。"我说："我不去了，再多工资都不去，总之我就是不想再进这行。"其实我是应该到教育局报到，但丈夫是在文化局，文化局下属这么多单位：新华书店、演出公司、博物馆、各艺术院团，我恰巧又被分到粤剧团，再次回到粤剧这一行。那时是不能由自己选择单位，能够回来已经是幸运了。我是命运的安排，始终又回到粤剧这一行。

　　自入了剧团以后，在这里工作了50多年，见证了广州粤剧团的60年历史。我就是"一锤锣鼓"了，没有离开过粤剧团。我退休后总团还返聘了我5年，到1994年取消总团时我才离开。我离开之后其实还是致力于粤剧发展的工作，一些大型的演出活动、演唱会等，我都有参加，但几十年都是做艺术管理方面的工作，没有条件在政工岗位上工作。

何　车：这是"神主牌"不正的缘故，哈哈。

吴志明：到改革开放后才改变了"极左"的路线。后来演出团成立党支部领导架构，我就调离了青年剧团了。事实上我是很不舍得离开青年剧团的。

何　车：你在剧团的时间真是很长，你的经历与我相似的。那时候我很怕政治干部和指导员，而我记得你一直都不是担任这些职务的。你主要在艺术室工作，在青年剧团时担任艺术秘书。我们都知道吴惜衣是您父亲，也是著名的粤剧男花旦，他对您的粤剧生涯肯定是有一定影响的，可以谈谈这方面的影响吗？

吴志明：如果要谈吴惜衣，我只能够从表面上讲一些我对他艺术活动的点滴印象。

1　鉴哥、吕玉郎、七哥：鉴哥指的是著名粤剧演员罗品超（1911–2010）；吕玉郎（1919–1975），原名吕庭镜著名粤剧小生；七哥指的是著名粤剧丑生演员文觉非（1913–1997）。

我觉得吴惜衣有"三有"。一是有文化，他是大学生；二是有钱；三是有脑袋，不是说他为人民服务，而是在如何获利上懂得动脑。他能够在粤剧行内有一定名气，有以下几个原因：一是有文化基础，能说会道，这对剧本和人物的理解和艺术创造有帮助吧。二是有经济基础，他舍得花钱来包装自己，花钱很厉害的，祖父也不管他。他一出道就做主角，从来没有做梅香。他凭什么组戏班呢？全靠巨大的财力支撑，只要付得起酬金，就能够找好的演员合作。那时候，舞台上的大幕、二幕、枱椅等道具所有都绣上"吴惜衣"几个大字，而且还是高档的。要讲"私伙嘢"之多，他算数一数二了；三是懂得扬长避短，第一，吴惜衣很喜欢粤剧，知道自己无功底，就请了嫦娥英回家授教。嫦娥英在男花旦中不算红，因为他长得高，声音又不好，但是他有功底。嫦娥英是住在我家的，食住都由吴惜衣包。就在宝华路那间大屋。

吴惜衣上妆照

何　车：我听说嫦娥英当时年纪大了，没有戏班订他演戏，吴惜衣就请他回家教戏。

吴志明：我觉得他教得很好，那时我很喜欢看，因为他边讲边做示范，吴惜衣允许我一起学，因为我跟班都要学演戏的。吴惜衣希望嫦娥英能够帮他在某一方面有大突破，因为他不是面面俱到。以前旧戏班最重要的戏就是《封相》，戏班水平就是看《封相》的表演了，如果演得好，就已经拿到一半分数了。所以嫦娥英就专门教吴惜衣推车，推车就一定要走好圆台，没有圆台的底功根本没办法推好车。我很记得嫦娥英是怎样教他走圆台的：一要小步，要做到脚后跟先落地；二要侧身走，不能平身走；推车时，双手要"阴出阳收"[1]，不要把旗仅仅作为一块布，要把它当做"车"。全身一定不能动，只能靠双脚。嫦娥英就是要求他练到这种程度。那吴惜衣就用两块薄铁皮做的"车旗"来练习，如果能够驾驭这两块薄铁皮，那推两块布就显得十分容易了。铁皮比一般的车旗重，比一般的车旗难推，但是他平时练习用的是铁皮，所以到演出时就不觉得难了。宝华路的大屋地方很大，每天就在家中练功。吴

---

[1] 粤剧"推车"表演的动作要领：执车旗时手背向上，手心向下为"阴"，反之则为"阳"；推车向前行要用阴手，把车拉回来就要用阳手。

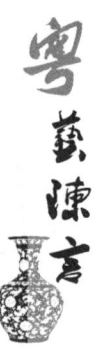

惜衣以后推车出场，由头上戴的"御架乐"及全身到鞋都镶上密片。嫦娥英还要求吴惜衣练习发声，男花旦一定要练习发声，否则就演不了花旦，他声线本来就不好，又没有去过专业学校，没有老师教，仅仅靠兴趣是不成的。每天要他吊嗓，用这样的方法补救。其他还教了他"打引"[1]如何出场，"慢板"如何出场，"踏七星"等基本功。吴惜衣主要学习身段，我看见他每天早上都练功，由于我曾看他演《封相》，觉得他演"包尾车"真是不错。嫦娥英认为亮相是非常重要的，所以吴惜衣亮相的时候，配合锣鼓，表演十分到位、出彩。然后就是"倒车"，为什么推车的过程中要停下来呢？原来就是要表现车前进时受阻。这时候就必须往后倒车，接着轻轻一踢，再走圆台，表现绕过障碍物前进。他整套动作水平很高，全场观众拍掌，这得益于他平时用铁"车"练习。

吴惜衣学习基本功其实没有人知道，他仅仅是请老师回来教。除了嫦娥英，另一位男老师的技艺也很高，我有很深的印象。我还记得他说："水袖功"最重要的要运用手腕，而不是整只手都动，主要是使用大拇指把水袖顶上来，如果只靠两个拳头，根本做不到。"另外他教"踢蟒"[2]，需要先使用膝盖向上顶，然后再踢、执手。这位男老师把很多基本功都传授给了吴惜衣。

第二点就是吴惜衣还善于发挥自己所长，他专演苦情戏，从没有演少女戏。男扮花旦演戏毕竟还是有差别的，他演《花街慈母》《风雪夜归人》《胡不归》，这些都是"包大头"[3]的苦情戏。他演苦情戏时真会流眼泪的，并不是靠眼药水那些东西。吴惜衣就是扬长避短，他懂得这个道理。我曾经问彭寿辉[4]："吴惜衣凭什么被选进粤剧大辞典人物分篇？"他却反问我："为什么他不能选进去呢？"我认为他在抗日战争时期最风光而已，但彭寿辉认为他对粤剧有贡献，而且身处动荡的社会环境，被时势所迫也是正常的。吴惜衣收留吴粉超[5]，他不是亲朋，就是欣赏他的化妆技艺，同时可以让吴粉超在戏班中担任一些角色。吴粉超是有文化的人，字写得很漂亮，很喜欢研究化妆，故此他为吴惜衣化妆，效果很好。

第三点就是时势造就了他。抗日战争广州沦陷期间，很多爱国粤剧艺人都离开了广州，分散到广西、港澳等地。唯独吴惜衣

---

[1] 剧中主角上场时，唱念引白。
[2] 粤剧的一种表演程式动作。
[3] 饰演女角演员的梳水头扮相。
[4] 彭寿辉：《羊城晚报》资深记者。
[5] 吴粉超（1923—2005）：原名罗镜清，粤剧丑生演员，同时擅长粤剧化妆。

仍然留在广州,那么就有了得天独厚的优势,他又懂得包装自己,走红是必然的。

他有很多徒弟,包括颜铁英[1]、李华勇的父亲李郁等。后来解放初期,他申请去了香港,并不是偷渡去的。

何　车：那时候到香港还是很容易的,好像不用申请。

吴志明：还是要申请的,听讲他到了香港后,从事粤剧教学工作,还做了一些慈善工作。后期因为中风入了玛丽医院,整整在医院度过了十几年。医院是免费给他进行治疗,直到1991年1月病逝。

何　车：我在香港一些口述历史资料中知道,当时香港八和会馆的人都会定期去探望他的。

吴志明：是的,香港的八和很关心老艺人的。

何　车：谈到剧团人才培训的问题,您是如何看待?

吴志明：我觉得当时我们搞人才培训是有明确的目的,就是要出人、出戏、出成绩。当时没有经验,都是一边做一边摸索和积累。谈培训工作就一定要提到1960年成立的青年剧团了。

何　车：中山戏院[2]营业的时候你已经进入青年剧团吗?

吴志明：进了,1960年刚成立就进了。之前曾到沙村参加劳动锻炼及思想教育。

何　车：我知道啊,我当时也在沙村,后来1961年从沙村出来的。

吴志明：为什么我们青年剧团能够做出成绩呢?我觉得时代背景很重要,那时省剧院成立了一个培训班,叫"粤剧青训班"。当时曾生做市长,你知道省市之间是有竞争的,领导都要争取做出成绩。曾生是喜欢粤剧的,他指示说:"省有'青训班',我们也要成立一个。"别人是"青训班",我们就不要叫"班",要叫"剧团"。所以我们就叫"广州市青年粤剧团"。

何　车："青训班"中艺人子弟多。

吴志明：他们全部选行当有特点的演员,其中红虹是代表。

何　车：还有陈晓明、吕洪广、小少佳、小筠玉等。

吴志明：他们都很了得,所以功底好的演员基本选进"青训班"。那我们青年剧团如何呢?曾生有这样的指示,我们就要考虑如何组建好这个团。当时华嘉是文化局长,华嘉就认为入青年剧团一定要自

1　颜铁英(1924-1991):原名颜凯流,广州粤剧团演员。

2　中山戏院位于下九路,邻近平安戏院,现已不存在。

愿、而且需要考试。当时你们这批学员努力练功、专注在粤剧上，就是这个原因。剧团成立的时候，华嘉讲话就是两点，他说："现在我是'姜太公钓鱼，愿者上钩'，你们自愿加入，就要全心全意，不要有怨言；其次在剧团会很艰苦，你们要有思想准备。"之后，方案逐步完善选人措施。第一就是自愿报名、考试，第二是从行当中有艺术特点才招收。

何　车：那时候，集中住宿是很少有的。

吴志明：是的，当时要从行当来招人，记得招你的时候，你的声音不错，形象也可以。还有黄志明、卢秋萍、黄明忠、潘玉麟[1]等人是属于出身不好表现顽皮的，但各人都有艺术培养条件，我们请示华嘉招收否。华嘉对我们说："选人还是首先看重艺术条件，其他的因素我们再来分析。"所以后来分析的结论是：调皮也没关系，多教育就可以了，现在是招演员，又不是招政治干部。条件放宽了，有些出身不好的有艺术培养条件都能够进青年剧团。

何　车：张德明[2]都是这样。

吴志明：我觉得"青训班"遗漏了陈锦心，让我们吸收了，因为它已经有红虹了。

何　车：陈锦心[3]的出身也是不好。

吴志明：陈锦心的爸爸是做老师的。我觉得陈锦心条件比较好，声音好、样子漂亮、身材也适中，她很努力学习，但是领悟较慢些。

何　车：卢秋萍应该是后来才进入青年剧团的。

吴志明：是的。刚刚成立剧团的时候，我们都已经看中她了，她有条件，样子漂亮声音好，人也比较聪明。

何　车：陈锦心演戏很"搏命"的，那时演《白毛女》，她有胆量从高台跳下来。

吴志明：第三是我们剧团配备老师，在这一点上青年剧团做得比较好，要演员进步、成才，就一定要有好的老师培训。那时我们有十多位老师，华嘉说："还需注意培训文化。"所以我们还有两位文化老师：谭成和苏巧珠。谭成是大学生，苏巧珠的英语水平高，她是在香港的英语师范学院毕业。

何　车：后来调她到图书馆，实在是屈就了。

1　潘玉麟（1942-1996）：原名潘伯华，粤剧武打演员，人称"筋斗王"。

2　张德明：广州青年粤剧团演员。

3　陈锦心（1942-1992）：粤剧演员，先后在广州青年粤剧团、广州粤剧团工作。

吴志明：对啊，这是当时社会大环境所造成的。剧团老师的要求都很严格的。

何　车：我最大的感触是，剧团的老师不但水平高，人品也好。

吴志明：他们言传身教，例如梁钜洵，梁建忠[1]的爸爸，他是唱功老师。我记得有一次他在讲课，示范唱曲时，竟然流下了眼泪，学生看见老师如此投入，当然就更认真学习了。还有林艳，林家碧[2]的妈妈，她对学生也是很严格，她说："你们不要去唱歌，唱歌就不要来听我讲课。"我觉得在那个年代，这是正确的，因为当时唱歌与唱粤曲的发音方法是不同的。林艳老师就是要学生专心学习她的发音方法。老师们的态度都十分认真，对学生负责，上课并不是敷衍了事，严格要求学生。

何　车：当时很奇怪，其实老师都没有什么理论，但是他们能够把学生教好，例如"老冤叶"[3]。

吴志明：他是教"吹口"[4]。

何　车：但是他会教学生唱一些古老传统的曲目。

吴志明：但是主要是教吹口，我们团没有专门配音乐教师，就是注重培训演员，所谓出人才，首要的是演员。音乐师傅我们挑选一些已独挡一面的人，例如孔发、黄章球[5]。要有好的老师，才能教出好的人才。我觉青年剧团能够成功，这一点非常重要。

　　第四是管理严格。要求演员集中住宿，连已经结婚的都不例外，梁逸峰、崔子瑛就是已经结婚的，都一视同仁。管理严格有一个前提，因为你们是自愿来学艺，所以你们必须努力练功。"台上一分钟，台下就十年功"。

何　车：那时我们形成了一种努力练功的风气。

吴志明：当时要求六点半食早餐，但是未到六点半，学员们就已经在抢占排练场位置了，有些人还在天井、天台练功。那时有何国耀、何家耀、罗卫东、陈少梅、黎佩坚、沙绮玲、邓雪薇[6]等人。他们都很勤力，当时我们是没有奖励的，表现好的，仅仅是口头表扬。

1　梁建忠：广东粤剧院导演。

2　林家碧：广州粤剧团演员。

3　卢榕，广州青年粤剧团音乐老师。

4　有三种含义：一是指箫笛类乐器；二是指演奏这类乐器的人；三是粤剧乐队中演奏这类乐器的位置。

5　黄章球（1934—2011）：广州粤剧团乐队掌板。

6　何国耀、何家耀、罗卫东、陈少梅、黎佩坚、沙绮玲、邓雪薇：广州青年粤剧团演员。

现在大家就觉得最重要有奖励和报酬。

何　车：其实最勤力的是我啊，哈哈，早上就要逐个与他们练打靶子。

吴志明：你还主动扫扫排练场呢。黄明忠就专门要邱宝兴[1]去买早餐。

何　车：我都试过。

吴志明：买回来黄明忠还要数有几个，看看邱宝兴有没有偷食。那时大家都过得很高兴。当时我是二十几岁年纪，比你们大一点，你们是青少年，我算青年。大家没有东西食，又没有钱奖励，什么也没有，都能积极练好功、演好戏。你们算很可爱，大家关系很融洽。

何　车：那时能到迎宾馆演出就很欢喜了，因为有东西食。

吴志明：第五是培训要有计划。除了打好基本功，就要逐步拟定计划。第一年练基本功，第二年演出与练功相结合，开始有实践，从行当中选择折子戏实践，第三年就是演出为主了，但是早上还是要坚持练功。这些计划都是公开的，所有学员都知道的。

那么怎样达到出人、出戏、出成绩的目标呢？有以下这些措施很重要：一是要在学员之间形成一个竞争观念，竞争是他们最大的动力，当时青年剧团能够出成绩，竞争的氛围很重要，因为还有省剧院的"青训班"。此外，佛山青年剧团和廉江的"小云裳"[2]也是十分厉害的。这些都促使广州青年剧团全体人员要努力进步，不然没法与其他团竞争，也对不起领导的期望。除了学员，在剧团内部，我们干部都要努力。竞争有内争和外争，外争就是青年演员演戏时，外界给予的压力变动力。内争就是，那时我们分甲乙角，ABC角，谁有条件有能力，谁就能够上台演戏。每个行当、每个青年都给他们选了练功戏，你蔡孝本都有。

何　车：是《夜战马超》。

吴志明：先是谭志基，第二是赵锦荣，接着就是彭景辉，按理说应该是先到你的。没有规定剧团谁是主要演员，那时的确是谁演得好谁上台担任剧目的主演者。不论外争还是内争，执行是很重要的，必须讲到做到。这就是大家努力的动力所在。

何　车：我想穿插一个笑话，那次在迎宾馆演《杨门女将》，曾生就请了一班元帅来看，当时只演"探谷"一场。在"虎度门"口，罗永强顶替吴卓光演带马的马僮，叫张彪，我就演最后包尾的宋兵。

1　邱宝兴：广州青年粤剧团演员。
2　小云裳（1939–1997）：20世纪60年代廉江粤剧团主要演员。

罗剑飞（飞叔）[1]跟我说："待会你不要打太多级翻，不然罗永强就没有机会表演了，哈哈！"

吴志明：当时罗永强身子比较轻，也年轻，做级翻还是可以的。

何　车：演"探谷"有我、吴卓光等几人是有翻跟斗功夫、身段也不错的。我们就是这样在舞台上竞争的。即便在后台打架，走上舞台，大家都很团结。

吴志明：接着我讲第二项措施是学艺要坚持"请进来，走出去"的原则，请进来就是邀请本团的一些如靓少佳、陈笑风、卢启光、练玲珠等有名气的演员教戏，走出去就是向老前辈学习折子戏角色，找白驹荣教黄志明《二堂放子》。邓丹平教崔子英、梁慕玲"盘夫"，林小群教林丽心"抢伞"[2]等。老艺术家教戏，我也在旁学习，收益甚大。

　　第三是培养"集体英雄主义"，搞粤剧艺术，都有一个综合艺术的作用，所以要培养大家有"集体英雄主义"。我们选的戏都是集体演的，并不是一两个演员能够担纲的。排演有各种行当的集体戏，如果大家都不认真，就不能保证戏的质量。这一条也适用于我们干部，我认为做干部都有入不入角，尤其搞业务的要入角，如果你不懂业务，没有积极为剧团服务，那就不算入角了。

1964年三八节广州粤剧团青年剧团女同志合影（后排左一为吴志明）

1　罗剑飞（1910-1965）：原名罗福来，20世纪30年代著名粤剧小武，时任广州青年粤剧团团长兼艺术教师。

2　粤剧剧目《拜月记》中的一节。

所以我们做干部都要受"集体英雄主义"培养。

青年剧团能够出人、出戏、出成绩，我认为内部原因就是上述的几个方面。

而外部原因最重要的一条就是上级领导的关心和支持，没有这点，我们工作就很困难了。当时青年剧团是依靠总团的经济支撑，没有其他经济来源，情况比较困难，要靠演出团供养，三十多名演员，还有老师等人。

何　车：应该一共有六十多人。老师十多人，乐队十多人，还有舞台队。

吴志明：对了，在困难的环境下，如果没有上级关心和总团支持是很难坚持下去的。那时候，领导真的非常关心我们，曾生市长曾经亲自到排练场看我们练功，这是十分难得的。记得我们那时没有什么东西食，就连练功服都没有，曾生市长就为我们解决问题了，他让我们到海军取一些布料做练功服。

然后就是政治上的培养。曾生市长亲自带我们到老区。曾生曾是"东江纵队"[1]的司令员，就带我们到老解放山区演出。群众见到曾生市长时十分热情。

何　车：我记得当时沿途都有人有接风。

吴志明：我们这样的经历的确受到政治思想上的教育。另外，凡是接待外宾的演出，还有"春交会"[2]开幕，演出任务都是我们青年剧团承担的。那时没有什么歌舞团、芭蕾舞团等，只要有这样的机会，那一定是我们广州青年剧团演出。我们是在广州迎宾馆演出，我记得接待过很多重要来宾，包括柬埔寨的西哈努克亲王、日本的宫本显治、波兰总理等。

何　车：还有一个印尼共产党书记艾地。

吴志明：接待的中央首长有叶剑英、刘少奇、董必武、陈毅等。周总理是1963年12月在迎宾馆观看我们演出的《白毛女》选场。

何　车：曾生市长还特意安排我们最后上场，完了还能跟首长们照相。

吴志明：能够承担这些演出任务我觉得很光荣，更速度使大家攀登艺术高峰。你或者不知道，当时上级通知我们，希望带青年剧团到外国演出。

何　车：其实我当时就知道了，哈哈。

吴志明：当时曾生市长跟我们说："现在有条件，我们准备出国了。"先

---

1 抗日战争时期，中国共产党在广东省东江地区创建和领导的一支人民抗日军队。

2 一年一度在广州举办的中国进出口商品交易会。

去香港。

何　车：好像是后来准备去日本、印尼。

吴志明：但是必定要先经过香港，香港的演出是很重要的，因为要与香港的剧团比较、竞争。当时已经准备订造服装了，刚好在"文革"前。这些机会是青年剧团独有的。

何　车：那时是郎海山[1]对我说："你要注意的'位置'。"我说："那些角色不是我演的，我要注意什么？"他就说："我现在跟你说，准备出外了，'位置'是你的。"即是要我顶替师兄的位置。

吴志明：因为那时剧团不能够全部演员都去。

何　车：我觉得有一点你说得很对，青年剧团每位演员都很平均，我很反对现在的人评价青年剧团，说XX是青年剧团的"主要演员"。其实那时没有所谓的"主要演员"，只有主演。大家都是平等的，我记得当时在佛山，我们下乡演出，晚上我睡在猪舍上面，突然收到电话要回广州迎宾馆演出，我和何家耀、何国耀等人就去了佛山的宾馆留宿。我们从来没有住过宾馆，踏上宾馆的地毯上，还笑说："为什么不见了自己的双脚？"昨天晚上还在住猪舍，今晚就在宾馆，我觉得大家的待遇是平等的。主演还没有启程，"手下"就先出发了，要到演出场地练习。所以当时整个氛围是以艺术作为标准，以演出工作为需要，这些作风的传承是非常重要的。

吴志明：我觉得在政治上、艺术上都有措施培养人才，所以说"文革"后，从青年培养出来的演员、音乐、舞台人员都是各演出团的骨干。我们的初衷是出人，演的剧目也十分吸引观众，如《宝莲灯》《夜战马超》等。

何　车：我们很有针对性地排戏。

吴志明：《白毛女》我觉得都不错，还有很多短剧。所以都算是出人、出戏，至于出成绩，我们在竞争中的成绩有目共睹。

何　车：《南海长城》《红灯记》《白毛女》等三个现代戏都算成功。

吴志明：目标基本达到，但是缺点还是有的。我们那时思想偏"左"，就连谈恋爱都是不允许的，还记得陈锦心说："你不让我演我就不演了，我一定要和他一起。"我觉得很多规定都是过分了，不需要这样的惩罚方式，关键在如何教育，硬对硬他们当然不接受了。

　　我想谈谈青年剧团中赵仕强、蔡孝本（何车）以及陈少梅三位能人。今天三位都已经有显著的成绩，令我感到意外、惊喜、

1　郎海山：著名粤剧击乐八手。

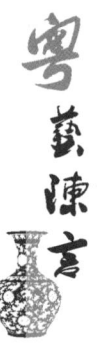

欢慰。先讲赵仕强，退休后一样积极教学并致力于培训音乐员，不断钻研自己的伴奏、指挥、唱腔、音乐创作，已经达到很高的水平。十年内他为白云区华南音乐团担负音乐总监，培训音乐员，指挥录制工作有显著成绩；两次被邀随团到台湾进行文化交流演出；促进两地文化发展；香港灵火文化有限公司投资聘请陈锦荣撰写粤语史诗曲艺剧《圣经》邀请他设计唱腔，配合剧中所需音乐作新的创作，录制时负责指挥。此剧规模相当，计划巡演各地影响深远。

陈少梅、蔡孝本是一般演员，后来到过北京、上海进修导演专业，导演工作已有卓越成绩，今天编、导、演都能够胜任。

陈少梅1993年编导了大型粤剧集锦《南国红豆竞芳菲》节目，当晚被到场领导赞为晚会的顶梁节目，很光彩。从此该节目参加市级大型综合晚会，二十年历演不衰。1996年与红线女合作导演《白燕迎春》获中宣部"五个一"工程提名奖。

蔡孝本练得一手非常漂亮的繁体字，并对粤剧历史、知识作深入探讨，很有心得，我认为三位都是自学成才，他们持有一股顽强向上、勤奋拼搏的精神，希望上级领导认真总结他们成材的经验，对后辈青年有极好的启迪作用。

接着就讲到艺术管理，我觉得首先要明确自己的职和责，也要明确自己为粤剧的发展做好服务工作。所谓艺术管理就是为粤剧服务。当干部要少说多做，并要注意发挥集体的力量。一个人是不可能把所有事情都做完的，也不能够一个人把事情做好，要发挥大家的作用。前面说到做干部要入角，不论你是外行或者内行。以前很多人说外行不能领导内行，其实不然，只要你入角，外行能够变为内行。如果你不入角，你永远是外行。还有就是你必须以实力来体现你的职责，职责能否完成，就要看你是否具备良好的业务能力。只是学习理论是不足够的，必须经过实践的考验。

剧团设艺术室就是为演出团的业务服务，当时编剧（作者）、导演、个别唱腔设计如屈辉都归艺术室编制。张力田、陈铁汉也是编剧作者，但他们在艺术室内什么工作都参与，有些工作他们是主力。办事工作人员最多的时候为十三人。除了正常业务工作之外，我们还管理图书馆、艺术资料室、打字室、有时需要帮助刻写剧本和曲目，统计各演出团演出场次，送发稿费给作者。当演出团有新剧目上演，规定先彩排，艺术室负责组织各演出团、各部门业务人员观看，并召开座谈会，各抒己见，相互交流学习，使各团演出剧目更有提高的动力。这是很好的艺术交流平台，我认为应该发扬。

还有艺术室同事互相关心,谁有困难,就上门慰问排解,有一次屈辉有病,我带着张力田探望他,他家住在高层,当时他正发高烧,应立即到医院,家里无人,我很为难,怎么办呢？力田即说："我来背他下去。"平时像书生一样斯文

吴志明与艺术室工作人员合影（前排左起：陈少梅、吴志明、黄学军；后排左起：赵仕强、司徒汉平、文卓凡、叶小珠、南佗）

的张力田就把屈辉背上,他的表现另外令我感动,敬佩这种互相关心,对老一辈的爱心精神是非常可贵的！

我认为还要发挥集体作用,我说一件体现集体力量有趣的事情。卜灿荣[1]在友谊剧院举办"卜灿荣音乐作品专场",他交予艺术室负责。演出那天下午三时半,检查各部门准备工作情况,音响、灯光、布景工作都十分顺利,但发现节目单上错了一个字："卜灿荣"印成"卜烂荣",当时我心慌极了！这是件大事,错得极严重啊。

何　车：可能负责印刷节目单张的人思想上记着"灿烂"两字,所以就出错了。

吴志明：那么怎样解决呢？怎向人交待？观众看了是一件极端错漏的大笑话。我马上找卢盛霞商量,我认为错误一定要改正,先不告诉卜灿荣,怕影响他演出情绪。卢盛霞同意我的决定,她对我说："不用担心,明姨,你召集全室同志,讲明任务迫切,动员他们在观众进场前共同完成任务,由我来安排修补。"我派了谢志平迅速赶到印刷厂,把"灿"字按节目单规格、颜色打印四千张,当时印刷厂校对的都没看出这个失误,所以他们有责任配合办妥此事。大家明白任务后男女都一齐动手,周国英、李坚、李奕、凤霞、蕴玉等,连陈铁汉戴着老花眼镜都动手帮忙。卢盛霞分工很好,找了个无人出入的地方,分工上浆糊、贴错处,放好等干,就这样流水作业,齐心协力,结果把四千张节目单按要求完成,效果不错。大家欢呼胜利了,我才放下心头大石,能这么快妥善地解

1　卜灿荣：广州粤剧团演奏员,音乐唱腔设计。

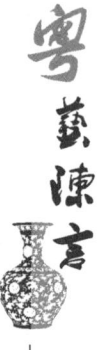

决问题，靠我一个人是不能的，这是发挥集体力量的很好见证。

我们艺术室做了日常工作外，还组织了如下的活动：

一、召集部分老艺术家回顾一批传统曲目及经典唱段，如陈小汉的"宝玉怨婚"（官话白话），朱少秋的"蹇叔哭师"，陈绮绮的"燕子楼"、陈少珍的"木瓜腔"等等。

二、在平安戏院公演各流派唱腔的演唱会，把征求意见书发给所有观众，看后评比哪位演员唱得最出色。统计票数结果，是吴绮梅（芳腔）和大虾[1]（新马腔）得票最高。

三、公演传统剧目，包括"盘夫""回窑""别窑""拾玉镯"等折子戏。最受欢迎的就是小木兰演的"拾玉镯"。

四、搞了两届全团青年技艺比赛，由艺术室提出方案和具体执行措施，团委会通过。指定红线女、陈笑风任评委主席，陈小汉、陈小茶、小木兰、练玲珠等当委员。我们还出版了很大的墙报宣传此活动，演出团选派青年演员以折子戏片段参赛，给青年很好的竞争机会，攀登艺术的高峰。当时郭凤女、孙业鸿、张雄平、李红涛等获得奖励。

五、由艺术室组织规定每个演出团每月派青年演员在中心台演出一场。给他们实践演出机会，可惜演出团排期有困难，没有坚持下去。

六、举办了粤剧唱功、把子、扇子、水袖、身段等基本功设班传授艺术，本团老前辈顶力支持出任老师，还请了粤剧学校麦嘉等老师上课，当时青年演员学习兴趣很浓。

七、组织了粤剧历史知识讲座，发听课证，出席登记，由何杰章、何建青、杨子静、莫汝城等讲课，当时倪惠英等主要演员都积极参加。

八、办了一份《粤苑》小报，请了华嘉提字，设计、刻写、印刷由黄广德[2]负责，广德字很靓，设计版面很漂亮，很有水平，可惜稿件来源少，只办了三期。

九、为了宣传粤剧，组织了一个辅导组，由林家碧、徐鹤鸣等负责到小学、中学、大学上课。经学校领导支持，给我们正规课堂上课，内容包括粤剧唱、做、舞、打，并教授折子戏片段，学习一段时间就集中学员汇报演出进行考核。还出些粤剧知识题目，让他们抢答。李坚代表粤剧基金会是主考官之一，场内气氛很热烈，效果很好。活动经费基金会支持。

何　车：除了工作剧团还有些什么有趣的事？

1　粤剧演员李自强（1944–2003）。

2　黄广德：广州粤剧团演员。

吴志明：本来粤剧行内人都知道莫汝城是《搜书院》的编剧，负责搞剧目资料的居然大喊："黄汉城"，编剧队伍中哪里找到黄汉城？还有例如六号门"卖仔"一场，以为"卖仔"是长剧。是我们粤剧团陈笑风经典的剧目，不知道出处，如果你做艺术管理干部，如何入角？一些基本的常识都不会。我觉得不懂不是问题，不懂就要学，就要问。有两位领导同志是不耻下问的，一个是以前文化局的宣传部长黄云燕，记得当时排《白毛女》，我们下乡体验生活后向文化局汇报情况说："我们在农村买了几十担禾杆草练三百六跟斗。"他看见了就打电话问我："吴志明，你没有搞错吧，打跟斗能够打三百六十个？"他虽然是宣传部长，但是他不怕问你，所以问完就明白了。我说："不是打三百六十个，这是跟斗的形式，是转体的幅度，难度十分高的。"现在的演员当然厉害了，七百二十度也是能够做到的。

何　车：那个时候是自己摸索的，没有人教。

吴志明：另外一个人就是凌翕灼，凌翕灼被人称作"文胆"，巡视员，局级干部。他文笔很厉害，经常打电话来问我，当然是与粤剧相关的问题。例如他问我："人面桃花相映红……人面不知何处去，桃花依旧笑春风。戏中男主角叫什么名字？"我就告诉他："是崔护。"记得他还问我："什么是搬一字腿？"他不明白，其实可以用文字敷衍，但是他想知道究竟是什么回事。我就回答他说："其实是一种表演形式，就是把腿抬到头部的位置，有人搬到左边，有人搬到右边，属于表演技巧。"他们虽然是高级干部但是遇到自己不懂的也乐于请教别人，这种谦虚学习的态度值得我们学习。我也经常请教叔父陈江枫，如问"云手"有几种？有"小跳"还有没有"大跳"？他则耐心地说："'云手'只有一种，在快慢不同的情节中运用。'小跳'花旦只有一种，至于男角就多了……"

　　接着就要说以能力来体现你对职责的完成。其实我的业务能力有限，是靠组织培养和在工作中积累的。当时青年剧团排《红灯记》请了北京艺术学院洛洪年导演来执导，我开始学习舞台监督工作。1980年广州粤剧团获得全省第一次出国到新加坡、香港作文化交流演出任务。总团在各团选调了红线女、陈笑风、陈小茶、黄志明、卢秋萍、吴粉超、白玉珊等为主要演员，乐队有文卓凡、刘熹[1]，舞美南佗[2]等参加。秘书何杰章，舞台监督是我，陈一民，

1　刘熹（1924-2004）：粤剧乐师、掌板，精通粤剧传统锣鼓乐。
2　南佗（1916-1996）：著名粤剧舞美设计师。

华嘉、林奕[1]领队,中央演出公司派干部及翻译随团出访。女姐的艺术魅力、气质风度让新加坡群众惊喜。新闻记者发问:"女姐在'文革'时做什么?"女姐从容回答:"做我该做的事。"她应对高明使在场人都敬佩。

新加坡主办方为了让各国外宾能够欣赏粤剧,要求我们从牛车水小剧场搬到一所高级歌舞厅演出《搜书院》。歌舞厅根本没有戏剧演出的设置,连乐队都只能坐在歌唱演员出场的圆形楼梯上,只得一米副台。领导要求保证演出质量,布景、灯光、道具不能减少。当时我们觉得任务艰巨,但一定要想办法完成。蛇伯(南佗)想到了绝招方案,与舞台队一起商议,各出办法执行。我同舞台队一起运用肩、手把舞台上的道具以最快的速度切换,因为幕间音乐有限制的。掌板刘熹叫我'执生'[2],如马后就用眨眼提示就得。我们齐心协力完成这场特殊演出,整台艺术水平高超,外宾欢呼鼓掌,主办方及香港娱乐公司经理李聪也大赞奇迹。主演者三次谢幕以表谢意。新加坡政府特别用K金打造了国花形象的胸针几枚赠送给我们,我领到了一枚,好荣幸,现在仍留着作纪念。

随后到香港演出,香港的影迷、戏迷对女姐"文革"后第一次回香港很好奇,想要一睹她的芳容,把火车站弄到水泄不通,一个小时才能解围。演出时观众当然爆满,为了与香港粤剧界交流艺术,组织一台联合演出的折子戏,女姐与林家声等演《胡不归》"慰妻"选场。我与香港方面演出的叔父研究场景设置,叔父提出:"这场戏需要大帐否?"我说:"肯定要。"他问:"为什么?"我回答:"萍生有两句曲词'为妻垂罗帐,陈绣枕',那就是要大帐啦。"叔父听后,马上笑着称赞我,我知道叔父在考我,幸好答对,心里偷笑。这次携手演出效果、影响深远,为穗港粤剧界团结合作开了先河,振兴两地交流。娱乐公司李聪经理拟调我到香港娱乐公司工作,后知道文化局、总团不赞同,我也觉得做生不如做熟。回来总结,女姐表扬我是穆桂英。文化部总结报告中,何杰章和我等都受到表扬。

此后,记得有几次国内举办大规模的、具有深远影响的演出活动,我都负责演出部工作,主要是1990年代。

一、1986年在中山纪念堂举行"纪念薛觉先逝世30周年"组织三场文艺演出。第一场是薛派经典名剧《胡不归》,由省市

---

[1] 林奕:时任广州粤剧团总团团长。

[2] 戏班术语,因戏班必是现场演出的,临场突变之事,无可预知,惟有靠演员临场应变。简单而言,就是随机应变、伺机行事的意思。

及香港的名演员红线女、卢秋萍、梁耀安、吴粉超、罗家宝、小神鹰、彭炽权、林家声、尤声普等联合演出，粤剧观众能够欣赏各大老倌的精湛演出。第二场由香港颂新声粤剧团演出薛派名剧《花染状元红》，由林家声、陈好逑、尤声普等主演。开放改革后，香港粤剧团第一次来广州演出，呈献一台声色艺俱全的艺术精品给羊城粤剧观众。演《花染状元红》的时候，在开场前半小时，红豆子（林家声妻子）跟我说："不能开场。"原来是省台调好了录音和录像，红豆子认为他们没有权去录音和录像，因为香港人对版权是非常重视的。我是舞台监督，他不允许我开场，我就只能马上请示领导，当时是王建勋、陈仕元。大家都不知道如何是好，王建勋就对我说："明姨，你想个办法。"我已经很着急了，就说："第一要尊重红豆子的意见，硬来是不行的，破坏了别人的规矩，甚至会影响他的演出，这样唯有把录音录像都撤去。"大家都有疑问，因为省厅有领导来，如果撤去怎么办？我说："那是后续的工作，今晚无论如何一定要撤去。"当时我与廖宝振的师父很熟，我负责向他解释道歉，赔偿费用由大会负责。其次红豆子的解释工作由我负责。虽然撤去了，但是都要道歉的。后来领导们就一致决定按照我的意见解决，我就觉得这是必须的，因为台下有五千多名观众，迟点开场都不行的。所以林家声演《花染状元红》一直都没有录像，也没有录音。我当机立断处理了这件事，觉得自己从艺术出发处理问题应该是没有错的。第三场是薛腔名曲演唱会，由省港澳名演员，薛腔唱家，闺秀同台献艺，发扬交流薛腔流派。

二、1990 年，广州市文联、粤剧研究中心等单位举办了首届羊城国际粤剧节，邀请了新加坡、马来西亚、泰国、美国、英国、香港、澳门等十多个国家，演出节目共有 42 台，参加演出的有专业的、有业余的粤剧爱好者及嘉宾共三千多人。大会要求演出部在中山纪念堂组织一个大型开幕式文艺晚会，决定省市各出一个折子戏，并由省市及各地嘉宾共同演出《六国大封相》。我们知道这个任务非常艰巨，但必须迎难而上。首先派好角色，谁先谁后出场也要细致安排，幸好省市主要演员表示服从调动，各地演员都珍惜这次机会无私积极参与。演出部请了郭慧当导演，还有艺术室卢盛霞、周国英、李坚等协助，商议出一个比较合理分配角色方案，让演员们各显奇艺。光是推车过场的就有十八个演员，新加坡胡桂馨推车过场很精彩。这台晚会参加演出共二百多人，大家共同努力，晚会演出完满成功。开幕式是史无前例的粤剧大盛会，粤剧向国际敞开了大门，营造了交流艺术的平台，影响深远，

延续到今天每四年举办一届。

　　三、1991年，香港名花旦芳艳芬来穗，在友谊剧院演出《芳艳芬艺术欣赏会》，她携带了二万多盒"芳腔新唱"卡带（价值港币70万）送给大会出售，款项作慈善费献给粤剧界。当时政府不同意赠送出售，结果全送给粤剧界同仁及单位。由于接待规格很高，中央政协主席叶选平亲自接见她，大会需要考虑红线女以什么形式与芳姐会面。有的建议同台演唱，我认为不妥。芳腔、红腔在粤剧界影响很大，各有所长，同台演唱比较就不妥了，不如让两人拖着手出场，大家怀旧，忆当年同在《六国大封相》中演一对"宫灯"，那时都是小丫环，互相谈谈感想。这个安排两位都很赞成，她两携手拿着宫灯出场，让观众非常意外，这样亮相给观众惊喜，她俩还讲了风趣的旧话，博得观众热烈鼓掌欢迎。

　　1987年，我已参加了中国戏剧家协会，即是20多年前我已经参加了这个协会，我估计在广州的既不是演员、也不是剧作家的人能够加入中国戏剧家协会就只有我了。所以搞艺术管理的人不要自卑，它都是业务管理一个专业，有它的工作规律。

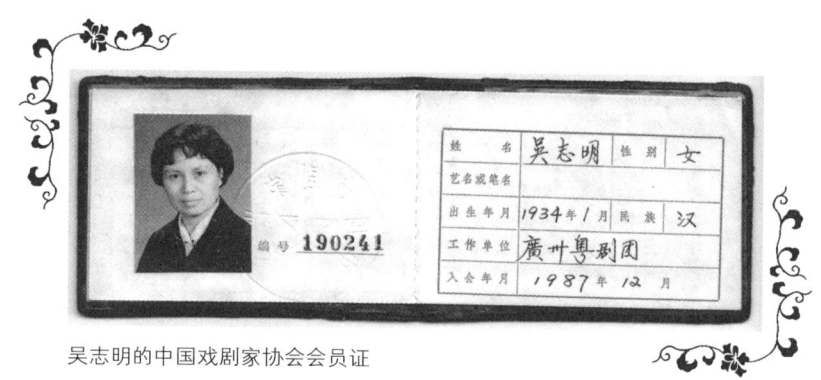

吴志明的中国戏剧家协会会员证

何　　车：艺术管理在整个戏剧艺术中是不可或缺的一环，甚至是重要的一环。现在香港是由"柜台"负责这些工作。

吴志明：当时是省剧协副主席陈仕元及陆正平做我的介绍人，李门主席审批上报。

　　1989年，广州市人民政府给我颁发了从艺40周年的表彰。当然你从艺要40年才有这个荣誉，到1989年已经40年了，换言之我在1949年就已经开始干这行。这是人民政府颁发的，证明了我是有一段这样的工作经历。

何　　车：你的证书相当珍贵。

吴志明：我虽然讲了很多成绩，但有成绩是依靠集体的力量，与我共事的卢盛霞、周国英、张力田、赖嘉梅、孔庆炎、何成昌、薛子亮等等，他们都是勤奋、很有实力的合作者。经过不断努力，现在比我级别都要高呢，所以我很欣慰，如果教师能培养学生取得优秀成绩是有奖励的，我有就好啦，哈哈！想沾沾光而已。我基本完成职责，但是还是有很多做得不够圆满，有遗憾的事情。

第一件是何建青调整工资。在我们心中，何建青与谭青霜应该是工资持平的，换言之，调整工资就应该把他们的工资调到同一水平。当时艺术室全体同志都通过，但上报到总团不同意，特别是林奕，所以后来何建青对他很有意见。那么艺术室又再一次讨论，但是大家都是觉得应该调整。要调到跟谭青霜平衡。总团认为他常发牢骚，有不满情绪，我觉得他做了多年"右派"，失去自由，有机会就发泄下心中的郁闷，在艺术室常因小事，发一张观摩票不满意便破口大骂我。我谅解他，不与他计较。他表现不好有原因，可教育不能因此以不调工资作处罚，我的意见总团始终没有接受。我随团出国演出回来，总团所有干部都提升一级工资，就只有我吴志明没有提升，不知什么？后来是林奕为我向文化局争取的，结果在提升工资单上后一行还有吴志明。所以我是可以为何建青到文化局等部门争取的，我没有做到。这事很不公平让他一辈子怨恨，也是我心里不安，永远遗憾的事。

第二件，陈冠卿擅自改了谭青霜的《柳毅传书》，这件事令谭青霜很气恼，他向我们艺术室反映。作为负责人，我应该要圆满地解决这件事，应该要替谭青霜抱不平，我只是到省粤剧院艺术室反映了意见，其实省粤剧院艺术室是不会向陈冠卿做解释工作的，其实我应该亲自找卿叔、虾哥（罗家宝）商谈解决，或者请总团领导出面一齐处理此事，可能会有转机。即使不能解决，也应请总团负责管艺术的一同找老谭谈心，安慰他，给他精神上的支持。

第三件是广西、广东、广州三地到香港进行传统剧目南派汇演，市团长剧《三帅困崤山》研究派角时，蹇叔一角按行当应由谭志基饰演。如要保证演出质量，"哭师"一段传统曲目很重要，谭志基的表演可以，但是声音怕不够好，如果李自强（大虾）出演，表演、声线都适合，所以我请市团考虑。经会议研究，同意我的意见，谭志基出演另一个须生。结果大虾争气，"哭师"唱段声音雄壮，唱出传统曲的曲味，一气呵成，博得全场观众的掌声。我们演出效果甚好，大会肯定我们的成绩，胜利归来。但是谭志基对派角一事对我有意见，我知他有不满情绪，我没有主动找他谈话，也没有请领队黎团长向他解释。讲清道理，他会消除成见的。此事

我没有及时做好、好细，现在回顾往事，感到内疚。

所以我希望大家吸取教训，该要做好的就要尽力做好，不要让大家都遗憾。

何　车：其实今天你讲很多事情都令人感动，但是有一件事你没有提起。

吴志明：什么事？

何　车：那次你欺骗了我，1987年，我回来排戏，你推荐我："你和红线女排戏。"我说："我行不行？"然后你就说："你试下啦！其他人不行，你可以尝试。"我后来就知道上当了。

吴志明：那不是欺骗。改革开放后，我们剧团的演出是比较兴旺的，演了很多新剧目，卢秋萍一个人都有几个剧目，包括《卖油郎与花魁女》《十五贯》《二女争夫》等。同时，剧团在那时已经搞"走出去，请进来"了，"走出去"的例子就是卢秋萍与文千岁、杨柳青[1]等合作。记得你很厉害，文千岁是不可能每出戏都回来参加排练的，蔡孝本你居然可以一个人背熟七套戏中文千岁唱的曲词，顶替他与卢秋萍排练。所以他有这样的胆量，如果没有人做，戏还如何排练下去。还有排好了《魔水之恋》的时候，团会议时，我竖起大拇指称赞你的，我认为《魔水之恋》蔡孝本排得不错。当然这部戏没有很多传统元素和排场，它不是这样的题材，是现代戏，同时与健力宝合作，就必须突出他们。我并没有超前的思想，但是我认为《魔水之恋》搞得不错。这是你做了导演后的第一部戏，后来我再推荐你到演出团排戏了。

我对粤剧艺人的寄望：我认为不论老艺术家，还是新扎师兄师姐，大家都应该有一个"传、帮、带"的观念。另外就需要言传身教，对于这方面我有很深的体会，要学习以前老艺人那样，德艺双馨。靓少佳（佳叔）就是榜样，佳叔教家耀、国耀时，他还未教自己的小儿子小少佳。他很希望青出于蓝，作为一个老艺术家，从来不自私，如果你能够超越他，他会很高兴。举一个例子，排演《西河会妻》，是何国耀演，当时国耀跟我说："明姨，我想从高台翻跟斗下来，下水救妻时，也翻跟斗。"这是靓少佳表演的时候没有的技艺，"佳叔不是这样教的，我能不能这样表演？我说："我去请示佳叔。"佳叔听了后就说："当然没有问题，他比我演得好，我做不到的他能够做到了。并不是要求完全模仿我，我教别人都是希望他能够比我做得更好，如果做得差，那么就没法接班了。"所以我们都要向佳叔学习，不要害怕别人超越自己。

1　杨柳青：香港粤剧演员。

第二个就是飞叔，罗剑飞。他的儿子罗卫东是打跟斗的，在他之前有潘玉麟和吴卓光，飞叔大公无私，觉得潘玉麟打跟斗很有天赋，除了身体轻，身高合适，技艺也比罗卫东要成熟。他没有自私，就让潘玉麟先学习三百六，他是能够真正地从艺术出发，从培养人才的角度出发。还有七叔（白驹荣），也是令我感动的，当时我带着黄志明到他家学习《二堂放子》。七叔说："你先唱几句我听听。"黄志明就唱了，听完后，七叔就说："你的声音真好，比我要好，有前途。但是有好的声音，也要懂得运用。就像刚才一句'打在儿身，痛在为父心肝'，你的声音就用得不好了，因为这时并不是要炫耀声音的，是需要运用感情，当时的情感是痛心的，需要用鼻音唱。否则就不能感动观众。"七叔讲得好具体，言传身教，示范唱了好几次，然后让黄志明唱一次给他听，再给他提意见。黄志明当时是无名小卒，白驹荣已经是相当出名了，是粤剧学校的校长。后来他还邀请我和黄志明一起食饭。除此之外，邓丹平、李燕清那些前辈都很好的。邓丹平教梁逸峰、崔子瑛和梁慕玲"盘夫"。他说："这个角色要表现得很潇洒，水袖功、唱腔表情都要潇洒，既多情也温柔，不要乱做，我来做示范。"他们虽然不是我们市团的人，但是都热心传教，当时是没有报酬的，这是很难得的。我们曾经请教李天祥，他翻跟斗的水平很高，那时国庆节游行，在检阅台前打十多个大翻，很厉害。我们就带潘玉麟去跟他学习，他说："打翻要做到先慢后快，刚开始几个要慢，后面才要快，如果先快，你就没有气力了。"这些就是技巧。他还对潘玉麟说："你的身材条件好，适合打级翻，你要用心学习。"潘玉麟以后打级翻很出色。所以我希望现在的艺术家能够做到言传身教，要发挥"传、帮、带"的作用，为了培养人才，为了粤剧的发展。

最后要谈谈我自己难忘的事情，其实有很多让我感动难忘的事，因为我在这里工作了五十多年。我在这里只讲两件印象最深刻的事情。一是陈小汉，我觉得他对艺术很执着，我与他搞《艺术大观》，请了毛戈平[1]为他化妆，毛戈平化妆要三个小时。当时我们排戏是九点半钟开始，晚上十时结束。那么B哥（陈小汉）就要很早起来了，准备化妆时间，卸妆也要一个多小时。第二天化妆更痛苦。

你们都看了B哥的《艺术大观》形象，效果很好。是他忍耐自身的病痛换来的，连续十多小时工作，摄影场那里十分寒冷，

1　毛戈平：著名电影化妆师。

大家都穿了很多衣服。你想想 B 哥在这样的环境下演戏,还要记台词、对口型,他的心脏是做过手术的,因为有痛风症,脚也肿了,但是一到排练场,所有的困难他都克服了。我们可以坐下休息,他就不能这样了,只能等排练完成后才能休息。他就是这样熬过来的。总共花了一个月的时间,排完长剧又排折子戏,中间只休息了两天。当时我得了很严重的感冒和咳嗽,连身体比较硬朗的杜国楠都病了。但是大家都没有怨言,B 哥比我们要辛苦一百倍,他的工作时间比我们长得多,所以我们都很佩服他。他坚强的意志令我觉得很感动,他是一心为了艺术,为了完成这件任务,发扬和繁荣粤剧,不是为了自己。忘我的专业精神令我衷心敬佩他。

第二个是黎奕强[1]他有魄力和有胆色,而且很懂粤剧这一行,很尊重艺人。曾经在我们总团做团长,后来在文化局做副局长。有两件业务上的小事让我一直都记在心中。第一,他带队去香港进行三地南派汇演,我是艺术总监,周国英是舞台监督,我们参演传统戏《三帅困崤山》,开场一小时前,我巡视各部门演出准备工作时发现有一名演员未化妆,我问:"快开场了,为什么还未化妆啊?"他说:"没有东西,怎化妆。"我说:"你需要什么?"他说:"我需要鸡蛋的蛋白。"我就想去哪里找鸡蛋让他化妆呢?由于我们演出的地点不是在新光戏院,是在香港大会堂,

《陈小汉唱腔欣赏会》记者招待会上主办人员合照(左二:吴志明;右四:陈小汉;右一:郭英伟;右二:陈自强;)

---

1 黎奕强:历任市文研所所长,广州粤剧团总团长,广州市文化局副局长。

那里很难找到买鸡蛋的地方。我就找行政谢志平，问他："这件事如何解决？"他说："在这里我连方向都分不清楚，不知道到哪里买。"他也要准备字幕工作，我也是初到此地。没有办法我就跟黎奕强汇报，商讨解决办法。他说："不用急，让我来解决。"我不知道他怎样解决的，但是他确实把鸡蛋拿回来了。这件小事做得不好就会变成大事了，所以不要小看小事，演员不化妆就开不了场。级别这么高的干部都愿意帮你解决这件小事，心里十分感激他。第二，在广州体育馆参加第二届金鸡百花电影大型颁奖会，我们选了《罗成写书》去参加，考虑到演员的安全问题，演出舞台上必须要有地毯，但是当时的会场就没有地毯设置。我们就把地毯带过去，但是活动的总导演不同意我们使用，黎奕强就根据我们的实际情况争取。导演不懂粤剧，黎团耐心解释说："我们节目有些表演动作危险性高，如果发生意外就不堪设想。"总导演最终同意了，但限制搬地毯出入各15秒，而且台上没有灯光看还到位置，同时工作人员要穿上黑衣裤。陈少梅是节目监督，我作为艺术室的代表去帮忙，面对这种情况该怎么办？舞台队的同志说我们都未尝试过15秒完成。大家信心不足，我们请示黎奕强，他即表态说："行政人员马上回剧团把各团的'鬼仔衣'全部拿过来。'鬼仔衣'是黑色的，搬地毯时观众就看不见舞台人员了。另外搬地毯的人不够，算我一个。"黎奕强亲自上阵，参加舞台队的工作，这样大家就变得有信心了。站好位置，一起出台，一起下台，最后是顺利完成演出任务。黎团没有领导架子，身先士卒，带头解决难题，当时我们非常敬佩他。可惜他英年早逝，令人惋惜，让我们永远怀念他，敬重他。

　　今天我讲的东西可能不是太合何车的要求，如果有不足，你加以补充。

何　车：不是，您讲的正是我想知道的，多谢你，明姨！

吴志明：让我多说两句。我从青年、壮年、中年到老年在粤剧界度过了五十多年了，今天回顾工作情况，有得有失，自问有所作为，这全赖上级领导有方，还有总团林奕、何杰章团长，各艺术家的支持和帮助。尤其得到与我共事的所有同僚们的鼎力协助，才能完成各项工作，应在此一一谢过。奈何我已进入耄耋之年的我，脑袋不灵活，未能充分表达感激之请，希望大家见谅！

访谈感悟

　　能够参加这次访谈工作，我感到非常高兴。与明姨相识数十载，平时与

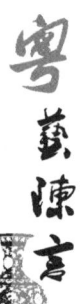

她接触和交流的过程中，很少听到她分享自己的人生经历，而在今天，眼前这位慈祥的老人却是手执十多页认真准备的提纲，向我们敞开心扉，用真挚的情感讲述她的故事，展现一个不一样的吴志明。

作为"蛇王满"的孙女，明姨本应能够过上人人美慕的"千金小姐"生活，然而，家庭赋予她的却是一段极不愉快的童年经历，令人感到心酸。童年的际遇间接造就了她与粤剧事业的不解之缘，明姨从曲折的生活和工作经历中锻炼了坚强上进的品格，这使她能够从容地面对人生道路上的各种困难，令人敬佩。

明姨说："我是剧团60年历史的见证者。"此言非虚，从事艺术管理工作数十年，剧团中的人和事都为明姨所熟知，她能够坦率地为我们披露一些鲜为人知的内情和趣闻逸事，十分难得。使我感受最深的就是明姨心中的"遗憾"，它虽然没有办法弥补，但我认为这种"遗憾"，恰恰反映了明姨心中对粤剧艺术、对粤剧团人和事的一份深沉的、难于割舍的感情。

感谢明姨情真意切地讲述每一段历史、每一个故事，为我们留下了宝贵的真实记录。

访谈文稿整理：崔振强、区子珩

陈少棠

"桑榆非晚唱霸腔"

访问日期：2014 年 5 月 7 日 上午
访问地点：广州粤剧大院（桂花岗）
受 访 者：陈少棠
笔录及整理：冯 劲

受访者简介：

　　陈少棠，广东南海人，1937 年在广州出生，著名粤剧员。7 岁开始学艺，师从邓肖兰芳，专习文武生行当，擅长粤剧南派表演。1960 年至 1982 年，他先后在广州粤剧团以及广州粤剧团一团、三团、四团担任主要演员，与卢启光、陈小茶、练玲珠、小木兰等著名演员合作。代表作品有《劈陵救母》《寒江关》《三帅困靖山》《马福龙卖箭》《狄青怒斩黄天化》《十奏严嵩》等。

　　多年来，陈少棠都是广州粤剧团舞台表演工作的主要骨干，他表演功底扎实，演的角色能忠能奸，得到粤剧行内和观众的一致认可。1981 年获得广州市专业文艺调演一等奖。1997 年，60 岁的陈少棠因患病退出舞台，但凭借坚强的意志和惊人的毅力克服了后遗症。

　　陈少棠现为中国戏剧家协会会员，虽然没有登台表演，但是还在努力为传承和发展粤剧贡献自己的一份力量。

访谈实录：

何　　车：非常高兴请到棠哥，参与何车艺术访谈《粤艺陈言》。粤艺是粤剧艺术的简称，陈言就是讲过去的事情，请你讲下过去的"威水史"，教下我们后一辈。

陈少棠：我明白，你在电视上说《戏人戏语》，要我讲的是"老人老言"。（何车大笑。）

何　　车：我们是想同棠哥交流一下，请您介绍一下您的师门，您出身是跟哪一位师父的？

陈少棠：就讲这一条，我就最喜欢广州粤艺发展中心，包括你在内。这几十年来，粤剧艺人大都不喜欢提自己的师父了。

何　　车：那些人没有师父教嘛。（大笑）

陈少棠：没有师父教就可以乱作，就可以没有规矩了吗？我非常认同你和粤艺发展中心，能够提出和重视这个问题，重新去认识这个问题，这是几十年的老问题。师父教徒弟，同老师教学生不一样。过去讲："一日为师就终身为父"。既然是等同父子关系，那就要负责到底，徒弟一生人发展得好与不好，师父都有责任。正因为有了这个责任，徒弟一做得不对，别人就会怎样讲吖？

何　　车："边个（哪个）师父教你呀？"（大笑）

陈少棠：过往戏班一般不会骂闯了祸的徒弟，而去骂他的师父。而且会问候"你的师父"……就是你刚才说的那一句话。把那些后生统称作"失魂鱼"，"失魂鱼，边个师父教你呀"。肯定是先骂他的师父。所以一讲起要当别人的师父，这个责任好重。但老师教学生就不同了，老师教完之后，你学得几多算几多，老师没有责任。香港有位演员到广州跟我学《打洞结拜》，他演赵匡胤，唱"霸腔快中板"，不会抖气，唱到一口气接不上来。我开口骂他："你真笨，剧中赵匡胤只是在谈话，你应该通过乐曲过门抖（吸）气，一唳气都唔抖，那自己岂不是落海"食包"[1]啰。"香港的演员就明白："陈少棠嬲即系锡你，他唔嬲，好好先生，即是不想教你，那就不是你师父了。"

何　　车：棠哥到今时今日有这样的艺术造诣，都是有师父教的。请问你是哪位师父教你的？

陈少棠：讲起师父，我就十分感慨，我艺术上人生上的一切都是由我师父

---

[1] 在舞台上出差错受到指责。过去在一些农村演戏，台上放了不少泥头，形状像包，当台上出差错时便有人扔上去，因此才有"食包"一说。

培养我的。所以我对师父最崇拜最感激。我是全行里写书约的最后一个人。当时立的约,订明师徒双方的权利、责任和义务。师父可以在我出师工资最高的时候领走我三分一的工资。

何　车: 你算好的了,师父才收你三分一,他没有收你三年吗?

陈少棠: 三年!

何　车: 是三年,他没有按例规收够六年。

陈少棠: 那每个人订的都不一样的,三年的三分一。如果你三万元一个月,他就收一万元。我就签了三年,但是师父就供我食宿,教我演戏又不收钱,还要购置戏服给我演出用。

何　车: 就是要给你办演出用品了。

陈少棠: 那个时代你没有戏服,根本就不能上台演戏。想起当时演戏,感触很深。在戏服的背后写着"借衣乞食"四个字,亦有写"借衣丐食"的。我问过师父为什么这样写?师父说"乞食就乞啦,丐什么食呀,哪有这样文雅呀。"那时只能在街边演戏。差人[1]随时会抓人,按着你的头,揪着你的衣服,一看"借衣乞食"四个字——"阿Sir乞食啫,乞食都唔比?"这样他才会放过你。当时真的好凄惨。我以后,在我有生之年,想搞个纪念我师父的演出,我自己参加演出。他的徒弟很多都很有名。如芳艳芬、邓碧云、邹洁云、紫萝兰、紫萝莲、林小群[2]。

何　车: 还有黄金爱、林家声[3]。

陈少棠: 对!

何　车: 所以三哥,颠三[4]生前曾对我说:"光头钊[5]的徒弟个个都扎"

陈少棠: 这个新闻香港的报纸刊登过。"光头钊教过都扎"。很多演员都成名。我带了一张相来印证,表明我说的都是实话,这一个芳艳芬,那个是邓碧云,这一张相片就是在香港找出来的(在报纸上招生的广告)。

何　车: 这里写着"兰芳戏剧学院,继招男女新生"。(指着照片)

何　车: 罗艳卿、潘有声、林家声、邓碧云、紫萝莲、黄金爱、陈少棠、

---

1 当官差的人,这里是指香港的警察。
2 芳艳芬、邓碧云、邹洁云、紫萝兰、紫萝莲、林小群:粤剧演员,曾拜邓肖兰芳门下学习粤剧表演艺术。
3 黄金爱、林家声:香港粤剧名伶。
4 粤剧编剧何建青,他排行第三,行内称三哥,他却自称"颠三"。
5 邓肖兰芳的绰号,因其是光头。

邓肖兰芳（前排右五）与众弟子（前排左四：林家声；前排左五：陈少棠；右四：黄金爱）在香港合影

　　　　　　林家仪，统统都"大朵"[1]。

陈少棠：系"大朵"！

何　车：其实棠哥，我觉得你师父有点偏心，当时你的同学都好威风，你只是"神童"[2]，却坐在中间。

陈少棠：我师父是顺德龙山人。当时黎子流市长说我们顺德有很多有名的佬倌，薛觉先、新马师曾、罗家权、罗家宝、罗家英。我对黎子流说："顺德人不仅仅做戏厉害而且教戏也厉害。"

何　车：你师父邓肖兰芳，教过那么多徒弟，我总觉得为什么你是神童，他就捧你出来，是不是他特别喜欢你呢？林家声的年纪都比你大呀。

陈少棠：林家声比我迟入行，我称他做"师弟哥"。

何　车：潘有声的年纪都比你大。

陈少棠：潘有声少我一岁，也比我迟入行。

何　车：少你一岁？

陈少棠：对，潘有声那时是叻（粤语，厉害的意思）过我的，他做文武生，当时要自己置办戏服，他有戏服，而我因为穷，只有一件黑海青，

1　粤剧行话，名气大的意思。
2　粤剧舞台上的童角。

就只能做武生兼丑生,叫做"骑龙头骑龙尾"[1]。演《胡不归》,我饰演家婆。《刘金定斩四门》,我就做赵匡胤挂须开面。当时有人称我未"黑海青神童"。

何　车:哗!唔怪得你,"边色武小丑[2],须挂红黑白"全部学会。

陈少棠:所以我过越南做戏,我做文武生,当时我从未做过,没有信心。师父对我说:"你放心喇,我都叫得你去,就肯定得嘅"。去越南做戏,每一晚工资最初是七十元演出一场,后来老板加到200元,200元一晚在那个时候算很多了,讲出去都没有人相信。新马师曾问我工资多少,我说200元。他说:"细佬,你厉害,我都是两百五十元,只是多你五十元。"

陈少棠(后排)、黄金爱(前排右一)到越南堤岸"三多戏院"演出,与法国航空公司董事长女儿合影

何　车:那时你演什么戏多呢?你师父是男花旦,他教什么戏呢?

陈少棠:我演的戏都是通过师父手把手教的,较有代表性的是《打洞结拜》,京剧叫《千里送京娘》。当时有位前辈"小生王"靓少凤,他去看我和我六姐陈少珍演出的《打洞结拜》,同时还专门请了许多老艺人去一起鉴定。我做完之后就问靓少凤,我说:"三叔,我有没有做错呀?"靓少凤说:"何止没有做错,而且还演得不错。我立即请你去澳门演出,我明天就去澳门找何贤[3]。"因他和何贤是好朋友,何贤就是何厚铧的父亲。就在第三天,他回来对我说:"得啦得啦,不过年尾没有台期,只得三日台期[4]。"结果都去演了,

---

1 过去戏班海报上登"六柱制"六个主要演员的名字,排第一是武生,最后一位是丑生,陈少棠演武生兼演丑生,故称"骑龙头骑龙尾"。

2 粤剧行话,称赞别人技艺全面,边指网巾边,色指脚色,后指文武生,武是武生,小是小生,丑是女丑。

3 何贤(1908–1983):知名爱国人士,其家族是澳门三大家族之一。他特别喜欢粤剧,与粤剧艺人交朋友。

4 粤剧演出排期。

那是在 1948 年，我只有 11 岁。

何　车：棠哥，你讲到《打洞结拜》，有件事我想要求证一下，我曾听人讲，说你演《盗御马》，扮演黄天霸。与你演戏的对手，心中对你不服气，在戏服内戴上个有钉的袖套，出台同你对打"手桥"[1]，你事前又不知道，但只有忍住，因为黄天霸是英雄没有理由示弱，更激起你的英雄气，忍痛与他对打，两三下把他打得服服帖帖。这件事体现了棠哥你对戏场的认真。第二个是激起英雄性，有真功夫，如果你没有真的技击功夫就打不倒对手，下不了台。请问这些功夫你是从哪里学的呢？

陈少棠：这件事，我是从来不公开对别人说的。我曾经对一位前辈讲过："有你在生，我都唔讲这件事。"因为怕得罪别人，现在他已过世了，就可以讲喇，这件事是真的。

　　讲到我师父，我师父十四岁开始做戏，他是顺德人，他最崇拜花旦王千里驹。千里驹从农村出来揸住个乞儿篮乞食。后来学做戏，他的师父说："你这么高大，只能够做大花面、，帮他改个艺名叫做'大牛驹'。"班中有一位男花旦，因为生病，临时不能出场，就找他顶角，大花面转做男花旦，结果一做就得，受到观众欢迎。那个年代，为什么会重视男花旦呢？因为封建社会男女授受不亲，男女不能同台演戏。潮州府最厉害，潮州知府有一次看潮剧演出，台上两公婆演对手戏，知府发现演花旦的是个女人，立即当场斩首，他们是两公婆，都不可以，说是有伤风化，要斩头。那时男的做花旦工资很高。我师父也是做花旦的，我拿他的照片给你看看。我师父姓叫肖兰芳（艺名），"肖"读"俏"。

何　车：即系头光光地那一位？

陈少棠：因为他的名字叫邓贺钊，所以他的花名叫做光头钊。

　　我记得几年前，红线女叫我对青年演员提意见。我说："郭凤女我曾经教你'推车'[2]，你汽水都未曾请我饮过一支。"凤女说："我过两天请你食饭。"接着红线女就说："你是小武。"意指我不识得教花旦。我马上就说："我师父系光头钊。"她说："哦，钊叔、钊叔。"她还记得我师父。因为我师父身材高，扮相威武，所以多演武戏，还踩跷[3]，演首本戏《十三妹大闹能仁寺》。他教

1　亦称桥手，是南拳的一种称谓，是南拳或者洪拳中用手的前臂部分攻击防守的手法总称。

2　传统粤剧例戏《六国大封相》中的表演技艺。

3　粤剧传统表演技巧。

我们"十大行当"[1]，其他的表演排场角色套路，开打程式都十分熟悉。所以我就是那个时期受到启蒙教育，就好似小学全科，样样都学，各个行当的"唱、做、念、打"，都要掌握。他对我说："一个演员要成才不简单。第一是会短命，你叻仔实短命。""你成名了，做一年就好过做三世地主。很多人受不起社会环境的引诱，沾染上黄赌毒，或是失声，或是瘫痪，那将来你怎样养我呀。"假如我演不了戏，他就分不到那三分一的工资了。我当时就住在香港柯士甸道，"师弟哥"一早就背我上山吊嗓，市剧团的人都熟悉他，叫叶伟雄，花名叫"撞死马"。

年轻时的陈少棠与师父邓肖兰芳合照

何　车：还有个花名叫"大炮雄"。

陈少棠：他背我上山最多了，上了山就吊嗓，"十大行当的声音都要学"，大花面就唱大花面的"卖豆腐！"花旦就叫"啾啾，来阿了"，学唱大喉《岳武穆班师》（首板）"金鞑子寇中原"。要扎住肚练，声音要落到下腹部。吊嗓有很多不同的方法，四川人吊嗓蹲在地上对住个井来唱。我教林家声，教他一句："列位镇台请了"，只有六个字。

何　车："封相"里的担纲元帅。

陈少棠："封相"这一句，这是一定要学的，这就叫做"先声夺人"。

陈少棠："六国大封相"是肯定要做的例戏，你不演就会被人"炒鱿"，演站在中间的主角魏国元帅。

何　车：担纲口白？

陈少棠：担纲口白！他是六国元帅的召集人，"列位镇台请了"，"镇台

---

1 传统粤剧表演行当。一末（老生）、二净（花面）、三正生（中年男角）、四正旦（青衣）、五丑生、六外（大花面反派）、七小（小生、小武）、八贴（贴旦、花旦）、九夫（老旦）、十杂（手下、龙套之类，合起来称"十大行当"。

就是招呼其他国家的元帅。如果这一句都念得不好，未能把声音传到最后一排观众的耳中，那你就会受到"柴台"[1]。

何　　车：食包啦！

陈少棠：观众就会说这个文武生，这个小武无声嘅，以后别的地方就不会请你去演戏了。所以一定要重点练好这一句，你叫得越响，观众就越欣赏你。香港有一位名演员阮兆辉，你认识他吗？

何　　车：认识，他与你的资历差一辈，他和我同年。

陈少棠：他比我年轻八岁，他曾对我讲。有一年大会串[2]，由他担纲口白[3]，有人说他不懂，本来他口白的路子是对的。但可能是先入为主的观念，都说只有林家声才讲得好。他很不服气，他专门从香港上到广州找我，求证传统"担纲口白"是怎样的，自己的方法是否对头？我对他说："你的方法是对的。"接着，我又开玩笑说他："可能是晚上玩得太夜了。"

何　　车：哈，变成隔夜声[4]。

陈少棠：对，是隔夜声。他的嗓音不够响亮。

何　　车：20世纪60年代，那时社会环境十分"革命"。新马师曾曾到台湾为蒋介石祝寿，被认为是"反动艺人"。但在演出《寒江关》时，我却听到你唱"新马腔"。当时你为什么有这么大胆？

陈少棠：如果我当时知道新马师曾的情况，我是不敢唱的。我在越南，工资从七十元加到两百元，连演了百场，那是1951年，我才14岁，第一晚我就唱新马腔，当时最流行就是《夜祭珍妃》的"乙反恋檀中板"。

何　　车："怨恨你老豆，点解生我出来……"（笑）

陈少棠：（笑）那我就将《光绪皇夜祭珍妃》中的唱段再填词上去，"唉，怨恨母后，几番保奏都不能为我分忧"，我就改成"怨恨冠敌，多番侵我中原令我心嬲"，很受欢迎。因为越南那边的观众，很喜欢听新马腔。

何　　车：在20世纪60年代的广州，根本没有办法接触到新马腔。那时我看《寒江关》演出，就听到你唱新马腔。当时我就私下想，为什么棠哥有这样的胆量，我们就连听都心惊。

1　广府俗语，是喝倒彩的意思。
2　粤剧演员集中在一起汇演。
3　演六国元帅中的魏国元帅按习例由他道白，故称"担纲口白"。
4　晚上不睡觉，第二天起来声音干涩，戏班中叫"隔夜声"。

陈少棠：当时我是这样想的：艺术无国界。我没有想新马师曾有什么罪，[乙反恋檀中板]，又不是新马师曾发明的，很多人都唱，所以我在"哭灵"里唱。

何　车：《寒江关》的"哭灵"？

陈少棠：对！是《寒江关》，薛丁山"哭灵"。当然我可以按传统来唱，但显得比较陈旧。

何　车：所以你给我的感觉就是，当时你真的有胆量。但过了不久，你就连名字都改了。到底你有几多个名呀？陈细？

陈少棠：我一生从未改过名！

何　车：当工作队那时，你不是改名"陈细"吗？

陈少棠：是，当时我是去做过"工作队"[1]。

何　车：是"低标准社教"[2]。

陈少棠：那时有个"四查"运动，现在的人无法想象当时的情况。因为靓少佳患病，他演的角色，就由我顶上了。香港有个工商代表团回来参观，是由李广海[3]的儿子带队。看我演《三帅困崤山》，我演剧中的先轸，师承靓少佳。他看后对别人说："这个靓仔好犀利。如果到香港，谁也不是他的对手。"——这是卢启光后来对我说的。到了"四查"的时候，就批评我："香港老板都说你犀利，你肯定是想去香港了。"当时想去香港就是向资本主义，是很大罪的。

何　车：那时你给我留下很深的印象。一方面是你的唱腔，你在艺术上的走向偏向于新马腔，比较有追求。另一方面，你"陈细"的名字是作为革命化的典型。今天我想听听那时你去做工作队有什么趣事。文化局拿出来宣传，陈少棠改名陈细落到去农村，是怎样到农村，如何艰苦，怎样同农民打成一片，我们都想知道当时的情况。

陈少棠："四查"，是指"查思想、查立场、查作风、查经济"。查思想，香港的老板赞你，说你到香港，一定是你最厉害，你肯定想去香港，要我交待这方面的思想，检查了几次都未能通过。查作风[4]，就说你肯定有问题啦。

何　车：那时受到极左路线的影响。

1　"四清"运动时期，向广大农村地区派出的工作队。粤剧艺人曾被派往农村担任工作队。
2　1964年开始的"社会主义教育运动"。
3　李广海（1894-1972）：著名骨伤科医生。
4　所谓查作风，是指查男女关系。

陈少棠：我说如果我有作风问题就拉我去枪毙。后来又查经济，查我经济。在1964年东莞茶滘大队，银行叫我去取钱，有500元是写陈少棠收的。当时剧团领导周秀珍[1]，叫我去取钱。在新加坡，我都没有认识什么人，哪有钱寄给我？最后华嘉[2]对我说："你不用担心。"他们怕我不去取钱，是想隐瞒同外国的社交关系。那时500元都算一笔巨款，我哪会有钱不去取的道理。但我就是没有去取，银行又再来催几次，我说不是我的，你们可以通过政府去查。

事隔一年，最终查出了真相，真的有个同名同姓的陈少棠。原来是他姑妈在新加坡寄500元回东莞茶滘给他在家乡盖新屋。这个陈少棠是农民，他的妹妹也叫陈少珍，是东莞茶滘大队属下一个生产队的，因当时没有门牌，又写得不清楚，那时我们和新加坡还未曾建交，要寄钱回来，就托人带500元回来，去到人民路银行把钱寄到茶滘大队。大队在哪里？几多号门牌？全部都不知道。刚好报纸登了一则消息说：陈小茶、陈少棠随朝阳剧团去东莞茶滘大队深入生活，排练《故乡情》。他们就写上寄到东莞县茶滘大队，写明陈少棠、朝阳剧团陈少棠收。但我不收。你逼我坚决不收，宣传部对我说了，我都不肯收，反正无义之财，我是不会要的，所以查经济也是查不出问题。

何　车：搞完运动就把你们抽调回来排戏。我就记得是罗丽燕、你、练玲珠排《南海长城》，准备参加"中南会演"。最初是在杂技团集中，但刚排完，一转头，就调卢秋萍[3]过去，后来黄志明[4]也过去了。最后是陈笑风也过去了。华嘉就说得出个结论：革命化不等于艺术化。转过头来，都几十年过去了，1964年到现在都五十年了，如果作为艺人，为你感到不值。你演区英才，罗丽燕演阿螺，练玲珠扮"伯爷婆"。老实说，已经是很为难你们了，要正印花旦做"伯爷婆"。但到正式演出时，又要换角。我想问，你当时是怎样想的呢？

陈少棠：那时并没有什么想法。

何　车：只讲革命？

陈少棠：此身属党，要我怎样都可以啦。

何　车：（笑）那个时代，人们真的是这样想的。

陈少棠：总之，我回来就交给你安排了。为了排《南海长城》，我记得安

1　周秀珍：朝阳粤剧团的政治指导员。
2　华嘉（1919–1996）：时任广州市文化局党委书记、局长。
3　卢秋萍：20世纪60年代到90年代的著名粤剧演员。
4　《南海长城》中的一个配角。

排十个演员排区英才，九个演员排阿螺。那时华嘉是宣传部长，要排着队，每个演员排一场，个子最高大就是黄志斌，形象最威武。

何　车：蛇仔？！

陈少棠：他是舞台艺术家南陀的儿子。那时大家都试排一场戏，就像打擂台一样。最初我只是做"靓仔"，是第二男主角。后来不知是什么原因，叫我马上看区英才的曲。

何　车：当时是行政干预艺术创作，连我们都想不通，棠哥你是怎样想通的。

陈少棠：我当时有种观念，在四个名小武中，靓少佳比我年长三十年，梁萌棠年长二十五年，卢启光也有十四年，李飞龙和陈笑风年纪都比大十二年，罗家宝就只大我七年。我是按"首孝悌，始见闻"[1]的儒家理念作做人宗旨，我年纪少就让别人先啦。

何　车：我正式接触棠哥应该是1978年底，市三团演做《劈陵救母》的时候。

陈少棠：是文化大革命以后了。

何　车：是文化大革命后。你演《劈陵救母》，我在中山纪念堂的乐池，晚晚都看你的表演。那时我就感到很奇怪，那段[寒关月]："抬头看，这毒箭囊，心生迷茫……"的唱段。

陈少棠：是我写的。但我写了之后，给陈自强[2]看，问他我这样改可不可以。他说可以。

陈少棠演《劈陵救母》的剧照

1　此处陈少棠所引是《弟子规》第二句，应是"首孝悌，次谨信。"
2　陈自强（1933-2003）：著名粤剧剧作家，行内人称为"二叔"。

何　车：以后凡有剧团演《劈陵救母》，都会唱你改的这段曲。后来我做导演，排这部戏时也都叫他们唱这段曲。我是偷学了你两种技艺："打藤牌"也是学你的。不是我去打藤牌，是安排演员去表演。这段开打和两段曲，包括见老母那段曲。

陈少棠：[泣残红]"妈你为何事甘伤心，涕泪模糊，我痛苦……"

何　车："妈，你为何事甘伤心，涕泪模糊，我痛苦"（与陈合唱），是苏丽莲[1]与你对唱的。这两段曲，给观众很深印象。我想知道你是演戏的演员，你怎么又会撰曲的呢？

陈少棠：我14岁在越南的时候，就开始自己改曲，就是靠改曲，我的工资才能从70元升到200元。

何　车：改一改曲就可以升到200元了？

陈少棠：不改哪有得升呀。以前的剧本就那么两句"滚花"观众是不满足的。

何　车：所有我觉得一个演员要好像你所说："边色武小丑，须挂红黑白"，编剧导演舞美音乐，你全都当上了。所以演员必须有多方面的素质，才能够在舞台上站得住，才能够把自己的艺术，尽量按自己的艺术特征去充分发挥。"威水史"就讲得多了，我想问下你，自从那时开始，我就偷师，向你学习，后来你患病，要停演。

陈少棠：当时我患了急性黄疸肝炎。

何　车：领导就问可以谁顶替你的角色？他们说："阿本啦"。领导说："要不要排练呀？"我说："不用排练了，今晚演出都可以。"因为每晚你演出我都在下面偷师，早就熟习了。我想说，舞台上表演是要靠心思，你可以通过偷师去学的。你又未教过我，我想拜你做师父都未够资格啦，哈哈。后来我和你做了邻居，你的房间就在我对面。

陈少棠：我是404，你是409。

何　车：那时你转换角色，做了"车间主任"，整天开车床，"咣咣咣"搞机器。开始我很不理解，你是演戏的，你走去搞车床做什么呢？你又不是缺钱花，你开机器搞到神憎鬼厌，整座大楼都怕了你，你搞车床做什么呢？后来你去了番禺剧团，我听说你去番禺剧团，不是去打工，而是分份的。

陈少棠：分票价！

何　车：我想你讲下这两段经历。一你为什么要去做"车间主任"？第二

1　苏丽莲：著名粤剧演员。

是为什么你要去番禺剧团，还有分票价的胆识。如果晚上没有观众看戏，你就没有得分了。

陈少棠：啊……

何　车：我想你讲下，你不用"啊！"你那时很威风的。我想你谈谈这两段经历。

陈少棠：那时粤剧团有位干部，你最奶了，敢改他的花名叫"三湿干部"。

何　车：没有，不是我改的。"三湿""咸湿""阴湿"，还有什么湿呀？

陈少棠：见到什么都想湿（捞油水）。那时要我们内部下岗。

何　车：退休，我记得那时很多人在48岁就要退休。

陈少棠：就在二楼办公室，动员我们退休。说退休有什么好处，当时的文化局局长就是黎田[1]。黎田讲："我们要精简队伍……"，那时包括年纪比较小的，何家耀、何国耀[2]等。整天对我们说退休有这样的好处那样的好处。我们是会听言外之意的，我们是演戏的人。就问是不是真的能批准我们退休？他说："你退休工资是百分之一百。"我马上拿包烟出来，把香烟都倒了，拆开香烟的包装纸，立即在上面写"退休申请"。

何　车：你真是听党的话啊。

陈少棠：不是听党话，我是气愤。

何　车：你退了休返屋企开车床？

陈少棠：开车床我一分钱未曾赚到，我帮朋友就帮好多。

何　车：你是没有钱赚的"车间主任"？

陈少棠：我就把它当做玩具，现在我都还有玩的，别人无法理解的，我在九楼[3]也能够开得车床，但我的车床，只有缝纫机那么大，每逢我买一部机器，就要买减压减噪音的设备，两者花的钱差不多。

何　车：还贵过机器？

陈少棠：又要弹簧避震，又要塑胶避震，又要现代喷流避震，我家里就像"秘密工厂"。

何　车：别人是没办法明白的，陈少棠是做戏的演员，现在在搞工厂。

陈少棠：2004年1月8号广州日报登了篇文章。中国新闻图片社记者，叫

1　黎田（1929—2009）：时任广州市文化局副局长。
2　何家耀、何国耀：广州粤剧团演员。
3　陈少棠所住宿舍楼层在九楼。

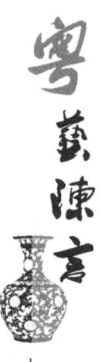

做洪甘棠，他来我家，影了我的机器，他说退休玩麻将就不奇怪，玩什么都不奇怪，但退休玩机器就世界少有了。

何　车：你那时是退休。我在你对门住，我的名片就与你不同了，我是"下岗孤寡贫穷病弱老艺人"，我是下岗，你是退休。所以你那时的心情，我是能理解的。一个粤剧名演员不演戏却去搞机器。这是社会资源的一种浪费。即是物不得其用，这是社会资源的浪费。

陈少棠：现在是习近平时代了。我最欣赏就是陈建华[1]。他说："向政府提意见，越尖锐越有水平。"那时我们被红卫兵减工资，是在十九路军坟场，沙河顶那里。

何　车：是广州外语学校。

陈少棠：当时要求我们自动减工资，陈笑风原来的工资是410元，我是280元。我就提出先减80元，陈笑风减了100元。后来要落实政策，因为财政部门是照样一直按工资额拨款，"文革"时是红卫兵要扣我们的工资，不是政府要减我们的工资，没有理由不发还给我们的。我们一共有39人，其中有编剧、有很多大学生，包括有谭青霜、何建青等人，写报告要求落实政策。他们推举由我来写。

何　车：他们是"死老虎"[2]，不敢出声。

陈少棠：大家推举我出来，要求落实政策。那时是1981年，我写了就呈上文化局，要求落实政策。他们（指领导）就说："陈笑风，落实政策给你410元，那你走吧。你出去400元一个月有没有人请你呀？有没有人要你呀？"结果一出门，陈笑风就流泪了。当面㩒你呀。当时有个演武生的演员叫白玉珊，马上说："500元都有人要。"我说："士可杀，不可辱！"在这样的环境，很多艺人都走了。拜拜，又离开一个。我们当时的心情就是属于报国无门。

何　车：其实我与你做邻居时，我就好理解你那时的心情。后来呢，你去了番禺剧团，"鸡尾揻断"啦，我真的为你高兴。我想听你在番禺剧团时的"威水史"。

陈少棠：由于我在家里要"坐凳"[3]吖，没有理由什么事也不干。罗响凡是番禺粤剧团团长，又是当地的人大代表。他问我："有没有办法到我们那里。"我肯定不会去你们剧团啦。我记起在50年代，我曾经同我六姐陈少珍，去韶关演出有一种分配形式叫做分票价。

1　陈建华：现任广州市市长。

2　在过去历次政治运动中被打倒的人。

3　坐冷板凳的意思。

就是原来剧团的票价是五毫,我们加入参加演出就多收两毫,共收七毫,这两毫纸就是我得的。但如果上座不好就好攞命。假如只有十个人看戏,我和六姐就只得两元收入了。问题是以什么标准定价呢?加多少才算合理?在市四团的时候,卢启光和我、马丽明做主角就收一元。后来,我们没有参加演出,由苏定娴、徐醒飞他们主演,就收8毫,减少2毫。那就是说:我的身份、票价值2毫。番禺剧团原来收6毫,再加上我这2毫,就变成收8毫了。但如果回来广州演出,一定要演《十奏严嵩》这个戏。当时最能够支持我的是黄伟宁,后来做广州市人大常委会主任。我去番禺剧团,他就是当时番禺县的县委书记。他听到陈少棠到番禺剧团,就说:"分票价就分吧,水涨船高嘛。"他那时是有压力的,没有这样的先例。之前我曾经和三水县粤剧团谈过,文化局长说:"我们是不请高价演员的。"我得到番禺县委书记的支持,才可以加盟番禺剧团演出。

何　车: 你那阵子捞到盘满钵满啦。

陈少棠: 问题就在这里。有一次,我就去到平安戏院看戏,上后台见到女姐(红线女)。她说:"听说你去到番禺剧团,好搵钱啊。"我说:"唔系几多啫。""那搵到几多呀?"我说演了8场,分了一千零几蚊。旁边一个干部说:"那么多呀。"女姐就说:"不算多,怎算多呢,看什么人出去啰。"

何　车: 一千多元,算很多了,那时我才百多元工资,你退休工资也都是百多元吧?

陈少棠: 是142元。

何　车: 所以我就话棠哥盆满钵满了。

陈少棠: 后来我和番禺剧团在平安戏院演出。平安戏院几年来二楼都没有卖票,那晚观众太多,只好推出二楼的票。后来马球[1]在舞台工厂门口碰到我。

何　车: 他是在那里住的。

陈少棠: 他对我说:"你做人太老实,也要看对什么人老实才可以,你太蠢了。你说去番禺剧团做了8场就赚了一千多元,红线女说她也要走了。她在市剧团,一个月奖金才20元封顶。你只做了8场就千几元,现在她又话要走了。"她提出:"不让陈少棠出去,那我就不走,你让他出去,那我也要走,我又要去。"那市剧团领导就叫我回来。

---

1 马球:广州粤剧团人保科干部。

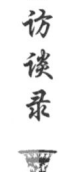

我刚刚演红了，《十奏严嵩》在光明戏院，全场满座。就要我离开番禺剧团，最成功就最骱气。

何　车：又成功又骱气，凡是成功的人都骱气啦。你有一个徒弟李伟昌，在南方戏院演出《马福龙买箭》。马科做评委，他是上海京剧导演，就是《曹操与杨修》的导演，他是演戏出身的导演，不是学院派。他看完《马福龙卖箭》，就问："那个师父教的？"他大赞《马福龙卖箭》，他说有机会一定要让这个戏到北方演出。让北方专家和观众认识南派粤剧。

《马福龙卖箭》剧照

陈少棠：我都听过。

何　车：这是完完全全的真事。

陈少棠：有个女的评委叫做茅威涛，"大朵"啦，曾经获过两次梅花奖的。她托李伟昌送一本她的演出特刊给我，并且签上她的名字。我的朋友见到就问我："茅威涛送书给你，是不是跟她很熟悉？"我说我并不认识她，只是她看了李伟昌的演出，认为他老师的艺术肯定不错，因此就送了一本书给我。马科曾经说过，评委不一定看懂这些戏，给出的分数太低了，自己想评高一点又怕让人"去头去尾"[1]。

何　车：那天给最高分的是马科。

陈少棠：最高是他，但他还想给高一点。结果是让人"去头去尾"了。

何　车：这里面牵涉到一个问题，棠哥，得罪讲句，我对剧协都这样说，有些评委是不懂的。剧协领导就问我该怎样？我说："先考评委，再去评青年演员。"

陈少棠：考评委我没有参加，我做旁听。

何　车：评委都不懂艺术，该怎样评，比如说打跟斗，你都不懂跟斗，你评什么呢？评唱功，你上下句[2]都不懂，你怎样去评判高低呢？你认为茅威涛好、马科好，因为他们在艺术上没有偏见，这样才有

1　比赛中常见的评分规则，指去掉评分中的最高分和最低分，然后再计算平均分。
2　粤剧板腔基本规律，一般上句结束是仄声，下句结束是平声。

真知灼见。我们有些评委一见到大锣鼓，就已经不顺气了，他们认为传统粤剧过时了。我为什么会问起这件往事呢，为了证明南派粤剧还有识货的人，还有艺术家欣赏。马科赞过，茅威涛是女小生，也懂得南派表演。

陈少棠：茅威涛在书上面签名写着："陈少棠老师"，我都未见过她的。

何　车：她是浙江有名的女小生。其实每个人艺术欣赏喜好都不同。我相对喜欢看你演的戏，开始是《寒江关》，后来是《劈陵救母》。还有一套戏，你比较少演，但我很喜欢这套戏的，就是《狄青怒斩黄天化》。我很想问为什么这套戏后来没有演出呢？

陈少棠：《狄青怒斩黄天化》是获过奖的。

何　车：是在广东省艺术节。

陈少棠：我记得是在光明戏院演出的。

何　车：这套戏我好感兴趣，由剧本到表演，几位演员包括马丽明，培哥[1]，他们的表演都很好，我觉得这个戏不演下去就是浪费了。为什么后来不见你演这套戏了，又没有教其他人去演呢，到底是什么原因呢？我个人觉得，你和锦哥[2]又都能够发挥各自的表演特点。你们两个角色的戏份差不多。

陈少棠：1981年的戏曲汇演，就设了三个一等奖，我六姐是评委之一，知道具体情况，全票通过的一等奖，一个是红线女，第二个是陈少棠，陈笑风仅仅过半数，卢启光获三等奖。

何　车：陈笑风那次是演《天罡剑传奇》吗？

陈少棠：是《昭君公主》的呼韩邪。

何　车：他肯定不成啦，要黏须演出，怎样获奖呀？那个戏完全不对他的戏路。

陈少棠：当时卢启光很不服气，亲自去文化局，找华嘉局长："评了我三级，陈少棠评一级。我以后怎样去面对。"第二次会议，就折衷主义啦，把他改评为二级，升了一级。岂料在评委会一提出来，遭到评委反对，反对得最激烈就是广州军区战士话剧团的导演。

何　车：傅冰。

陈少棠：我不在场，是我六姐讲给我听的，陈少珍是评委，她也在场。总

1　粤剧名演员李飞龙，原名李海培。
2　粤剧著名演员卢启光（1923-2005），原名卢锦培，所以行内人多称他锦哥或锦叔。

团长邓宝说:"这样做就是愚弄我们这些评委,又要我们讨论,我们讨论得出结论,你又推翻,那不如你们自己封好了。"当时闹得不可开交,最后我就说:"锦哥,不要争了,不如再来一遍,我同你掉换角色演一场,我演狄青,你演黄天化,大家调换演一晚试下啦。"

何　车：即是马老大同文老七[1],大家调转演《刘胡兰》中的石庭槐。

陈少棠：倒转来演一晚后就不吵了。卢启光由于整天骂剧团的领导,说冤枉了他坐监[2]。当时的领导就是不想给卢启光演戏。那用什么方法呢?总团宣布你们可以自由组合,谁都可以组织剧团,哪个先开始组织,哪个艺术质量好,我们就同意哪个剧团。在当时是一件大事。

何　车：那时叫"自由组合"。

陈少棠：当时陈小汉曾到我家中,与我商谈组班问题。我说:"我们一对,肯定好啦,有文有武,一定会旺台。"我们一天就组织了一班人啦。不知道是不是有人跟卢启光讲,说我企图排挤他。顺德杏坛有五位香港老板回来拜山,想请戏班演戏,最多老倌就是我们剧团了,当时叫做广州粤剧四团。最早演的那套戏就叫《花街藏节妇》,第二次改就叫《雷劈好心人》。香港老板回来出钱请看戏演《雷劈好心人》,那不是要劈香港老板?不成,要改戏名,就改做《不负好心人》。他们又问《不负好心人》是不是现代戏呀?(香港观众怕看现代戏)最后又改《绝情刀》,叫《三戏绝情刀》。后来又说《绝情刀》不好,适逢春节,不要那么绝情啦。《喜折绝情刀》,喜就欢喜,折就拗折,最后就这样定下来了。那时的理念是很奇怪的。刚好总团批准我们组织的剧团,那时,我又不想做了,我不想别人误会我排挤卢启光。但反过来,卢启光又误会我排挤他。去顺德杏坛演出那晚,他"大刀花咪头"[3],大刀反刀打落我背上,打到我趴在舞台上。下面的观众就惊叫起来。马球第二天早上立即带我去医院,那个医生医术好,我到现在都没有后患,不会翻风落雨就觉得疼痛。

何　车：李伟昌是你徒弟,但在剧院的时候,谢汉昌是你的徒弟。

陈少棠：我从没有说过。

何　车：不是!我知是领导安排分配的。

1　马老大是马师曾,文老七是文觉非。
2　卢启光于1964年被判监20年,后于1979年平反。
3　粤剧演出武打套路。

陈少棠：不是！

何　车：不是？

陈少棠：领导没有分配过。他来问过我，我有跟他说："这段曲应该是这样的，这段戏应该怎样演。"他不算我的徒弟。你问我有几多个徒弟，这是一个非常大的难题。

何　车：那到底有多少个徒弟跟过你？

陈少棠：别人说我是他师父，我自己都数不清。这个又说是徒弟，那个又说是学生。关键是我承认才是呀。有一次别人问我："喂，陈少棠，这里又写你是艺术指导、那边又是艺术顾问，一共有四个剧团都写你的名字。"其实我完全不知道，我都不认识这些剧团。

何　车：那究竟你有几个徒弟？

陈少棠：无从得知。（何车拿起桌上的照片）

何　车：这是罗家英，汪明荃[1]。

陈少棠：这个是李奇峰。

何　车：我知道，我认识。他是香港八和的理事。

陈少棠：我曾经同罗家英的徒弟说清楚："罗家英是你的师父，是你的开山师父[2]，我都是你的师父，我不会不承认你这徒弟，越多师父就越好。"

何　车：是越多徒弟都越好！

陈少棠（前排右二）与汪明荃（前排左一）、罗家英（前排左二）合照

1　汪明荃：香港著名演员，无线电视台当家花旦。

2　第一个师父，引入行的第一人。

陈少棠：那要看是什么徒弟了。有的徒弟就像《西河会》中那个郭崇安，强抢师妹，踢死师父。

何　车：连平阳知府都打死了。

陈少棠：他打死师弟，暗箭伤害师兄，那些也是徒弟？所以，我们收徒也要好好选择。

何　车：其实我想，粤剧需要传承，现在我们都算是老人家了，要将表演经验和技艺传授给年青一辈。你从你师父邓肖兰芳那里传承过来，那你又将你的艺术传承给下一辈。好希望你能够通过你的努力将粤剧艺术发扬光大。

陈少棠：1992年，我到香港演出《三帅困崤山》，那次的演出就叫做"两省一市南派粤剧展演"，广东省、广西省、广州市，叫做两省一市。当时，香港中文大学有个博士叫做梁沛锦，由他亲自打报告给当时的港督麦理浩。麦理浩拨了100万港币搞这个演出。那次展演又是一波三折啊！事因你的师父红线女——女姐（调侃的说法）。

何　车：又是我师父？我什么时候又变成红线女徒弟了。

陈少棠：她说："戏剧是不分南北派的。"但我听到你在电视上说："怎么没有分南北派呀，拿把子哪只手在前，哪只手在后；右手先锋就是南派，左手就是北派。"我知你懂，一个敢言，起码是敢言。红线女说的话你都敢驳？！就是有分南北派的，我早就听你说过，有什么理由不分清楚呢。结果，她打电话给我，同我在电话里争论了很长时间。她说："就是不应该分南北派。"我问她："你做戏有没有在舞台上流眼泪。""有呀，我会哭，我有眼泪。""那你看京剧的演员有没有流眼泪？"她说没有。我说那他们是写意表演，你就是写实啰。这样就有区别了，就有我们的地方特色了。

何　车：京剧没有"水波浪"、京剧没有"三批"、京剧没有"踏七星"、京剧没有"哭相思"。

陈少棠：京剧有"飞腿"，但京剧没"挂脚"。什么叫挂脚？好多人都说错了。哪里有"挂脚"，应叫做"跨脚"。跨过裆，用来踢对方裆部，不是用来打头的。他们的"飞腿"用作打头，打对方颈部，两个作用是不同的。我曾经叫韦超明[1]不要教北派，要教就教南派，如果剧团请李少春[2]的孙子到广州教戏，那你只有坐在一旁，哪里有你说话的地方。但你教南派就不同了，我懂得而他不懂，那就

1　韦超明：广州粤剧团演员。

2　李少春（1919–1975）：著名京剧表演艺术家。

不一样了。所以我叫韦超明要争取演戏,你做得到香港尤声普[1]八成的功夫,你就一生都不用愁了。

何　车：现在,社会和行内都公认南派和北派是不同的艺术。

陈少棠：还有一样,北派是不能够代替南派的。例如《三岔口》任堂惠上场。

何　车："走边"[2]。

陈少棠：走完边,正面"俺,任堂惠!",京剧就不能代替我们的地方语言。动作演员上场身段表演很漂亮,但一开声就不行了。

何　车：各个剧种有各个剧种的特色。

陈少棠：我在香港演《三帅困崤山》。演完"先轸陈言"那一场,罗家英立即上来后台斟茶给我,"棠哥饮茶。""你贵姓?"我问。"我叫罗家英。"

陈少棠与卢启光主演的《三帅困崤山》剧照

何　车：不是吧?你问人贵姓?你不认识他吗?

陈少棠：我没有看过他演戏。他说:"我叫罗家英。"我说:"啊,大名鼎鼎。""你教我啦,我看过那么多的小武戏,这是最好的。"我是照原话说的,不是在这里为自己宣传。"我好多小武都看过,从白玉堂[3]一开始直看到现在,已经好多代演员了。"我说应该

1　著名粤剧文武生、丑生、武生。

2　"走边"是京剧的表演程式。表现身怀武艺的剧中人轻装潜行的景况,是武戏演员的基本功之一。

3　白玉堂(1901–1995):著名粤剧演员。

是看你们发挥的时候了。他说："不是，我们要多向你学习。"他很谦虚。我说："我怎敢教你们啊。在电视方面你的名声比我高一百倍，赚钱你比我多一万倍。我有什么本事可以教你呀？我哪能像你赚那么多的钱呀。""不是用钱衡量，是谈艺术。今晚去食宵夜，具体谈谈，看拜师有什么条件。"那晚卢启光、打锣师傅林钧大家一齐去宵夜。第二晚就演出《十奏严嵩》，汪明荃看完上台说："的确好精彩，的确好精彩。昨晚家英翻去，整晚赞你。"

　　1995年她和罗家英到广州，通过文化局李坚联系我，请我教戏，当时我同意了。2004年她与罗家英排《万世流芳张玉乔》，又跟我提起拜师的事，希望我教他演《三帅困崤山》的先轸。后来罗家英、汪明荃到广州演出，演出结束后，汪明荃还未卸妆，第一句话就问："你看家英演得怎样？你是否认同他的演出呀？"我说肯定不错啦，他的"一字马"[1]难度大过我，因为他左右开弓都可以，我只能够左脚在前边，他样样都好，就差临门一脚，或射出界外，或是射正门柱，这是路子问题。当时同行有一位华侨日报的记者，叫朱侣，绰号"招箓墟"。我评点第一场怎样做，第二场又该怎样，我只是提意见，讲我自己的感受。最后"招箓墟"说："今晚我听你说比看戏还好。"我说你不要这样说，那很容易会得罪人的。她说："我从来不怕得罪人的。"后来我一打听，才知道这位朱侣真是个女强人。

何　车：她现在还在写评论文章。

陈少棠：厉害。我去香港之前最害怕的其中一个人就系朱侣。

何　车：朱侣是写剧评的权威，她已经七十多岁了。

陈少棠：卢秋萍的先生吴建邦，他说广州的剧团第一次到香港演出《卖怪鱼龟山起祸》。

何　车：《卖怪鱼龟山起祸》，即是《蝴蝶杯》。

陈少棠：第二天报纸上登出题目"白超鸿将军无形"，我不理解，为什么会"白超鸿将军无形"呢？原来他是说白超鸿演的将军没有表演身形，一点也不客气。所以我心想香港对广州演员有偏见，我去香港演出时就准备看他们怎样批评我。怎料第二天报纸头版头条，中间还有我的一张大相，赞许声音多。过了两年，李坚打电话给我，说香港有个演员想见你，他今晚要回香港了，你能不能够马上来见他？我还在摆弄机器，就立即洗手出去。去到酒店就见到汪明荃，她和我谈了很多艺术表演的问题，最后她提出："你一定要同我教好家英。至于经济上的报酬，我会尽可能满足你。"我说："我教人从来未

---

[1] 又称"劈腿"，两条腿前后分的叫竖叉，左右的叫横叉。

曾讲过要收钱，学生通过艺术赚钱，花不完回馈一点，我也会乐得接受。"后来王四郎打电话给我："棠哥，你一定要帮我收个徒弟，我从来没有求你，你千万不要"托我手踭"，这是我的死党，我穿州过省，去外埠都与他一起去的，叫温玉瑜，他原来是罗家英的徒弟。"我第一句话问："他表演有没有'㜑型'[1]？"王四郎说："他高大威猛。"因为我怕演员的气质是很难改变的。后来温玉瑜常来广州请教演戏的技艺，我也有指导过他。刚好新加坡胡桂馨又想排演《三帅困崤山》，原来想找我去演，但听到我中了风不能演出，就问我能不能把录像带给她看？我说可以，但你还不能来，因为我住在九楼，没有电梯，你很难步行上来。她就说："我一定要去。"我说："行得好辛苦啊。""我不怕，我一定要看下这个录像。"看完以后，她说："棠哥，你如果没有病，我就不用全世界到处找人演先轸啦。"然后，我推荐了温玉瑜演，温玉瑜排《斩三帅》那一场，当时有十三个国家演员同聚在一起，他们十分欣赏，鼓掌赞好，排练完了立即加了几千元工资给温玉瑜。温玉瑜在新加坡演出的海报上说："常上广州对陈少棠执弟子之礼。"

何　车：温玉瑜演戏，我都有看过。棠哥，今日好多谢你，一要多谢你讲了那么多故事，使我们很受教益，二是希望你保重身体，三要多教一些徒弟，出多几个温玉瑜，多谢！多谢！

访谈感悟

　　面前这位老人家，谁会想到大名鼎鼎的汪明荃、罗家英曾多次拜谒他，罗家英更是多次向他请教粤剧表演技巧，他就是陈少棠老师。棠哥的人生经历是十分丰富多彩的，幼年学艺于香港邓肖兰芳门下，少年得志，被誉为"神童"，解放后积极投身于粤剧事业。在舞台上，他锋芒毕露，全力以赴，力争第一，即使遭逢文革巨变，但仍不改心志，不轻言放弃，敢于坚持自己的原则。

　　棠哥独特的个人性格给我留下深刻的印象，以"桑榆非晚唱霸腔"这一句话来形容棠哥实在再贴切不过了。我觉得棠哥就是一个不服输、不甘人后的人，他在不仅在舞台上如此，在生活上也是如此。棠哥在中风后，凭着个人顽强的意志，重新站起来，仍然致力于粤剧的传承与发展。正是：少年得志武艺精，一生打拼为前程，风云巨变身飘絮，老而弥坚唱霸音。

访谈文稿整理：冯劲

1　广东方言，娘娘腔的意思。

潘 璠

"闻歌寄意寓丹青"

访问日期：2014年6月19日 上午
访问地点：广州粤剧大院（桂花岗）
受 访 者：潘 璠
笔录及整理：区子珩

受访者简介：

潘璠，广东南海人，1939年在澳门出生。粤剧舞台美术设计师。

1960年，他通过考试进入广州粤剧团当艺术学员，跟随南佗、林飞等舞台美术设计名家学艺。

1966年，潘璠正式成为舞美设计，先后为《劈陵救母》《南越王后》《金陵残梦》《白毛女》《魔水之恋》等剧目设计布景，一直是剧团舞台艺术工作的主要骨干。其中《金陵残梦》获得1993年第五届广东省艺术节舞台美术设计一等奖、1995年广东国际艺术节舞台美术设计金奖，被中国戏曲学院舞台美术系作为教学资料收藏。

潘璠现为中国戏剧家协会广东省、广州市分会会员，曾任广州市文联艺术委员会委员、广东省舞台美术学会理事、副秘书长。

访谈实录：

何　车：你好，潘老师，见到你十分高兴，欢迎你参与《粤艺陈言》访谈。我应该在"文革"前就识你了。

潘　璠：很久了，有 N 年啦。

何　车：哈哈，但是我应该是在 1986 年才与你在具体工作上有交集。我向来都知道你的艺术思想比较超前，又肯钻研。潘老师，你为什么会入粤剧行呢，又是什么时间入行呢？

潘　璠：其实好多人都不知道我是怎样入行的。

何　车：很多同行都想知道。

潘　璠：我是在 1960 年 8 月到恩宁路舞台工厂报到，正式成为粤剧行中的一份子。

何　车：正式踩入这个坑中，哈哈。

潘　璠：是啊，一踏进来就不能自拔了。我本身是在石歧长大的，读完了初中，就在街道办事处下面的一间民营樽塞厂工作，就是制作暖水壶瓶的樽塞，就是负责制作樽塞。那时因自己比较年轻，加上有初中文化，就做了一个小小的班长。

何　车：那时算是有文化的了。

潘　璠：组织上发展我成为共青团员。我在读初中的时候都很喜欢画画了，平日我关注报纸和新闻，我记得当时在南方日报，登广东粤剧院要招收舞美学徒的消息。我就报了名，想碰下运气。不久我就收到了录取通知书。收到通知书后，马上就要办迁户口的事，这些事很不容易，是十分麻烦的。很多人拿着剧院开的证明去办都办不成。我是上午拿着录取通知书去到派出所办手续，把它交给一个女警员，然后下午我再去派出所碰到另外一个男警员，我就撒了个谎，我说："我已经交了几天的了，到现在还未有消息，你们不要拖着不办啊。"结果他立即给我办了。

何　车：哈哈，可能在你的档案中都没有坦白这个情况呀。

潘　璠：没有！只是今天对你坦白了。那我马上拿着份户口迁移证明对我妈妈讲："我连夜就要走的了，如果被派出所发现我说谎，就会追我回去的。"当时我只是穿着一对木屐，拎着一个小藤箱，一个水桶，就赶去搭"花尾渡"[1] 了。

何　车："花尾渡"是夜晚开，早上到广州。

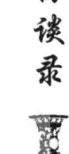

---

[1]　20 世纪 20 年代末，珠江下游的主要水上客运工具。

潘　璠：是啊，早上四、五点钟就被船工赶上岸，上岸之后，我拿着一张地址，由于不认得路，只好坐人力三轮车去到恩宁路。剧院的门房叫阿荣，人人都叫他"跛手荣"，他一见到我，就问我什么事？我说我是来报到的。他叫我先坐一会，后来见到人们陆陆续续上班了，他就带我去办公室报到，我就是这样进了粤剧行了。

何　车：就是见到你那张录取通知书就让你进粤剧院了？就这么简单？

潘　璠：是啊，当时是住在靠马路二楼，是睡双层床。过学徒的生活到现在印象都好难忘。

何　车：当时一同进来还有哪些人？

潘　璠：在市剧团有老松，他是由演员转到舞美，还有郑坚、黄淑仪等，省剧院是梁三根、冯家安。

何　车：三根都是你们那班的？

潘　璠：都是这批的，后来因为省市分家而分开。

何　车：是在1960年底分家的。

潘　璠：是啊，那时洪三和、何碧溪、南佗三巨头[1]，做我们的老师，南佗属于市团的，另外两巨头就是省剧院的。我是跟南佗学的。他们都是靠长期实践，而没有什么理论基础出身的舞美师，我只不过是跟他洗洗颜料钵、做下其他事。在他创作的过程中，就凭自己的悟性去领会了。晚上，成班学徒就在所谓的设计室里画石膏像，直到深夜两三点钟，那时大家都非常勤力。假日休息了，就到泮塘写生。

何　车：那时有写生都叫有理论基础训练了。

潘　璠：是老师带我们去。

何　车：那就不是纯粹简单的口传身授了。

潘　璠：我们每月有少许业务费让我们买书、买纸笔墨。我们入来的起点生活费是十八元。

何　车：我们演员也一样。

潘　璠：第二年是二十元，那时学员期限是五年，我们就是这样走过来的。

何　车：你从爱画画到舞美设计，后来你搞设计，有没有经过艺术专门院校进修？

---

[1] 洪三和（1913–1989）、何碧溪（1907–1984）、南佗（1916–1996）：当时粤剧舞美设计中最具代表性的三人。

潘　璠：没有。

何　车：都是靠自学？靠在实践中提高？

潘　璠：在市团，只有谢伯雄去过进修，我们这批人在市团就没有专门去进修。

何　车：我想向你打听一个人，现在很少有人提起：冯雪峰，那时他做什么的？

潘　璠：我们来到的时候，他是舞美设计，是剧团几个设计之一。可能是经历了几次政治运动。

何　车：他好像是"右派"。

潘　璠：是啊，所以他说话谨小慎微，我们起初都不明白，他的书法和水彩水平都不错，舞美设计水平就较一般。

何　车：那时候我就不明白怎么做舞台设计都会是"右派"？

潘　璠：后来他出去了，一生的经历都好坎坷，我们接触得比较少，没有怎么过问。

何　车：估计我和他交谈次数比你还多。

潘　璠：这不奇怪。

何　车：那时我还年轻，住在宿舍，他可能比较孤独和郁闷，没有人和他聊天，就找我和他打乒乓球，他的乒乓球打得不错。

潘　璠：在那个时候，好多人都自顾不暇，生怕会惹事。

何　车：1986年我曾经向你学习，导演现代戏《魔水之恋》。因为我是上戏[1]出来的，我同你沟通有一种默契感，有共同的艺术语言。舞美设计从戏曲上分类，有写实的、有写意的。粤剧发展到现在，你认为哪一种风格的舞美设计是适合粤剧表演的呢？你有好多作品，有现代戏，有古装戏，我看你其他一些作品，风格比较写实和华丽；但排练《魔水之恋》的时候，我的意念是抽象的，我觉得你能够想出来，用几块可以透光的布条，舞台完全充满着假定性和写意性，应该讲是一种非主流的舞美设计，为什么你会有这样的创作意念呢？

潘　璠：我入行以来，不断充实自己的素描、色彩的基础，提高自己布景绘画技巧，因为布景绘画与一般绘画不同，需要另一种技巧，而在理论上我需要提高，所以我一有时间就会去书店，买一些适合的书来看，或者订一些专业的杂志，是武汉美术学会定期出版的，

1　指上海戏剧学院。

汇集多方面的理论，集思广益。

谈到粤剧舞美，就好矛盾了，观众喜见乐闻的是传统的一套，就像洪三和、南佗他们设计的那一种类型。他们的设计是要求在每个地方都表现得富丽堂皇。在香港，我和雏凤鸣剧团合作过很多戏，例如芳艳芬[1]的演唱会就是我担任舞美设计。她们的舞美要求都是前面讲的那一类型，只不过是要将道具做得更加细致，力求做到好像上海越剧《红楼梦》的水平。所以我们的演员、领导、导演都喜欢华丽的服装和漂亮的舞台设计。什么都追求华丽，迎合观众的需要。

在广东艺术节的时候，创作就要发挥自己的艺术真实水平，平时就深藏起来，要用的时候就尽情发挥出来。《金陵残梦》这部戏是北京的导演执导的，他与我合作，首先向我提出要求，然后我根据他的要求提供设计图，再交给他，前后修改了两次。其中最重要一环就是灯光设计，是"战话"[2]的灯光设计，如果是市团的灯光设计，水平是达不到的。灯光对于舞美设计是非常重要的。

何　车：1986年开研讨会的时候我曾经讲："市团暂时未有一个合格的灯光设计。"以《魔水之恋》为例，这部戏非常依赖灯光设计，演出没能达到我想要的艺术效果。灯光与舞美的关系，离开了灯光，就会平面化，缺乏立体感，不能表达舞台的写意性。记得1987年初也跟你合作，后来成为广东省内很多粤剧团都仿效和借鉴的，就是《唐宫恨史》第一场"天宫"的大画，几个团都使用这幅画。

潘　璠：为什么这样呢？

何　车：哈哈，一是画画得好；二是因为泛用性强，很多戏都能够用得上。我个人认为戏曲艺术，其中包括唱腔、表演程式、服装、化妆以及布景，都是一种相协调的类型性艺术。所以一部戏中既有通用性的东西，也要有自己的创作特色，而你的艺术特色又是什么呢？你是广东省舞台美术学会副秘书长，那个时候刘尚智应该是秘书长？

潘　璠：刘尚智是专职的秘书长，这个时候舞美学会就是靠梁三根、话剧团赵森永和我等几个人。

但是我们的行政经费十分缺乏，开展不了什么活动。最厉害是赵森永，他的老婆是搞化妆品的，所以揾到钱，那段时间就比较活跃。由于这样，在新一轮选举中，就选了梁三根、赵森永等，

---

[1] 香港著名粤剧演员，原名周仕东。有"花旦王"美誉。
[2] 广州部队战士话剧团。

其实我是滥竽充数的。

何　车：我查找过资料，你的设计是给中央美术学院整套拿去作为教材资料，中戏[1]的学生拿你的作品做教材资料参考的。估计在粤剧行内没有几个人了。

潘　璠：是《金陵残梦》中"金殿"那一场，这个戏的设计图都被他们拿去了。当时全国舞美展就展出了我两个戏，一个是《金陵残梦》，另一个是《南越皇后》。中戏教科书上的是《金陵残梦》的设计图，选进去

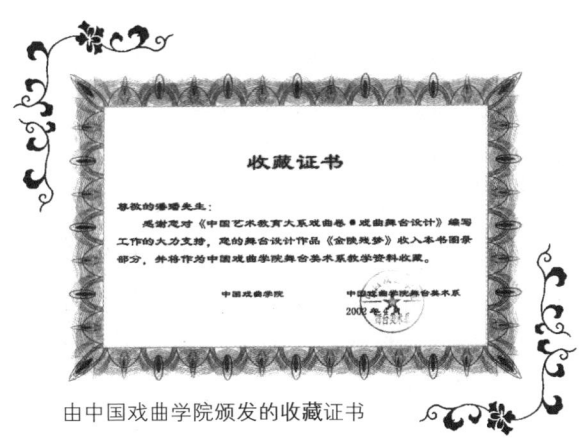

由中国戏曲学院颁发的收藏证书

后，又发了一张"收藏证"给我。这些都是"昨日黄花"了，哈哈。

讲到传统问题，省剧院就走另外一条路。因为他们经济实力较好，而且对艺术比较专注，所以跟我们市团的追求不一样。我们走的是"万金油"路线，主要是受制于经济问题，市文化局的投入也不大，剧团要压缩开支，我们只有走这条路。一幅"金殿"大画景，用在多个戏中。记得当时我进入剧团不久，就要"上山下乡"，南佗就设计了一套道具，可以做箱，但是拼合起来又可以是床，还可以做椅、做枱。那就适合"上山下乡"的需求了。他的机关布景[2]很有名，哈哈。那时候我为一个戏的设计请教过他，他说："只要变换方向，就可以变另一样道具了。"当时省市舞美界都批评他是粤剧"自然主义"的代表，重点批判他的是现代戏《崇高的职业》的舞美设计。其中有一场要表现海珠桥，我们都知道海珠桥晚上就有很多灯光，他就在布景上留空，在上面添加灯珠，什么颜色都有。观众看了觉得很生动很精彩，但是专家就认为不行，批判这是"自然主义"。到我搞《魔水之恋》《金陵残梦》《南越皇后》的时候舞台设计的风格已经产生变异了，算是离经叛道。

何　车：这是追求假定性，其实是戏曲中最传统的要素。不过我们粤剧就较多地追求写实的东西。

1　中央戏剧学院。
2　中国戏曲舞台的一种布景形式。以表现离奇景象和迅速变换场景为特征。

潘　璠：舞美布景有一个著名的观点，就是布景不是要表现"森林"，而是要表现"森林中的人"。因为"森林"会掩盖了"人"，演员就是"人"，掩盖了"人"就妨碍了演员的表演。我受这种理论思想的影响较深。我可以制作很华丽的布景，甚至像剧院那样使用荧光色，但打上灯光后就抢了演员的光，妨碍了表演，所以我没有这样做。

何　车：剧院的确比较喜欢这种设计。

潘　璠：观众起初看会觉得很新鲜，但是时间长了，就会觉得刺眼。那就看不到演员在舞台上的表演。

何　车：对了，过分华丽，观众都不知道是欣赏布景还是看演员做戏。

潘　璠：因为服装本来就很华丽，如果布景搞得太华丽，就把这些都盖过了。地方戏曲就是要看演员表演，看演员唱戏。

何　车：这既是一个道理，也是一个矛盾之处。站在我的角度上，搞舞美其实是一件很痛苦的事情，因为要受制于人。他必须要和导演等诸部门合作，要求比较多，这个过程就像"绑着双手跳舞"。

潘　璠：经常都会碰到这样的问题，我最难一次就是与红线女合作。当时她排《春草闯堂》，是红虹[1]准备去新加坡演出的。我负责舞美设计，风格比较简约，很像《魔水之恋》，因为去新加坡不能携带太多物资。搞了好几个设计方案红线女都说不行，结果没有定论，红线女就去了北京参加人民代表大会。那我应该怎样办呢？出国的行程已经决定了，不能等她回来再拍板，那我只好问谢雪筠和李锐明，一个是导演、一个是剧团领导。我说："女姐不在，你们必须拿个主意。"她们最后同意了我的方案，就这样就通过了。其实完全按照红线女的思路，就会约束了设计者的艺术构想，打压了创作空间。

还有一次是现代戏的舞美设计，场景是农村生产队的办公室。这样的场景只能油白灰墙了，但是领导的意思要油粉绿色，认为这样才漂亮。我认为这样的表现是脱离生活的，一个农村生产队的办公室是不可能油粉绿色。但那时我刚刚做设计，只能够屈服于他的决定。

后期吴颂强[2]负责《金陵残梦》的排练，我接到剧本后，他为我出了很多点子，但是我主要还是要听导演的意见，要提供资料给他，目的是考虑突出演员的表演。所以在《金陵残梦》的设计中，

1　著名粤剧演员红线女的女儿。
2　时任广州粤剧团书记。

我基本上每一个景就用一幅画来表达，当时梁三根跟我说："这届艺术节舞美设计一等奖，你的票数最高。"参加评选的评委包括导演、演员、音乐，票数最高即是大家都认同我的设计，所以我很高兴。

何　车：当然值得高兴啦，对于艺术创作者来说，这是一种成就感。

潘　璠：但是我又得罪了曾石龙，他是文化局局长，我是无意中得罪了他。市文化局开会表彰我们这些得奖者，我得到了一千元奖金，我全部拿来请大家食饭。他上台要和我握手，但我却不知道，领完奖之后就下台了，可能是得罪他了。

何　车：这样不算，那个时候好几任局长跟我们的关系都不错，他应该不会放在心上，哈哈。

　　　　你在粤剧团搞艺术设计最少有四十年了，在这个过程中，你曾与很多位导演合作，包括讲普通话的、本地的，还有像我这样初出茅庐的新手，你印象最深，觉得比较容易合作的是哪一位呢？

潘　璠：我的确曾与很多导演合作过，我一般是尽量满足他们提出的要求，基本上大家都比较和谐合拍。但和陈少梅导演就可能有少许难度，可能她的艺术要求较高，原因很难表述。

何　车：我很欣赏你的一个特点，导演有要求，剧本有框架，如何在这个总体限制下突出你的艺术个性。我看过很多由你设计的戏，导演看戏是挑剔的，我不单单看演员的表演，专门看哪个地方不足，哪里有错处，看完就要反思如果是自己排练那需要怎样做。所以我看你的舞台设计，包括我跟你合作的过程，总结出一点，如何看出舞台设计者是潘璠。我印象最深刻的是梁三根和你，不是评价好与不好，也不是喜欢与不喜欢，而是艺术风格上的区别。梁三根喜欢大写意，他设计的元素全部比较大，而你的着眼点则比较细致，从小处入手，所以我不看说明书就已经知道这个舞台设计是出于你手。这种艺术个性是很难得的。其实导演也是一样，每个有追求的艺术家都有自己不同的风格。

潘　璠：其实当中是有矛盾之处。后期有了服装设计，就像黄淑仪，她就是搞服装设计。以前全部服装都是一个类型性的样式的，不管是秦皇或是汉武都是如此，并无区别的。但是我认为搞舞美设计应该要有时代感，要突出不同的特点。从建筑样式到局部的图案、包括使用的器皿都应该有它的特色。所以如果你没有深层次去做功课是不行的。未退休的时候，我手上自己买的资料都不少，后来不在其位，那就不谋其事了。把专业性的书全都送给别人了，

包括建筑图案书、园林书，哪一类戏需要设计就找哪一类书，手上没有的，就到图书馆查找。

何　车：我觉得你现在说出了一个很重要的问题，给我很大启发。舞美设计与别人合作有难处，问题的症结是站在舞美的角度出发，对戏剧的追求，希望还原历史的真实。但是行内没有这个历史底蕴。例如，秦始皇的服装就应该是黑色的，这些属于比较专业的知识，搞舞美设计的有时就很难表述自己的意见。我们有一些艺术人员还是有一点毛病，不愿意广泛涉猎、补充自己的知识。今次的访谈对后辈应该有所启发，使他们在这方面深入认识，"原来潘老师这么仔细地做舞美设计，充分考虑舞台是否协调，除了画景需要协调，服装与道具也要协调，跟演员的表演同样要协调，灯光、音乐也是，都需要和谐、协调、统一的风格。"

你刚才介绍了两个自己做舞美设计的戏，哪一个才是你的代表作？哪一个戏受到客观限制最少，最能发挥你自己的艺术特色？

潘　璠：就是《金陵残梦》。

何　车：这部戏除了舞美设计，演员也是不错的，我曾经在电视节目上讲评过这部戏。你能否详细地说说你从哪个角度入手创作？总体的艺术风格是怎样呈现出来的？

潘　璠：导演有个要求，他喜欢斜平台，需要角色在上面上落，还提出布景需要简略一点。我就按照他的要求，力求形成自己的艺术风格。第一稿他不满意，我自己也不满意，第二稿大家都认为相对可以。但很多理念在这部戏之前都没有用过。就以"金殿"一场的场景为例，设置了一个平台，平台下面是斜坡的，龙椅就放在平台上面，两旁站满人，后面就是一幅大的软画，就是选取"八十八神仙卷"[1]其中一个画面，一个皇帝和几名侍女挽着手出来。这样的设计跟以往有很大区别，把很多多余的东西都摒弃了；没有两边擸帐，是用布带替代。演员在舞台上通过定位投光的灯光效果，舞台角色表现的人物形象和效果都不错。如果不是通过反复努力创作和筛选，那效果就不好了。这样的"金殿"设计，很多人都持反对意见。

何　车：学院派的导演会喜欢这种设计风格。因为你能够给予他舞台的空间，让表演有空间。从导演理论上讲，很多时候用角色、人物做舞台支点来产生对称构图和平衡。所以刚才你说创作体会就表达了你在这部戏的总体舞美风格。我排戏时最怕就是舞台上摆放的东西

---

[1] 本名《朝元仙仗图》这是一幅以卷轴画形式保存下来的壁画稿本。

《金陵残梦》"金殿"的设计手稿（上）及舞台呈现效果（下）

太多，使舞台变得狭窄，这样就无法调度和变动。舞台调度其实和舞美设计有很直接的关系。

我很想问你一件事，很多我认识的舞美设计，包括三根、新荣、谢伯雄他们都喜欢画画。我知道你近来都喜欢画画。

潘　璠：我退休之后，剧团要返聘我一年，谢伯雄希望我能继续帮帮忙。既然是这样，我就决定在剧团多留一年。但是一年中没有什么事可干，自己觉得好像是游手好闲。我开始学画国画，那是在2008年，开始画的时候，根本就不像国画，因为我以前画的都是工笔细画，接着画多了，自己逐渐揣摩，慢慢就有了点国画的风格了，有了信心就继续画下去了。有一段时间我在画雄鹰，我希望下辈子不用做人，因为做人太辛苦、太累了。哈哈，雄鹰比较自由，是我所向往的生活，可以遨游九天，喜欢怎样就怎样。

后来又不太喜欢这个主题，因为猛禽太凶猛了，不像我的性格。转画丹顶鹤，寓意吉祥。

现在就是画"高脚鸡"（孔雀），孔雀其实很难画，所以有名的画家都不喜欢画孔雀。画得太写意，孔雀就没有华丽的感觉，

潘瑠的国画《遨游九天》

只有画工笔，才能表现我心目中的孔雀，工笔画就比较费时了，那我就用一半工笔一半写意去画。现在也算是小有所成啦。

何　车：你做舞美设计几十年，有没有开个人作品展览。

潘　瑠：没有开过。

何　车：与别人合作呢？

潘　瑠：也没有。

何　车：那你准备开个人展览吗？

潘　瑠：不开了。

何　车：为什么不开呢？

潘　瑠：我觉得人活到什么年纪，就要去做什么年纪应该做的事，说什么年纪应该说的话，食什么年纪应该食的东西。本来作为人生艺术的集中展现了结我的一个心结，是应该开一个画展的，算是人生的一个总结吧。

何　车：我觉得除了画展，你还应该开舞美展。

潘　瑠：舞美展我就不开了，画展

潘瑠绘画的孔雀

我现在都不想搞了。

何　车：如果不搞，那真是一个遗憾。

潘　璠：我想我应该默默无闻地远离这个世界。

何　车：你不是默默无闻，你在粤剧舞美界是如雷贯耳。我为什么要问你这个问题呢？因为我知道梁三根曾开个人展览，何新荣也开过。

潘　璠：三根现在都不画画了。

何　车：他做什么了？

潘　璠：他写书法。

何　车：你除了画画，还有什么其他爱好？

潘　璠：听音乐！我是烟酒都不沾。早上起来，先饮壶茶，食一只鸡蛋，接着就食燕麦片冲奶，加点蜜糖。

何　车：果然是养生之道啊。听什么类型的音乐呢？

潘　璠：我听的类型很多很杂，有听小提琴演奏的，交响乐就比较少听，因为要专注去欣赏很费神。我喜欢听流行曲，主要是一些经典老歌。我听音乐要求比较高，我需要歌词写得好，曲的旋律要编得好，歌手要唱得好听，有时候买张CD仅仅是为了听其中的一首歌。

　　晚上我一般不画画，不听歌，就喜欢看电影。我专门花钱买了一台大电视，55寸的。我已经七十多岁了，下一代如果有能力，不需要我留下财富给他们；如果下一代没有能力，留给他们也没用。

何　车：顺带问问潘老师，你的儿女有没有跟你学习舞美设计的？

潘　璠：没有。他没有兴趣，没兴趣就不要强迫他学，兴趣是最好的老师。

何　车：儿女有没有经常探望你呢？

潘　璠：有的。这些事情不能强求，他是否探望你，由他自己决定。父亲节他约我出去食饭，我都没去了，因为天气太热了，况且食饭不一定要在父亲节嘛。

何　车：你现在的生活可以算是十分写意了。

潘　璠：可以这样说，很多人都羡慕我的生活模式，无忧无虑的。

何　车：在敬老院是否考虑要护工照顾呢？

潘　璠：我不需要护工照顾，别人要和我搞清洁，我都不需要，因为这些事情自己都能够做到。

何　车：我很羡慕你的心态。

潘　璠：很多人拿得起，放不下。我们剧团有两位老人家，整天问我养老

院的情况：有没有位置呀？收费如何呀等问题。我跟他说："你应该入来，你和老伴都八十多岁了。"养老院内的公园是目前全国最大的，如果要坐轮椅，那里有电梯，生活比较方便。"如果你还在西关的住宅，对着四面墙，窗口还加上防盗栏，就好像监狱一样，那生活就没有意思了。"

何　车：很多人的确很难跳出这个习惯的生活圈子和思想圈子，你比我大几年而已，我觉得我要向你学习。现在敬老院中有没有人开车的？

潘　瑶：比较少，因为我在敬老院中算年轻了。很多人都是拿着拐杖，坐着轮椅，行动都不便。有的人更可怕，不但坐轮椅，还插着输氧管。所以如果开生日派对问我有什么愿望的话，我就会许这样的愿望："要在坐轮椅之前，安然离开这个世界。"哈哈。

其实我不喜欢"长命百岁"。今天，我还跟别人说："长命百岁看着后辈一个个离世，最后只剩下自己，这是一件很痛苦的事情。"现代人的压力很大，孤单的人长命百岁一点也不幸福。唯有自己先离开，那就不用痛苦了。

何　车：与潘老师交谈的时间虽然不长，但学到很多东西，特别是对待生活，对生老病死的态度很有哲学意味。多谢你，潘老师。

访谈感悟

每一个人都有自己的兴趣和爱好，然而，并非每一个人都能够通过自身的努力把这种兴趣发展为专业并运用到实践中发光发热。潘瑶老师的经历告诉我们，他确实做到了。

潘瑶老师自小就喜爱绘画，因为这个兴趣选择了舞美设计工作。他通过汲取前辈的艺术养分，刻苦自学成才。潘老师始终追求自己的艺术个性，在舞美设计创作过程中，注重结合每一个剧目所处的时代和历史背景，仔细推敲细节，风格细腻和谐、独树一帜。同时，他敢于提出艺术创作上的不同意见，坚持实事求是。这些都是我们年轻人在求知道路上值得学习的。

在整理访谈文稿的过程中，潘老师对待人生的态度令我印象深刻，很有启发。他并不害怕生命的结束，也不在乎名利与财富，只要能够活在当下，好好享受生活就足够了，这种乐观豁达的人生观正是他幸福快乐生活的源泉。

访谈文稿整理：区子珩

林玉梨

"高凉粤韵玉梨情"

访问日期：2014 年 7 月 17 日 上午
访问地点：广州粤剧大院（桂花岗）
受 访 者：林玉梨
笔录及整理：冯 劲

受访者简介：

　　林玉梨，原茂名粤剧团团长，曾担任茂名市政协副主席，自小喜爱粤剧，长期在下四府从事粤剧表演工作，其代表作有《沙家浜》《蝶恋花》《生死奇缘》《梁山伯祝英台》《红梅记》《齐妇含冤》等。林玉梨是一个在艺术管理和行政管理上都十分出色的经营者。她任剧团团长时，剧团曾一度低迷，人员流失严重，她想到了安居才能乐业，要建宿舍楼来稳定人心。在计划建楼时，她又想到，要将头三层用作商铺出租，大大增强了剧团的造血功能、增加了剧团的收入来源。在解决剧团住房问题上，她多番奔走，先是争取回剧团旧宿舍的产权，再到集资建楼，进而贷款建楼，此外，她还懂得卖"楼花"——需要租用大楼商铺的商家先交订金，利用这笔钱解决建楼资金不足问题。梨姐做的这些事情，殊不简单，功在当代，惠及后人，为茂名的粤剧火种不灭和长期发展打下了坚实的基础。

访谈实录：

何　车：林团长，欢迎你！其实，算一算，认识梨姐你，都有二十年了吧。

林玉梨：应该有了。

何　车：我记得第一次去茂名，是首届全省中青年演员技艺大赛，去选拨节目，我和省剧协刘尚智一起去的。那次是第一次正式去茂名看戏。我记得都差不多有二十年了，90年代的事了。

林玉梨：1992、1993年时的事吧。

何　车：是吧，那都有二十年了。时间过得好快，梨姐一样是那么精神、靓女。对于你本身的艺术经历，相信不仅是我，很多很关心你、关心声仔[1]的同行都很陌生。就想你介绍一下，你几时入行？

林玉梨：我那时应该是十一、二岁。我为什么会做戏呢？因为我爸爸是在剧团里面做业务的。以前来讲，就叫做⋯

何　车："櫃台"[2]。

林玉梨：对。那时的戏班是很少时间的，三个月一届班。我那时什么都不懂，反正他带我去，我就跟着去。我记得当时有什么剧团呢？海棠红、万年红、胜寿年⋯⋯

何　车：胜寿年是大班啊！佳叔[3]那时的。

林玉梨：那时我还很小，他做《六国大封相》，我做拿扇的。做过很多剧团都记不起来了。那时的演员有郭媚珠、王上王、王中王、伍少卓、苏文侠等。后来就跟着郭媚珠学做戏，学了三个月，我妈妈说："不要做戏了，回来读书啦。"那我就回江门读书了，后来放假，我妈妈认识湛江粤西粤剧团的人，就叫人带我去做戏，那我又去做戏了。

何　车：又去咯。反正玩过上瘾了。

林玉梨：那时我妈大胆，我什么都不懂，就帮我接了第四花旦。剧团就叫做粤西剧团，那时好像也叫"文联粤中第一队"。

何　车：那是很早的事情啦，那时"戏改"刚开始。

林玉梨：好像是1950年。我是1954年去那里的。一落去就改成粤西了，那时有什么演员呢？谭天亮、朱伟雄、杨秀珍。朱伟雄、杨秀珍

1　黎骏声，林玉梨的儿子，现为广州粤剧团著名演员。
2　旧时粤剧班中，有一个行政管理部门，名之为"櫃台"。
3　著名粤剧演员靓少佳。

就做文武生和花旦啦，谭天亮就做"边"[1]。还有谭飞雄，做武生的。许玉莲做第二花旦。还有黎树权，即是我先生，他做"二式"[2]。还有一个李文廷，做"老小"[3]。后来，有些人就走了，朱伟雄离开了。

何　车：朱伟雄回到吴川。

林玉梨：好像不是一离开就回吴川。

何　车：哦，有段时间在省团，后来再回到吴川。

林玉梨：朱伟雄、杨秀珍离开后，妃子笑、冼丽云、梁鹤鸣这些人后来也离开了。到1957年，孔雀屏、谭笑风来了。这些演员来了后，主要演员基本就定下来了。那是整风时期。

何　车：啊！你还记得呀，1957到1958年整风。

林玉梨：那时的演员主要有：谭天亮、孔雀屏、谭笑风、李文廷、许玉莲、白云霞、我先生、李悦强，这班演员一直演到"文化大革命"开始。

何　车：那你是文革后才去茂名的？

林玉梨：是呀，我是1970年去茂名的。我在湛江剧团时，做"雀姐"[4]做的戏，《悦城龙母》、《寸金桥》、《牡丹亭》、《鸳鸯玫瑰》、现代戏《车从深圳来》、《李双双》，《李双双》那时也有在电视上播放，周总理都上台同演员握手。《车从深圳来》这出戏是由我担纲的。雀姐就做《悦城龙母》，这出戏是何锡洪、黎树权、李悦强他们写的。

何　车：我知道，何锡雄当时已经在那里了。

林玉梨：最有趣，也最惊心的是，那次去赤坎，雀姐突然病了，要我顶替她的龙母角色。还是第一晚上演呀，更加惊心，下面的观众看戏，是用手打着拍子的。

何　车：是呀，"四邑"、东莞的观众也是这样的。

林玉梨：幸好都过了关。后来听人家说，那个花旦仔都还不错，就是嫩了一点。

何　车：是你长得漂亮呀。

林玉梨：剧团的人传回来，阿梨你可以了，这里的人都不"弹"[5]你。

何　车：很多演员都是这样上位的啊。芳艳芬、红线女也是这样上位的。

1　粤剧丑生行当。

2　粤剧行话，指第二小武。

3　粤剧表演行当"小生"的俗称。

4　孔雀屏，当时湛江粤剧团演员。

5　贬低、批评的意思。

那时很多演员都这样想，求神拜佛，什么时候他病了，我就有机会上位了。（大笑）

林玉梨：我从来都没这样想。我很多次顶替雀姐的戏了，演《悦城龙母》，她演龙母时，我就演第二花旦，海龙王的老婆，即王后，基本出广州的演都是我做的。有一次我们去钦州演的时候，雀姐又病了，出完第一场，第二场做"罪夫"[1]，我第一场是做马僮，下来马上就要顶替她的角色了。

何　车：这些"劈"戏就下四府[2]厉害一些。

林玉梨：《金鳞记》《穆桂英》《芦荡火种》这些戏后来雀姐他们不做了，都交给我们青年做了。

何　车：那我大胆问一句，这么长的一段时间，你是跟谁出身的呢，即正式跟师傅。

林玉梨：我妈妈认识粤西粤剧团的人，然后就介绍我进剧团了，我都忘记了这个演员的名字了，后来跟着许玉莲学习，算是师傅吧。

何　车：那你有没有正式拜师？

林玉梨：那就没有。但是呢，剧团里的人个个都是我师傅。他们做戏的时候，我们新人就在旁边观看学习。

何　车：就是偷师。

林玉梨：我们新人做得有不对的，他们就指正。如果讲正式拜师的，我就没有，但是有一个音乐师傅教得我很好，他的名字叫杨湘。杨湘就是杨达[3]的第五阿哥。

何　车：哦，杨达排第七。

林玉梨：系，杨达是七叔。

何　车：哦，陈路诗[4]叫他做七哥。你们叫七叔。

林玉梨：他逐字逐句教我唱腔，他是玩扬琴的。他还有个六哥，是吹色士[5]，叫杨业，在同一个剧团。他们对我都很关心的。许玉莲就是杨业的太太。总的来说，我的唱功师傅就是杨湘，其他人也从旁教导我。每天早上5点左右，杨湘就带我们一批女孩子上山练声，

1　传统粤剧《穆桂英》里的一折戏。

2　下四府指高州府、雷州府、廉州府、琼州府。

3　杨达：著名粤语相声演员。

4　陈路诗：广州粤剧团演员。

5　西洋乐器一种。

包括白云霞、我、吴观莲。我们从早上5、6点钟一直练到出太阳，我们轮流练习，不练时就采摘山草药，"紫贝金牛""独脚金"等这些。

何　车：我觉得你漏了一个师傅，黎树权兄呢，他肯定是的。

林玉梨：我先生就对我帮助好大，文化方面对我很有帮助，因为我读书很少，才读了一年多、两年的书。我在茂名的时候，他写了很多剧本给我演，《生死奇缘》《姐妹花》《珠海琴涛》等。在湛江时，他就写了《相思树》，我和他演，因为当时没人演，他做"鹤"[1]，我做花旦。《牛郎织女》是他改编的，他和白云霞演。除此之外，他与剧团的同事也改编和创作了很多戏，包括《寸金桥》《悦城龙母》《李双双》《红军张桂芳》等。在高州时，他们写戏很辛苦的，通宵写戏，没时间睡觉，没精神就煮咖啡提神，《李双双》这出戏，当时是准备上广州汇演前，是写一场排一场；《寸金桥》也是一样，赶着上广州调演，一边写一边排。那时在湛江群众剧场排戏排得很晚，我们的大儿子才几个月，我们累得倒头就睡，儿子醒了哭了，全宿舍的人都醒了，我们也不知道。最后搞到业哥，要拿竹杆捅我们的天窗来吵醒我们，他们这一批人都很拼搏的。

何　车：是呀，为了争一口气。你先生是什么出身，为什么他会写戏？

林玉梨：他是老师出身，他是在江门外海做老师的。当时，粤西剧团招人，有一个指导员，对他说："你声音这么好，不如去报名考试啦。"他在学校，也是搞文娱的，后来一考就考入了。1950年就入剧团了，既做戏也写戏。

何　车：同"马老大"[2]一样。从老师转行做戏。你们这段感情经历由他帮你写戏开始。早知，我也写戏给花旦演，也娶个花旦了。

林玉梨：他刚开始写戏是给孔雀屏演的，后期去了茂名，就写给我演了。《相思树》就是在湛江写的，我们一起演的。

何　车：文革后为什么又会去茂名？

林玉梨：我们文化大革命后就去了干校，在阳江的温泉，去了几个月，湛江就有人上来想调我回去，但我不愿意，因为我曾见到茂名演出都是大班，比较大型的歌舞团，我就觉得这里可能有发展空间，后来茂名上来要人，我们就去了茂名。

1　粤剧戏行内指"文武生"。

2　马师曾。

何　车：叻！"宁为鸡首莫为牛后"[1]。这条点子是你先生还是你想的。

林玉梨：我们当时没想这么多，我们不想去湛江，只是因为想留在"上六府"[2]，后来"上六府"没人来要人，曾经有段时间想过去阳江的，不过宣传队的人说阳江条件不好，再后来茂名上来要人，我们觉得茂名不错，所以就去了。

何　车：一去就去了几十年。一直在茂名工作到退休。你去时，"绿衣鬼"[3]还在剧团？

林玉梨：不在了，那时剧团已经解散了，我们去宣传队。

何　车：那时去茂名还有谁？就你夫妻两人？

林玉梨：那时，我们去了一批人的。我、我先生、李悦强、白云霞、黄德明、何锡洪。

何　车：实际就是湛江的青年骨干都过去了。

林玉梨：我们当时去了宣传队，跟着他们做一些短节目。我唱一段阿庆嫂的唱段。后来1971年还是七几年，就排《沙家浜》，我担纲，李悦强演刁德一，我先生演程书记。

何　车：李悦强不应该演刁德一，他应该演胡传魁好。

林玉梨：不是呀，宣传队里有个胡传魁。

何　车：哈，比李悦强还肥。

林玉梨：李悦强当时还没怎么肥的，他演刁德一还是不错的。

何　车：那时都是演这种现代戏了。

林玉梨：是呀。

何　车：其实你演艺事业最辉煌的时候都是在茂名。你觉得哪一套戏，你是演得最好的？

林玉梨：我觉得我演《沙家浜》是不错的。直到去年，我去茂名"食年例"[4]，有一个人一直盯着我，问我："你是不是阿庆嫂。"我说："没错，我是林玉梨。""你是演阿庆嫂的啊。"在茂名，四十岁左右的人都叫我阿庆嫂。我觉得我做得比较顺的戏，一个是《沙家浜》，一个是现代戏《蝶恋花》，一个是《生死奇缘》，一个《梁山伯祝英台》（《梁祝》）。

1　宁为小者之首，不做大者之后。
2　上六府指广州府、肇庆府、惠州府、潮州府、韶州府、南雄州府。
3　粤剧丑生绿衣郎的绰号。
4　茂名、湛江等粤西地区的习俗。

何　车：《梁祝》，反串？

林玉梨：没有，我演后一段。前面一段是梁碧演，她是从信宜调过来的。《梁祝》和《红梅记》我觉得都很合身份。我们那时在水东演《红梅记》和《梁山伯祝英台》，附近高州、信宜、化州的群众自发包车过来看。当时演戏不只演一晚，几乎连续几晚都是演同一套戏，《梁山伯祝英台》是最出名的啦，《生死奇缘》那时还没出，八十年代才出的。《红梅记》也在演了。我个人是比较喜欢的是：《沙家浜》《蝶恋花》《梁山伯祝英台》《生死奇缘》《红梅记》和《齐妇含冤》。我们将《齐妇含冤》上、下本合在一起演的。

何　车：黎老师（黎树权）有没有专门为你开戏，即专门为你写剧本，度身订造？

林玉梨：去了茂名后，他写的戏就是专门为我写的，一个是《生死奇缘》，一个是《珠海琴涛》，这出戏我们到湛江调演，获得了二等奖。这出戏，里面的诗词文赋太多了，个人觉得是太文了，不过我喜欢。湛江文艺报的主任戴汉光很赞这个戏，他说这个戏写的比《生死奇缘》还要好，不过《生死奇缘》的台词直白一些，大家比较熟悉一点，《珠海琴涛》就比较文雅。

何　车：据我所知，黎老师还排戏的呀？

林玉梨：是呀，《蝶恋花》就是他排的。《生死奇缘》也是他排的。《珠海琴涛》是他和黄玉星（黄德明）一起排的，导演时是我先生拉上他一起搞的，主要是我先生。《蝶恋花》是我先生一个人导的，那个剧本是我们去外省拿的，写的很好、很感人，我们排到中途排不下去，那些青年女孩哭得厉害，就是送杨开慧那一场。

《蝶恋花》剧照

何　车：我觉得你刚才说的这种模式是相当好的，编导再加上是度身订造，我帮你写戏当然是知道你具体的特点的，我认为是很适合基层剧团的。

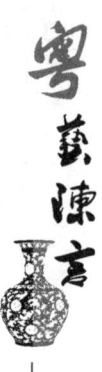

林玉梨：那时剧团没钱，请不起导演嘛。

何　车：也不是这样说的，也是要有本事才行的，有几个能像黎老师一样，既懂演戏、又懂写戏和排戏呀。你在"下四府"演了那么多戏，在"上六府"也演过，看过那么多的戏，你觉得"下四府"和"上六府"在表演风格上有什么不同？包括：音乐伴奏、唱腔以及戏的内容，它是按照观众的喜好和欣赏的角度去开戏、写戏的。我就听讲过了，虾哥[1]去吴川就不一定受欢迎的。

林玉梨：广州观众喜欢听"唱"，下四府喜欢"打"，喜欢看武场戏，农村观众以喜欢"打"为主。

何　车：就是喜欢大排场的、人物多的戏。我知道几个小生去到那里都比较不受落。比较受欢迎就是朱伟雄这些人了。

林玉梨：朱伟雄演大审很不错的，很威风的。

何　车：他演的戏我倒没看过，"余生也晚"，也比较少接触"下四府"的戏。

林玉梨：他是演大审戏[2]够威，一般的戏比较"挈喱"[3]。

何　车：很多人都这样说过。

林玉梨：他演戏时常常会吐舌头，舔舔嘴唇。有时演戏忘词，就会说："哎呀，公主呀。"很多人模仿他这句。不过，他演大审戏的确很不错。

何　车：我就不认识他，没跟他打过交道。不过，后来"细路锦"[4]，卢启光去吴川演出时，我见过他。

林玉梨：他那时应该没做戏了吧。

何　车：后来，阿声[5]跟我说，他跟我一起演过戏。我说：什么时候跟我演过？"他说："那时放暑假得闲，跟着你打筋斗。"那是八几年时，锦哥拉了一班人去演出，他演"鹤"，找个"老小"衬托他，我就做"老小"。我从柳州回广州，就由李悦生顶上了。我是溜出来玩几个月的，不过那边的观众的确有些不同，观感不同。所以，你们上来省里汇演，这里的观众对你们也感到很新鲜的。

林玉梨：我也喜欢演文戏，文戏是唱得辛苦，但武戏更辛苦。我演过《金鳞记》《穆桂英罪夫》。

1　罗家宝，虾字源自其乳名。

2　古代官府审案的戏。

3　做事不正经、儿戏。

4　粤剧著名演员卢启光（1925–2005），原名卢锦培，乳名"细路锦"，所以行内人多称他锦哥或锦叔。

5　黎骏声。

何　车：这些都是武戏文做的啦。《金鳞记》反而武戏一点呀。

林玉梨：《金鳞记》还有武打情节的，还要力翻。那时还年轻，在广州，日场演《穆桂英》，夜场演《金鳞记》。

何　车：哗！日夜场连着做啊！

林玉梨：是呀，当时不知道湛江粤西剧团怎么会这样安排。他们当时好像是一个月要演二十多场的，有几场是我们青年演员来演的。

何　车：那很辛苦呀，你白天要扎"靠"[1]，夜晚又是武场戏。

林玉梨：是呀，力去力返。不过，没什么关系，那时年轻。我挺喜欢演文戏的，特别是苦情戏。所以我先生写给我的戏都是以唱为主的。像《生死奇缘》呀，男女都是以唱为主的。

何　车：在艺术上，林团在茂名有一段辉煌的历程，你认第二，没人敢认第一了。

林玉梨：还都有很多人比我好的。

何　车：除了艺术之外，有一件事，认识你的人都称赞你。就是你在茂名当剧团团长、后来当了政协主席，为茂名剧团解决了宿舍楼问题，为剧团的发展打下了良好的基础。你那时怎么会想到这个方法的，"三三制"啊。

林玉梨：这是我先生的主意。我先生对我帮助很大。我初去时在宣传队，后来又成立文工团，到省里招了很多跳舞的女孩，一个粤剧团、一个歌舞团，我先生当时任副团长，我还没上位的。他比较有经验，在湛江时就已经是办公室副主任了。后来，有的人退了，有的人离开了，何锡洪也走了，去了文化馆。当时剧团比较穷，没什么钱。一年只有8万块，怎么够花啊？我们当时连住的宿舍都没有。

林玉梨丈夫黎树权上妆照

1　指古代战将穿的铠甲被艺术化了的戏曲服装。

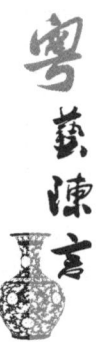

　　后来,感谢党和政府让我做了政协委员,再后来当选政协副主席,这样就有机会为粤剧事业发展提出建议,对茂名粤剧发展有很大帮助。我们下基层调研、视察时,看到基层剧团有什么困难,也会向当地政府反映,提出建议,当地政府要对剧团支持帮助。他们剧团得到了资金支持,有时比我们剧团还要多。

　　说我们茂名剧团吧,原来连宿舍都没有,那时应该是文化大革命后期了,市里面看到剧团没有宿舍就拨了一笔钱,让房产局帮我们建宿舍,这笔钱是专款专用的,理应产权是属于剧团的,但不知什么原因产权变成是房产局的了。我们剧团的经费本来就少了,演员们还要向房产局交房租。于是,我们就找到市长反映问题,我是政协副主席,经常开会都能见到市领导,当时的茂名市长是黄光才。我向他反映:"剧团经费很紧张,每年还要交租,演员十分困难。"后来,经过市领导协调,同意将产权交回给我们剧团,所以问题就解决了,我们不用交租还拿到了产权,而且还有几十万经费跟进,我们用来建西边的六层楼高的宿舍。建六层楼,几十万是不够的。我先生就建议大家集资,他的意见是:第一、二层用来出租,其余四层用来住,一共十二套,给领导班子和主要演员住。每人集资了八千元。

何　车:现在八万我也愿意出啊。

林玉梨:每人八千元还是不够的。后来就东借西借。那个工程队真是气人。只是欠他们一些钱。他们就说:"我们就算建好了,也要锁着,不给你们住,直到你们把钱交清。"只是欠很少的,好像几万块吧。那没办法啦,只能到上面找财局、找市长了,后来就拨了几万块下来。那就轮到我们说话有底气了,我说:"你不能按期交货,就罚款。"

何　车:(大笑)有钱大晒(粤语,意指有钱了不起)!

林玉梨:后来就如期交货了。我们是入住了,那剧团里还有很多其他演员没有房住怎么办呀?虽然还有一套旧宿舍,但那是预制板搭建的宿舍,一下雨,雨水就从三楼一直淋到地下,里面的棉被也淋湿了。我先生就说:"想办法再贷一笔钱吧。"这时,我的政协副主席身份又显示作用了,在开会上我时不时说说,有个政协副主席(李景云)刚好就认识"中行"[1]的行长,他就说:"我带你去,看能不能贷到款?"第二天,我们就去"中行"找那个行长,谈了不到30分钟,那行长就同意贷90万给我们。那时真的很开心,所

---

[1] 中国银行。

有的问题都解决啦。我们那时是什么礼物都没带去的，还喝了别人的茶水。但他当时也是有个要求的，是要给40平米左右给他们做储蓄所，使用权为40年，建设费用他们出。那个负责贷款的科长后来对我说："林主席，我们行长从来未批过这么低息的贷款给别人的。你们真厉害。"回来，一上到三楼，心情很兴奋，不由自主大喊："揾到钱啦！"但是九十万还是不够，我先生又出主意了：第三层也拿来做商场，我们多建一层，加到七层，然后谁想租我们的铺位，就先下订金，好像是4000元吧，加上这些钱就够钱建了。

为什么要建房呢？一个原因是原来的条件差，防水不行；第二个原因是"低潮"，粤剧演出市场不景气，很多人离开剧团，自寻出路了，有的人出去做生意赚了钱，影响到剧团的人，当时流行一句话叫做"出生入死"，出去的就生，进入剧团的就"死"，那没办法了，要想留住人，只能建宿舍了，安居才能乐业。宿舍建好后，剧团真的活了，周边吴川、高州、化州、信宜那些比较好的演员都跑来我这里了。

何　车：麦远发就是那时来的吧。

林玉梨：是呀，他原来是在化州演文武生的，过到来，我让他演须生，他也演了。还有廖影梅这批人，吴川王红卫啦，还有温卫东。那时，我们剧团的阵容突然间就好起来了。先安居后乐业。既然我当了政协主席，就不要辜负这个身份。

何　车：不单是茂名，"下四府"的人都说你做了一件大好事。现在的剧团的人都说，这幢楼是林玉梨当时建起来的。我开玩笑地跟剧团的人说："你们不用干活，都有钱花啦，这么多租金。一百多万。按基本工资来算，是够的了。"这个真是高呀，安居乐业，毛泽东说："民兵三落实，第一个就是组织落实，首先要有人才行。"我记得我去看你们演戏时，我觉得你们的人员很齐全，花旦你都四五个，有文有武，现在的基础就是那时候打起来的。这一点，我由衷佩服林主席，想了这么多方法去办好这件事，既有集资，又要向党要钱，又要贷款，又要预支。当然这里有你出面的功劳，也有黎老师的功劳。

林玉梨：是呀，他也很辛苦的，他要跟工程队是逐项计算工程费用。

何　车：其实不止茂名剧团受惠，我也受惠。

林玉梨：你受惠？

何　车：是呀，我排戏的时候也在那里住过啊。我想问一下，在文化事业方面，

你做了什么有贡献的事,"政协"是做什么的呢?

林玉梨: "政协"里有个叫做文化科教卫生组,每年都会组织一批人下去视察,我有时参加卫生组,有时就参加文化组。每次了解完回来就写提案,上面有个提案组专门研究的,就由政协转到市政府。像高州木偶戏、冼太[1]庙这些,都有在提案中提到过的。

何 车: 冼太庙搞得很成功、很辉煌啊。平时,有没有人向你反映情况?

林玉梨: 都是靠自己平时多接触的,有时接触朋友呀,有时去视察看到问题,回来就在组里提出,有时也会自己写几条建议。

何 车: 这件工作,既为政府做了事情,也帮了我们文艺界、卫生界做了事情。别的不说,光剧团的宿舍就是莫大贡献。另外,我想问问,你经常下乡有没有遇到过"拍台"[2],因为这个只有"下四府"才有,我在高州曾经亲临其景,我想你介绍一下"拍台"的情况。

林玉梨: "拍台"呢,就是一边请一个戏班来比名气比艺术质量,比谁更吸引观众,当地群众、当地村落,大家互相争强斗胜。我有些台和别人拍,有些台我不和别人拍,视情况而定。譬如,有一次,我接了一个台,茂南区剧团也接了一个台,两个台离得很近的。我觉得"拍台"会伤演员、伤物资,我知道当时有些剧团"拍台"时,就会用大喇叭,有多大声放多大声,喇叭放坏也不惜,有的剧团没钱也要去多买几个喇叭,而演员们无论多辛苦也要拼命演、拼命唱,那就伤了声音,最终还是伤了自己。当时,我就和茂南区文化局协商,结果他们不肯退。当时我心想:"就算赢了你们,也不能证明什么,因为我们是市级剧团,如果演伤了怎么办,我的演员们还要继续演戏的呀。"那我就说要退台,对方说你退台就要赔钱,我说没问题我赔给你,不过后来对方也没要我们赔。但是有一次,我们去到吴川那边演,又是拍台,这次两个台之间只隔了一层木板,两个团的演员都可以互相过来聊天的。那这么演就没意思了,不过我有一个有利条件,就是这个团的团长是莫延祥[3]的儿子——莫容生。他当年艺校毕业来过我们这里实习,我们是一分钱也没收他的。我就跟他说:"容生,我们现在拍台演戏给大家看,我们双方都不要搞小动作,正正经经演戏,该怎么做就怎做。"毕竟,他和我们是有交情的,我们在那里演了几晚,双方都相安无事。有些剧团不是这样的,你演《六国大封相》,

---

1 岭南历史名人冼英。
2 同时演戏的戏班舞台离得很近,有相互竞争之意。
3 莫延祥:曾任顺德粤剧团团长。

我也演，还要演得更长些，比如把包尾马弄得脏兮兮的。

何　车：试过啦，就是在高州，我第一次见四个台一起拍，相距不过百米。当时，莫容生的团也去了，他叫我上场演胭脂马[1]，说着就开始帮我化妆了。我说："可以，我要两个马僮，两个打跟斗的，双带马。"结果，一对湛江艺校毕业的孖仔来打跟斗，他们打得很不错的。怎知，出去两个大跟斗，头上的饰物就掉下来了，结果下面的观众就笑起来了。后来，我才知道原来"拍台"是这么厉害的，我卸了妆后就逐个台去看。

林玉梨：当然啦，输的一方就面无表情，赢的一方就到处炫耀，所以就激化了村与村之间的矛盾。所以我和容生那次"拍台"，效果很好。最后，双方主会都烧了一串很长的鞭炮，给我们都封了大红包。这对我们双方都好。

何　车：所以说，良性竞争、相互交流学习是好事。如果恶性竞争就会导致观众跑过来跑过去的情况出现。

林玉梨：是呀，我们正正经经演戏，不搞小动作，不会出现观众一下子跑过这边，一下子跑过那边的情况的。

何　车：怎么说，阿生都算是晚辈一些。

林玉梨：有的人不跟你论晚不晚辈的，他不理睬你的。

何　车："拍台"这种现象是比较独特，上六府已经没有了，下四府还保留着，现在都还有。

林玉梨：是呀，现在下四府都可以看到。不过，"拍台"处理得好就好，处理不好的话也是比较怄气的。不过，我遇到的几次"拍台"都处理的比较好。

何　车：那当然，国营团怎么都实力强大些。一般的私营班之间斗得就比较激烈了。讲完你和你先生那一辈人，我现在就想谈谈阿声，你为什么会让阿声演戏呢？

林玉梨：他原来是跟着我妈生活，我妈原来是演戏的，我继父是掌板的，可能是耳濡目染的缘故吧。到他六岁时，才跟我回茂名。小孩子都是比较贪玩、有好奇心，我们演样板戏、练功时，他就在旁边看。他读小学时，我们晚上演出，他也会跟着来看，有些人也会逗他玩，就这样边看边玩就玩出兴趣来了。再加上，我们吃饭时也会聊戏的。他可能就有兴趣了，就跟他爸说："我想学打翻。"他老爸就说："打

1　粤剧传统例戏《六国大封相》中的特定表演程式组合。

翻？很辛苦的啊！"他说，"我不怕！"他爸就说，那好你试试吧。那就教他学打翻了。他那时也很辛苦，白天要上学，放学回家后还要练功。我先生要煮饭没时间教，黄玉星就说："我帮你教啦。"后来，他就没什么心思读书了，当时我们正在演现代戏《万水千山》，大杂烩。

何　车：缺个小孩。

林玉梨：是呀，还缺个小红军，要剃光头发，只留个小髻在前额上方。就叫了他去打翻，他也是刚学会。他那时还很小，演完又叫他回去读书了。有一次，我们去廉江演出，他被剧团的一班青年鼓动，来廉江找我们。他居然就收拾了几件衣服就跟着他们来了。我说："你不想读书吗？"他说："我想演戏。"

何　车：哦，原来是这样入行的。

林玉梨：那可不行，还这么小，无论如何都送他回去读书了。后来，演杨开慧的时候，他又跟来了，那来就来了，让他跟团吧。不过，那时没有工资给他的。

何　车：那就还不是剧团的人。

林玉梨：还不是。自带伙食的呀，爸妈出钱咯。等他再年长一些，就替他拿指标，就正式成为剧团的人了。后来，他又想打退堂鼓，他说："妈妈，你是花旦、又是团长、又是政协主席，你能赚几个钱？"他是看到外面的人赚钱比较多。不过，那时剧团缺人手不让他走。可能他天生就是吃这碗饭的。

林玉梨与儿子黎骏声演《蝶恋花》剧照

那时做《借亲配》，那个演县官的突然间有事请了假，明天就要演日场了，他师父黄玉星做他思想工作，要他顶替演出。他上了之后，不知道怎么回事开始扯"诙谐"[1]，他悟性很高，不用排戏的，直接上去就可以演了。哦，不是县官，是员外，《借亲配》里的员外。他"扯诙谐"，搞到观众大笑。我以为是出问题了，赶紧出去看，原来不是，是他在

1　轻松搞笑的意思。

"扯诙谐"搞到观众和音乐员这些人都在大笑。刚开始时,他也会感到压力,给太多戏他做的话,其他的青年演员也是会眼红的,所以我们也很注意这方面的,还不敢放胆让他去演。让别人去演A角,他演B角。但是一到第二场,他的风头就盖过A角了。我觉得他也有花了心思去琢磨的。

黎骏声上妆照

到了后来,红线女打电话给我,事先孔雀屏跟我打了招呼,说:"女姐问我'下四府'有什么青年适合做小生的人选,我推荐了阿声。"后来,女姐打电话给我,问:"黎向阳是不是你剧团的?"我说:"黎向阳是我的儿子。你有什么事呢?"她说:"我是红线女。"我说:"哦,是红老师,找我有什么事呢?"她说:"我想调你的儿子上来。"我说:"调可能就不行了,当时他是和卓佩丽[1]演对手戏的,当时主管文化的副市长特意嘱咐要管理好他们,不能让他们走,将来做剧团接班人。"红线女问:"那怎样才能来呢?"我说:"借咯,借我就有权,因为我是团长。""那好,那就借吧",她说。那也要过"过堂"[2]的,去到女姐那里,女姐考考他的唱腔、念白、拍子。那接着就借上来了。

何　车：哈哈,"刘备借荆州",一去无回头。

林玉梨：那时我们的市长黄光才也上调到省里了,他和红线女是比较熟的,后来通过他就把阿声调过来了。

何　车：原来如此。你不说我还不知道,阿声的开山师父,就是教他打跟斗的黄玉星。黄玉星原来会打跟斗的呀。

林玉梨：是呀,他是打跟斗出身的,在粤西学打跟斗时很辛苦的。他家里经济条件不好,没钱孝敬师父,他当时工资才6块钱,他买面包去孝敬。

何　车：还有个问题,你们家三代演戏,你妈妈、你们夫妻、阿声,为什么你的孙子不演戏了呢?

林玉梨：现在的青年人不同了,他要爱好它才能去演,不爱好、不感兴趣

1　卓佩丽：原茂名粤剧团花旦,后到深圳粤剧团,曾获中国戏剧梅花奖。
2　这里指考试的意思。

的话只会误了他的青春。现在的青年人有自己的想法，他都不热爱这一行的话，就演不了的。

何　车：为什么你不培养他热爱这一行呢？

林玉梨：很难的，现在那么多歌星、明星，他们有他们的圈子。

何　车：不是吧，你有榜样的呀，"你出去工作，都不及你爸爸出去唱一曲。"

林玉梨：现在我孙子不喜欢演戏，连看也不感兴趣。

何　车：现在的孩子多数也是这样。以前的人进戏行，一个是有兴趣，一个是生活所迫。

林玉梨：他们看到爸爸回来一身汗，几件湿透了的汗衫都让他们头痛了。

何　车：哪有工作不辛苦的呀？

林玉梨：也不是呀，做白领还是挺舒服的吧。

何　车：也不是的，白领也很大压力的，职场很大压力的。

林玉梨：那也是。

何　车：我就奇怪了，按照道理，就算阿声不教他，你也应该教他。

林玉梨：因为接触得少，我是2006年才办理退休的，退休后才有时间到广州生活。

何　车：我见过很多在粤剧有成就的人，他们的孩子都是不演戏的。讲完你的儿子，就轮到你的徒弟了。我就知道一个，林文华[1]。

林玉梨：我很少徒弟的。

何　车：那你还有几个？

林玉梨：还有一些已经转行了。

何　车：文华还在演吧。

林玉梨：文华已经退休了，不过她时不时还是会出来演的。

何　车：文华我接触过，她性格上像你，但艺术上跟不上你。是不是实践上比较少一些呢，她的条件不错的啊，声音、扮相、身段等方面都好呀。

林玉梨：是呀，声音是不错的，可能是实践少些吧。我当时担主角，她只能做第二花旦，要么做妹仔戏，要么做"包大头"[2]了。

何　车：是呀，她的"大头戏"多些。

1　林文华：茂名粤剧团花旦。
2　饰演女角演员的梳水头扮相。

林玉梨：但是培养她做戏，也有让她担纲演的戏像《磨房产子》《风雨泣萍姬》。

何　车：你所教的徒弟中，就只有她还在演戏的吧。那你现在还打不打算再教徒弟呀。

林玉梨：不了，年纪大了。

何　车：现在才是教人的时候，积累了几十年的经验。

林玉梨：不了，力不从心了。

何　车：你现在有大把精力呀。

林玉梨：要教的话就刚刚退下来的时候。现在很难教的了，离开了这么久，要阵地没阵地，你招人回来很难教的。现在就是，有时看戏，觉得演员哪方面做得不足的话，就给他们提点意见。正式收徒弟就不要了，责任很大。

何　车：那倒是真的。

林玉梨：我刚退下来的时候，有人叫我搞一个班。我先生就说："你在位的时候，可以拿到排练场地，那是可以的，你现在没单位了，责任很大的。你招了人员回来，现在很多都是独生子女的，有病有痛你都要负责了。再加上，一旦开始搞了，想去哪里都不方便，想上来探望阿声不行，想回江门也不行。"我现在就自由啦，有时去别的地方玩玩，看到别人演戏有不足也可以提提意见。

何　车：你现在的生活很惬意呀。我觉得你现在的生活态度、心境都比较好，和我二十年前见你的时候差不多。

林玉梨：老了很多啦。

何　车：不会呀，你还可以化妆出去表演。

林玉梨：不行啦，不够气了。上气不接下气了。

何　车：我很欣赏你的生活态度。辛苦了一辈子，儿子现在名成利就，是时候享受一下生活了。我和陈路诗、阿娟姐（小木兰）都谈过，她们两个都有一个心思。

林玉梨：还想教人？

何　车：对呀。她们希望能开班，将自己的东西教给后辈。

林玉梨：其实教个别人也不成问题，问题是现在很少有年青人想学呀。

何　车：有你这句话就行了。我想学啊！（大笑）

林玉梨：哈哈，我现在倒想向你请教呢。

何　车：我跟诗姐和娟姐都说："我帮你们找学生。"整天缠着你也是不

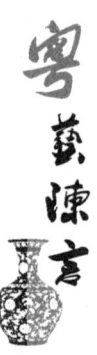

行的,陈露诗你就教《金莲戏叔》,教别人"叉烧饼""西皮"。娟姐你就教一个"拾玉镯""罗伞架"。不知道你有没有注意,现在的青年演员做《封相》,连"推车"都不会。

林玉梨:是呀,"罗伞架"也走样了。

何　车:完全不是一个样子了。连"推车"都不会了。什么是规范、什么是阴阳手,完全不懂的了。

林玉梨:现在的青年不懂,就只知道叉起两只手。

何　车:像台吉普车那样咯,直接飚出去了,还能指望"炒米步"吗?

林玉梨:是呀,"炒米步"。

何　车:可能你现在还没到那个时候,你还要有个消化过程。到了那个时候,就找一两个合适的来教教吧。

林玉梨:合心意的也是可以教教的。

何　车:起码这一行做了这么久,总有些东西留下来吧,别只是留给自己的儿子,也要教教别人才行。今天和梨姐聊天很开心。一、我很欣赏梨姐的心态、生活态度;二、我在梨姐身上学了很多东西。谢谢你,梨姐!

访谈感悟

　　初时知道梨姐(哈哈,明显是越辈了,不过还是觉得这样叫亲切一点)是来自茂名剧团的,心里觉得十分亲切,因为我也是茂名人。在整理梨姐的口述录时,谈吐间更觉得梨姐十分亲切、没脾气没架子,十分平易近人。我非戏行中人,对梨姐的艺术成就无法评价,不过从认识她的茂名观众都亲切地叫她一声"阿庆嫂",就可以看出观众对她的热爱程度;作为剧团的领导,梨姐为茂名粤剧团的发展打好了坚实的基础,单就筹措资金解决剧团职工住房问题、让剧团演员可以安居乐业这一件事都已经功德无量了;梨姐在担任茂名市政协副主席期间,对茂名文艺界也是建树良多,他经常呼吁当地政府支持基层剧团发展,也为茂名地区的文化事业建言献策,比如修建冼太夫人庙、高州木偶剧等。退休后的梨姐,过着闲云野鹤、优哉游哉的生活,这种闲适的心境,在现今浮躁的社会犹如一缕清风,十分难得。

访谈文稿整理:冯劲

黄銮新

"业无高卑志当坚"

访问日期：2014年5月8日 上午
访问地点：广州粤剧大院（桂花岗）
受 访 者：黄銮新
笔录及整理：区子珩

受访者简介：

黄銮新，广东番禺人，1941年出生。粤剧音乐员。

自幼喜欢演奏各类乐器，年轻时在中山、佛山等粤剧团担任音乐员。1960年，以"流散艺人"的身份通过考试正式进入广州粤剧团当音乐员，先后担任三弦、色士等多个位置。

"文化大革命"期间，被下放到海珠区"五一"饭店，曾做楼面侍应，煮面工及收银员。后来被调到海珠区机电队担任机修工。在动荡的社会大环境下，他仍然坚持研习乐器演奏。

1978年正式回调广州粤剧团，先后在广州粤剧团二团、三团、四团、新世界、何济公等剧团工作，与陈笑风、卢启光、陈少棠、吕雁声、马丽明、许玉麟等一批主要演员合作，积累了丰富的演奏经验。

值得一提的是，除了剧团的经历外，黄銮新老师也尝试在不同类型的岗位上实践，轻歌队、曲艺团、曲艺茶座等都有他的身影和足迹。一直以来，他始终没有放弃自己对音乐艺术追求的热情。

访谈实录：

何　车：新哥，非常欢迎你参与《粤艺陈言》的访谈，今天，我们是老朋友交谈，我们已经认识几十年了。

黄銮新：是啊，我是看着你入剧团的。

何　车：你是什么时候入行？

黄銮新：我从1950年就开始喜欢玩音乐，喜欢唱曲，最初是在街道的文娱组。正式入行是在1957年，跟我的亲戚何丽芳[1]，我是跟着她出身的。

何　车：第一次参与演出是哪个戏班？

黄銮新：中山花锦绣剧团。

何　车：有哪些老倌？

黄銮新：有何丽芳和何丽芳的先生——马扶风（做武生），小生韦不凡是小生兼边[2]。正印花旦陈飞燕，第二花旦是陈少芬。

何　车：你在剧团是做演员还是音乐？

黄銮新：学徒。也做过一阵演员。

何　车：后来又为什么转做音乐？

黄銮新：那时我长得太高了，四个"手下"[3]之中，个个都矮我成个头，一出台，观众就哇哇声："哇，你睇那个高佬，好似文武生咁高。"

何　车：哈哈，就算穿了高靴也没有你高。

黄銮新：其次，我父亲同我讲，其他人也有同我讲过："做音乐师父好。"他们的意思是音乐师父年纪越大，技艺越成熟。

何　车：就像你现在一样了。

黄銮新：那时我已经会玩音乐了，在文娱组时，就开始跟师父学了。师父叫孔荣，花名叫"辣椒仔"，就是孔少宝的父亲。"色士"（即萨克斯风）是跟别人学的。我一出来就同陈昌[4]做了，陈昌是从永光明剧团转过来的。那时大家都是十几岁，他为什么到花锦绣做

1　何丽芳（1922—1987）：原名刘洁贞，著名曲艺演员，被誉为"三喉歌后"，曾担任原广州粤剧团唱功老师。

2　粤剧行话，指粤剧中的丑生行当。

3　粤剧表演行当，属于"杂"行，在剧中担任兵丁、衙差、家人等群角的演员。

4　陈昌（1939—1992）：乐师，广州粤剧团的击乐设计和掌板。

呢？分厘[1]好嘛，当时是"足圈"[2]加上"爆棚"[3]，即是钱分得足，分得多。

何　车：掌板是陈昌，头架是"辣椒仔"，你就"楼梯底"[4]。

黄銮新：是啦，我是"楼梯底"，学徒嘛。

何　车：后来是怎样入到市剧团呢？

黄銮新：花锦绣剧团后来并入佛山粤剧院，1959年搞剧院化，当时佛山好多班，何丽芳去了佛山粤剧院三团，我就去了佛山粤剧院二团。当时佛山有三个分团：一个是东莞、一个是宝安，一个是三水。我去了二分团做了三个月，因为剧团经济效益差，我就调回佛山粤剧院。我在二分团已经转正做师傅，但是师傅的工资不多，12天工资，加上伙食费都只有30多元。

何　车：12天，我算你双倍计算，都有60多元，相等于当时一个大学毕业生的工资啦。

黄銮新：陈昌的工资比马扶风还高，那时马扶风是正印武生，陈昌一天工资9元多，马扶风才8元多。所以证明当时是很重视音乐师父的，二分团时我已经转正做师傅，坐正三弦位[5]了，我最喜欢就是玩三弦了。

　　谭启昌[6]当时是在"惠如"[7]后面间剧校学习，我那时好辛苦，做音乐兼演员，随时派个"旗牌"[8]都要马上顶替演出。我不想做演员，领导就说："那你去找人来顶替你啦。"那我就找了谭启昌、徐力生、麦启林他们三个进了剧团，谭启昌到现在还记得我，前些时候有人问他，是谁介绍他进剧团的？他说："高佬新呀！"周围的同行都叫我做"高佬新"。

　　当时我才19岁，那时流行跳班。有人就劝我跳班。但如果私

1　戏班和剧团按一定比例给艺人分配工资报酬，"厘"是古代货币单位，这里泛指金钱。

2　按预期发足工资。

3　以前演戏需要搭建戏棚，棚内挤满观众就叫"爆棚"，指演出卖座，座无虚席。

4　剧团中一般音乐员，因他们在演出时往往分配在锣鼓楼的梯下面，故名"楼梯底"。

5　三弦，弦乐器族弹拨乐器，是粤剧伴奏中的主要乐器，这里指在乐队中演奏三弦。

6　谭启昌：广州粤剧团演员

7　原来位于广州市中山五路的惠如楼，以经营广东传统风味的清茶细点为特色，是广州市著名百年老字号，也是广州市历史最悠久的茶楼之一。

8　传统戏中的群角。

自离开剧团就等于"逃避革命""反革命"。于是我找到剧院"人保科",我说:"科长,我还年轻,在剧团没有什么前途啦。"结果剧团就开了证明,还盖了个大印:"黄銮新因不适合我院工作,加上本人愿意离开,特此批准。"

不久,机会就来了,就像你一样,有很多机会(笑)。文化系统刚刚省市分家,华嘉原是省文化局副局长,到广州市就做正局长。他把没有进省市剧团的艺人,或者是一些艺术尖子,那时就叫"流散艺人"[1],请"流散艺人"去登记安排他们参加工作。

何　车:应该是在1960年吧,是1960年5、6月份开始搞的,当时还要经过考试的。

黄銮新:是要考试的。我最记得当时还有骆锦荷[2]、白玉童[3]都是那时考入来的。音乐师父中最年轻就是我了。当时主考是骆津、胡富、刘五峰[4]。为什么要考我们呢,因为我们是"流散艺人",人家不知道你的水平如何。三个主考在太平戏院外面进行考试。"细佬,有的青年演员也来考试,你为他们伴奏啦。"

考完试后骆津对我说"你的技艺还差一点点。"他说:"演粤剧不同唱曲艺,粤剧要识听锣鼓才可以。他们三个人又叫我到太平戏院舞台音乐位,找了个木鱼,还有个"沙的"[5],"我讲什么锣鼓,你就接着起什么音乐。"这样的考试难度是比较高的,因为我不知道他打什么锣鼓,一开始是"排朝"[6],还要你起音乐序,还要唱上下句[7]。第二就考乐器慢与快的速度节奏,打[快慢板][8]锣鼓,我要唱脚色[9]腔两句,包括上下句,花旦腔也是上下句,还要弹三弦伴奏。考试结果三个老师都很满意。

何　车:你在外面实践过,对付这些就好办啦。

黄銮新:考完之后,就轮到那些年纪大的考了。击乐当时就考了梁福仔、"打

1　20世纪五六十年代没有进入国营剧团,没有固定单位的艺员。
2　骆锦荷:广州粤剧团演员。
3　白玉童:广州粤剧团演员。
4　刘五峰:广州粤剧团音乐员。
5　打击乐器,是沙鼓的别称,因其形状似和尚头,所以行内都称之为"和尚头"。
6　粤剧表演排场,表现的是朝臣排班上朝的场面,文中指的是模拟演奏"排朝"的锣鼓伴奏。
7　板腔体唱词的结构形式,在音乐上是以平衡对称的两个乐句构成。
8　粤剧唱腔中的板式。
9　粤剧行话,指剧中男角色。

锣牛"[1] 几个人。光考一个"雁儿落",好多人都过不了关。锣鼓打完快之后又变慢,好多人都有达不到要求。演戏的锣鼓要掌握快和慢,考音乐也是一样,什么都要考,有色士,有喉管[2],有很多年纪大的就过不了关。那回演员和音乐员加起来一共考了四十多人。有的你都认识,牛奶仔、任伟民、白玉童、江少昌、何若琪、林雪心都是那一批的。

考完试我就等候通知了,别人都去报到,但我就是收不到录取通知,我感到不对,就到"舞台工厂"[3]查询,骆津刚好踩部单车出来,"喂,到处找你啊,为什么你不来报到呀?"(因为当时有人嫌弃工资低,没有去报到的)"来,你立即同我上去总团[4]。"我随他到了人保科,他们说:"你过两日再来,看分配你去哪个团吧。"那我心头石放下来了,下来见到津叔:"搞掂啦!"结果就分配到了越秀剧团,我是去顶替柯良津[5]的,柯良津原是玩三弦,正准备调去青年剧团。我是去接替他的位置,就同周天相、黄仁初、罗杰雄、细路泉[6]他们拍档了,潘文华做掌板,关洪[7]都在那里。

何　车：关洪后来也调去青年剧团啦。

黄銮新：有三个月的试用期,三个月之后才转正。越秀剧团那班人水平很高,主要演员是邓丹平、马丽明、郑培英、白玉珊、陈江枫[8]。剧团的小生本来是崔子超和王超峰[9],但王超峰要去香港,崔子超[10]又病了,剧团就没有小生了,后来由陈家强[11]顶替。

那时做音乐,我肯定比不上那些老师父。做了一年,到1961年,我就去了沙村农场。那时人人都是口不对心,心里谁也不想去农场劳动,但是开会时就个个都话争住去,那时我最年轻,经过讨论,

---

1　广州粤剧团掌板刘熹。
2　吹奏乐器,又叫"短管""短喉管",俗称"六寸半",是粤剧音乐中较古老的伴奏乐器。
3　20世纪50年代建立,是广州粤剧团的下属单位。
4　广州粤剧团有多个分团,由统一团部领导,简称"总团"。
5　柯良津：广州粤剧团音乐员。
6　细路泉：广州粤剧团音乐员黄少泉的绰号。
7　关洪：广州粤剧团乐师。
8　邓丹平、马丽明、郑培英、白玉珊、陈江枫：越秀剧团的主要演员。
9　王超峰：广州粤剧团演员,后赴美国发展。
10　崔子超(1913-1987)：粤剧演员,擅长演文武生,先后担任原广州粤剧团培训班负责人、艺术室副主任。
11　陈家强：广州粤剧团演员。

最后还是要我去。只是轮流去半年，关新他们是第一批。我准备去替他，是第二批。那年的冬天就见到你们了。

何　车：我们学员队是9月份到沙村的。

黄壼新：我那时一件唐装衫，一顶草帽，日日去训练场帮你地倒尿，担返去农场用来做肥料。那时你的同学好多，陈国强、赵仕强、孔庆炎[1]等。

　　　　1961年，省市分家，罗家宝、吕玉郎、陈笑风三个文武生都希望来市剧团，因为当时市团演出多。后来是陈笑风来了，大概是在1961年10月左右，当时我正回剧团报到，是12月出来的。

何　车：我们是12月回广州的。

黄壼新：你们搞了汇报演出，我都还记得。12月去人保科听候分配，我原来在越秀剧团，当时市二团就是由越秀剧团转过来的。当时就是陈绮绮那班人了。主要演员有白玉珊、陈笑风、还有练玲珠、罗思[2]，后来陈瑞芳[3]也过来了，她原是五羊剧团的，又年轻又漂亮，虽然那时她的唱功差了点，但她可以演妹仔戏。

　　　　到1965年10月左右，你们那时应该去搞"四清运动"[4]。

何　车：不是，当时我去了"东方红"[5]。

黄壼新：我们到桂花岗集训，就是要搞掉"名利"两个字。要求我们自己"暴露"自己有什么不对的思想，有什么和"名利"沾边的思想，讲出来就自己批判，提高认识。讲完之后就集中拉出去演出，那时我还年轻，要我玩头架，我是第一次玩头架。当时演出条件好差，在黄埔大沙地的球场上演出，乐队是我、郑道生、邓志明[6]，邓志明有时还要搞伙食，就只得我和郑道生玩。一个演出队分成两个队，一共30多人，老倌有孔壮志、颜铁英、梁金城、罗敏宁、罗丽燕、

1　陈国强、赵仕强、孔庆炎：陈国强为广州粤剧团演员，赵仕强、孔庆炎为广州粤剧团音乐员。

2　罗思（1921–2007）：原名罗冠廉，广州粤剧团丑生。

3　陈瑞芳：广州粤剧团演员。

4　四清运动是指1963年至1966年，中共中央在全国城乡开展的社会主义教育运动。运动的内容，一开始在农村中是"清工分，清账目，清仓库和清财物"，后期在城乡中表现为"清思想，清政治，清组织和清经济"。

5　1965年在广东演出的音乐舞蹈史诗《东方红》。

6　邓志明（1928–2013）：广州粤剧团音乐员。

何　车：	那时候要做革命文艺战士嘛。顺着再讲下去应该是"文化大革命"了。
黄銮新：	"文化大革命"的时候，全部要停下来搞运动，所以我们只是做了半年，那就等于是救了我们了。
何　车：	"文化大革命"我们就有缘了，同在一间干校[3]，到1970年7月1日，我最记得这个日子了，"一打三反"[4]后，当时美其名说是"在'文化大革命'涌现出来的优秀骨干分子，补充到财贸队伍里边去。"我是去了成珠茶楼，你就去五一饭店。
黄銮新：	"五一饭店"是当时河南（现指海珠区）工业区不可缺少的饭店，在海珠区沙园，对面就是广重和广钢[5]。
何　车：	那是很看得起你了。
黄銮新：	不是那么回事。那时自己都不再想做戏了，只想转业。但是不知道会转去做饭店工人。我同梁洪，他是青年剧团的灯光师，被派到去做楼面，郭超然[6]就去了对面间百货商店。那时很多学生想逃避"知青下乡"[7]，女仔都嫁到附近庄头村，那里属农村户口，他们一天劳动就只有一两个钟头休息，出来食6分钱一碗的糖水。当时连9分钱一碗的云吞面都好少有得供应，老实讲心里话，就算逐个问都无人中意去饭店啦。虽然我是带着原来薪水去，但我在饭店却算是高工资了，每月有62元。但我妈说这样下去是不成的，她说别人都把你们看成是"反动路线"来的代表，每次相睇（相亲），那些女仔都看不上你。因做楼面工人，又没有技术，还要让别人颐指气使。

林丽心、林丽蓉、李学优、卢伟棠[1]等，那时提倡学习"十三条扁担"[2]拉箱，只能用胶轮车推，又要拉箱又要演出，真是好辛苦。

---

1 孔壮志、颜铁英、梁金城、罗敏宁、罗丽燕、林丽心、林丽蓉、李学优、卢伟棠：广州粤剧团演员。

2 20世纪中期，号召文艺上山下乡，有乡村宣传队十三人，用十三条扁担着道具、服装等下乡演出。

3 特指"文化大革命"中按照"五·七"指示精神建立起来的，接收干部和知识分子劳动改造的农场，亦称五七干校。

4 "一打三反"运动，是文化大革命期间在全国掀起的一场政治运动，其内容是指：打击反革命破坏活动、反对贪污盗窃、反对投机倒把和反对铺张浪费。简称"一打三反"。

5 广重：广州重型机器厂，原址在广州市海珠区沙园工业区。广钢：广州钢铁厂，原址在广州市海珠区沙园工业区。

6 郭超然：广州粤剧团舞台工作人员。

7 "文化大革命"期间，动员已毕业的中学生下乡接受贫下中农再教育，名为"知识青年上山下乡运动"。

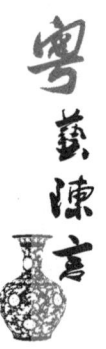

何　车：（学顾客呼唤）："高佬，埋嚟！哈哈。"那当时你是怎样想的，对未来又有什么打算呢？

黄銮新：后来"五一饭店"将第十甫南顺糖水铺那位经理调了过去，她叫伍海萍。她原来就认识我的，她很同情我，想照顾我，就对领导说："明知这样的政策、措施是没有的，调这些人来有什么用？"就调我到饭店门口摆档，每天五点半钟就要准时上班，"广钢"的工人经常来帮衬。主要卖肠粉，是用机器拉的，只落很少油，6分钱一碟，好多人都喜欢食的。

　　　　　后来做下去感到还是不成。每天凌晨3点半，阿妈就叫我起来，当时我住在文昌南路，骑单车到河南"五一饭店"，最快都要半个钟头。翻风落雨就更狼狈了，工时又长，太辛苦了。伍海萍非常体谅我，她说："这样吧，你去卖面那里做吧，那里不用太早起床。"那我又调去卖面了，只有四个品种，5分钱一两面、9分钱二两面、一角二分就加四粒云吞，一角七分就是大云吞面了

何　车：没有净云吞呀？

黄銮新：哪里有呀，就为了碗云吞面我曾经同人拍枱吵架，后来又试过叫我去收钱，那时不单收钱，还要收粮票。收钱、收粮票还要卖面票，好踢脚[1]。我试过一两次计错数，差了几十元钱。

何　车：那有几十元这么多啊，差几元都好厉害了。

黄銮新：我计数时把五毫写成五元，搞到鸡毛鸭血[2]，伍海萍好关照我："唉，不要再计了，封起来，明天再计啦。"我是中午11点上班，一直做到食晚饭的时候，8点半钟就"拉锯"[3]，不过收钱时可以着件中山装、戴翻个袖套，干干净净，比较体面，算是照顾我了。

　　　　　还是要讲我妈的"反动路线"，她是怕我娶不到老婆，那时我已经30岁了。好多女孩都嘲笑我，几十岁都找不到老婆。于是我去到服务局上访找刘伦[4]，申请做机修工。当时社会做机修工人好吃香啊，肯定会找到老婆。

何　车：做楼面就揾唔到啦，哈哈！

黄銮新：后来通过好多关系去疏通，最后就连"五一饭店"的书记都不知

1　原是饮食行业背语，原意是一个人走路，脚被障碍物绊到了，这里是忙得不可开交的意思。

2　广府俗语，指的是宰杀鸡、鸭的时候一片狼藉的情况，意指损失惨重。

3　原是饮食行业背语。人们使用锯切割东西的时候，必须来回拉扯，"扯"在粤语中是离开、走的意思，这里指下班离开。

4　刘伦：20世纪70年代广州市服务局局长。

道我准备要调走，一纸调令到来，就将黄銮新调到海珠机电队。

何　车：你哪里懂得做机修啊。

黄銮新：做电工，不懂是会电死人的。不过我只是做点基本工作，例如换条保险丝啦，跟住师傅，叫你关开关先，用电笔点过，见到无火到就可以换啦。风扇抹油我就是做下手，师傅拆，我去洗，就是专门做杂工。

何　车：你之前在"五一饭店"时，我很明白你的心态，那时最高兴是，脱产参加文艺宣传队。那时很重视宣传队，宣传队一到基层调人就马上不用干活了，即刻去宣传队报到，宣传队就是排戏演戏。

黄銮新：那时我参加过海珠区宣传队，和凌广鸿、冯丽萍、何紫霜[1]等都在一起。当时对何紫霜算是很照顾了，让她去了托儿所做所长，演样板戏《沙家浜》时，她演"沙奶奶"。第一次抽调我去宣传队是1973年，同李建雄、郎海山、沈伟[2]一起。当时我在机修厂有得食，有得报销，又够威风，下面基层单位都有求于我们。我是一心想找对象，抽调我去宣传队就更困难了，我真的不想去。后来黄超全[3]叫我去服务局，同我谈话，由于潘长玲[4]要离开宣传队，没有了头架，所以要我去顶替他。那时演出《节日前夜》，由洪志刚[5]做文武生，何锦泉[6]做掌板。到1978年就同你一齐回调市剧团啦。当时的说法是"原则上归队。"

何　车：到要回调的时候，你还是做机电、做工人吗？那时我还年轻，心想落实政策肯定要我们回去的，你那时到底想不想回调的呢？

黄銮新：第一次是不想回的。主要是思想上有阴影，知道在剧团也不是很好过。白玉童对我讲，剧团要去参加劳动，排戏又排到鸡毛鸭血。我不想再玩音乐了。当时我的工作也比较顺利，一般只是维修风扇，换保险丝。那年我已经37岁，已经结了婚，也有了小孩。但想到一世做电工，是很危险的，很多工人不是电死就是跌死，一触电跌下来就没有得救了。这样的事故我听得多了。于是我也没有同老婆商量，就决定回剧团，另外是想组织上能够分房，因为我知道当时市剧团

1　何紫霜：广东音乐曲艺团演员。

2　沈伟：乐师，擅长演奏高胡，广州粤剧团唱腔设计、音乐技术培训班教师。

3　黄超全：20世纪70年代广州市服务局工会主席，负责组建文艺宣传队。

4　潘长玲：广东音乐曲艺团乐师。

5　洪志刚：广州粤剧团演员，后移居国外。

6　何锦泉（1930–1997）：粤剧演员、粤剧研究评论工作者。先后在广东粤剧团、广州粤剧团担任主要演员。后在广州市文学艺术研究能负责粤剧研究工作。

在建房,如果在机修厂,论资历、能力,什么时候才能轮到我呀,这就是我回调市剧团的原因了。

何　车: 回来后分配在哪个团?

黄銮新: 是在三团,当时我也是三团的搞班人之一。那时是由关新[1]当领导,还有舒瑞良、赖嘉梅[2]。那时有人建议我到二团和陈笑风合作,当时陈锡培染上肺病,不想再吹色士,就通过"打锣牛"想办法;当时三团懂得吹色士的有胡永棠[3]、我和胡富三个人。我走了,还有他们两个,不会影响工作。

在三团的时候,吕雁声、陈少棠为了个排名,大家都搞到不愉快。陈少棠说:"我在戏中戴束发冠,是文武生。"关新就帮着吕雁声说话,他说吕雁声一直都是文武生,陈少棠只是在朝阳剧团做过文武生。而吕雁声在百花剧团开始一直都是文武生……,为这些名利上的事都常争拗不下,我想到三团始终都是不会长久了,就在《劈陵救母》排到一半的时候我就走了。

何　车: 那你就在二团做到退休啦?

黄銮新: 我的经历都好坎坷,在二团排戏时为红线女伴奏,排了个几月,准备出国演出了。那次出国音乐员的人数最多,连黎田[4]都属于乐队的编制,算是秘书。乐队一共有四个击乐,十个音乐员,算上黎田总共11人。但我有份排练,无份出国,肯定是会想不通啦。那时去香港演出,政策规定可以带回一件免税的家电,再多带一件要打税,很多人都把免税家电卖出去赚钱。

后来文卓凡[5]又挑头重新组班,来我屋企三次,他说:"大哥[6]好中意你,大家合作惯了,你吹色士兼要玩三弦。"我说:"那怎样兼呀?"他说:"色士是分上下半场。"当时我心中就不服气,就对文卓凡讲:"不如你让别人吹色士,我只玩三弦吧。"他说不成,总之要我吹色士又要玩三弦,结果最后就是谈不拢,后来就拉了我到四团,就是卢启光、陈少棠那班了,还有马丽明、陈路诗、李飞龙、陈江枫等主要演员,做到1982年春节前就解散了。是总团要他们解散的。

1　关新(1931–2010):广州粤剧团音乐员,后任干部。
2　赖嘉梅:广州粤剧团政治干部。
3　胡永棠:广州粤剧团乐师。
4　黎田(1929–2009):原广州市文化局戏曲工作室主任、副局长,1990年离休,曾先后担任广州市音乐家协会首届主席、广东省音乐家协会副主席等。
5　文卓凡:广州粤剧团乐师,擅长演奏高胡和小提琴。后移居国外。
6　粤剧行内对著名粤剧演员陈笑风的称谓。

我一直待岗到1983年夏天，1982年朱紫瑜、孔少宝、伍志文[1]开始搞云雀轻歌队，歌队那时是很吃香的。1983年，张广谋做总团副团长，搞了班金雀轻歌队，我、王新、冯志明、唐平、周志军[2]两夫妻都参加了。

何　车：你曾经做过歌队吗？

黄銮新：最初去到，真是不适应，没有F调吹，都是降E、A调，心里真是没有底，我们只是"柬埔寨"[3]，不懂五线谱。第一支曲是演奏《玫瑰花》，降E转F，我完全不懂，我说过：我有两个师父，在音乐方面，教我吹色士的是细路泉（黄少泉），另一个是王新，在歌队时，我有什么不懂就问他，他教了我好多音乐知识，这个老师我真是永远都记得他。歌队的工资基本薪酬是每晚30元，多的时候可以有100多元，那时收入算很高的了。

在1984年年底，纪念靓少佳逝世一周年时，重组新世界剧团，我是六个筹委之一：我、卢启光、何国耀、林钧、洪志刚。我开玩笑说："自己相当于副团长。"我们在文化公园中心台演了三晚，三晚都演《六国大封相》。香港也有好多人到来，我和何家耀两个就是管财务，郭碧[4]就兼会计。要我签了名才可以报销的。

何　车：那时你是玩什么乐器呀？

黄銮新：先是吹色士，后来就是头架，一生中第二次玩头架。当时还有卜石根和黎平[5]，后来黎平和郭碧闹矛盾，他就离开了，只剩下我一个人了。

何　车：在新世界剧团你做到什么时候？

黄銮新：做了一年多。当时洪志刚拉了郎秀云、刘晓珠、张德明等加入新世界剧团，以加强实力。但卢启光又叫另一批人加入，那开支就加大了。大家办团观点不同产生矛盾，总团通知我和林钧去开会，想了解到底是什么问题，有什么矛盾，卢启光一说就说了半个钟头，我就表述自己的观点。由于当时双方没法调和矛盾，那我就只好离开了。

1　伍志文：广州粤剧团音乐员。
2　周志军：广州粤剧团音乐员。
3　原指东南亚国家，因为"柬埔"在粤语发音中与"简谱"相近，故"柬埔寨"指的是一些只懂看简谱、不懂看五线谱的音乐员。
4　郭碧：广州粤剧团音乐员。后移居香港。
5　黎平：广州粤剧团乐师。

黄銮新：1986年我通过李丹红[1]介绍，到曲艺团做了半年，为曲艺伴奏。那时除了头架，就什么乐器都兼了。

1987年，我第三次做头架是在何济公剧团，演员有郎秀云、许玉麟、张德明等，是梁国雄介绍我去的。剧团光是为演员的排名都要搞平衡。许玉麟是正团长，郎秀云是副团长，但演出海报排名郎秀云就要排在前面，下乡演出时，海报上写："郎秀云、许玉麟、何济公粤剧团"，怎知票卖不出去，原来观众以为是许玉麟是加顶到何济公剧团。后来海报改为广州粤剧团何济公粤剧团，那就马上爆满，还有人包场。那时何济公制药厂一年赞助四万元，是副市长陈绮绮拍板的。

后来总团何杰章团长决定解散剧团，整班人就无事可干了。到1989年春节前，钟康祺组建宝乐剧团，叫我去打扬琴，我说我懂很多乐器，最弱就是扬琴。但反正无事可做，也就答应了。剧团是由郭英伟、钟康祺负责。黄正成[2]同我两个玩三弦，这样一做就做了几年。

彭炽权[3]在澳门那边的乐社差个人，每月工资有6500元（港币），包吃包住，后来又转到澳门敦煌酒店做。去澳门工作应该做了五年左右，那时我已经50多岁了，每晚9点到凌晨2点，工作累，食得好，但休息不好。到了1999年，就患上了高血糖。2001年回来，就在黄家超的乐社做茶座音乐，又做了五年。可能是我好运啦，有个老板包我去法国、比利时、荷兰，去了10多天。不是去玩，而是卖艺为生了。

何　车：你一生中我知道你有好多花名？

黄銮新：在转业那间厂，工友们叫我做"音佬"，即是玩音乐的意思，他们不叫我的名字，也不叫我高佬新。

何　车：据我所知，你玩过很多乐器，你认为哪一样才是你最擅长的呢？

黄銮新：当然是三弦啦，现在市剧团能够玩三弦就只剩两个人，就是我和黄正成，是经过香港行家鉴定的，他们是承认我的。

何　车：我认识你几十年，你不打麻将、不饮酒不抽烟，又没有什么绯闻，只是好玩音乐，在文化大革命期间的社会环境下，每到星期六、日就去金声电影院对面开局，你为什么会这样专一呢？

黄銮新：我们四个人玩音乐已经玩到人尽皆知了，邝斌、廖重光、我、汤

1　李丹红：广东音乐曲艺团演员。后移居澳大利亚。
2　黄正成：广州粤剧团乐师。
3　彭炽权：著名粤剧演员，曾在佛山青年粤剧团担任主演。

仔[1]，当时人们誉我们为"西关四大天王"。我的弱点就是搞创作不大成功，最叻写过一首《塘湖秋月》，可惜电台没有和我录音。

何　车：人生几十年的经历十分丰富，你的人生经历也十分有趣。音乐伴奏拍和过很多演员，我想问，同老倌之间合作有什么轶事趣闻？

黄鎏新：罗家宝1978年底重新出山，我在街上碰到他。在1978、1979年间都是我和他伴奏，在

黄鎏新演奏小提琴

他家里练唱，所以我有很多他的录音，都是私下录的。那时他住在十八甫，练声时就是我和黄仁初以及他的女儿（黄少凤），加上陈昌帮罗家宝伴奏练唱。当时只有一个高胡、一个掌板，就可以录音了。《悼金钏》伴奏的难度较大，一个高胡，什么都要记清楚。陈昌曾对我讲"阿虾[2]话预埋你呀。"最后结果都没有这回事，因为粤剧院一团有自己乐队，他们个个都有很高的水平，所以就不用找我。新世界剧团解散后，我说："虾哥，我没有工作了，可不可以到粤剧院呢？"剧院那时已经开始排练《袁崇焕》了，阿虾话："好难喔，两支色士都齐人，什么位置都满员了。"其实我只是想找工作做。侯穗光、黄建涛对红线女说："差几个人，找高佬新啦。"红线女不出声，不说可以也不说不可以。侯穗光后来还讲了两次，最后都没有结果。

何　车：还有一个问题想问你的，你与那么多个名演员合作，"细路锦"同大哥风是完全不同的两种演唱风格，包括发声、板腔的处理都完全不同。花旦也一样，在二团的时候，陈绮绮和练玲珠又也是完全不同的，你作为音乐伴奏，这些老倌花旦，同他们合作你有什么体会？

1　汤志明，1962年时担任荔湾区百灵曲艺社头架。
2　粤剧行内对著名演员罗家宝的称谓，或称"虾哥"。

黄銮新：那我要讲的就太多了，在春风剧团的时候，刘棠、文九、郑厚[1]都在，我在艺术上当然吸收学习了很多，我要赞陈笑风，排戏、录音，对待每一件艺术作品，没有虚假，十分认真。1962、63年粮食和副食品供应都还十分紧张，郑厚吹色士吹到胃都反，就要先食个馒头才能继续。我们说笑："大哥不知道是不是食了两斤早餐才来排练的。"过程又不用吃东西，一直坚持下去。经常排到晚上12点半，文少非导演排戏就较好，一到12点就准时下班。但陈笑风就保证会超时，我们要搭车回家的就手忙脚乱了。陈笑风录音《双桥烟雨》，最初时是短版，后来再录长版，四句诗白，都要精益求精。《六号门》也是，在戏中突破了传统的唱法，运用真假嗓结合，达到了高峰。

何　车：今天访问的时间虽然不长，但我就听了好多过去的历史，十分丰富。通过你个人的经历可以看到整个市剧团由50年代末到现在，整个发展的轨迹。多谢你，新哥！

访谈感悟

　　非常荣幸能够参与这次访谈工作，黄銮新老师曲折多彩的人生经历，给我留下了非常深刻的印象。从他的工作和生活际遇中，我们不仅看到解放后至今，粤剧团体制改革、演变及发展的基本脉络，同时也得以回顾"文化大革命"那一段动荡年代里，粤剧行内的人和事，意义深远。

　　黄銮新老师把自己的兴趣与工作结合起来，作为一名粤剧音乐伴奏员，尽管在人生的道路上有很多坎坷的遭遇，但是他始终坚守在粤剧艺术生产的第一线，对音乐艺术不离不弃，我认为这种钟爱之情决定了他的人生轨迹和艺术成就。

　　人生注定会有很多不如意的事情，我相信还有很多粤剧艺术工作者都与黄銮新老师有着相似的经历，他们虽然在逆境中、在挫折中艰难前行，却始终没有放弃对粤剧艺术的热爱和追求，这无疑值得我们新一代年轻的文化工作者好好借鉴和学习。

　　访谈过程中，黄銮新老师使用了很多有趣的戏班行话、背语、术语，文中均作了解释和诠译，希望能帮助读者更好地理解和认识访谈中的内容。

访谈文稿整理：区子珩

1　郑厚：广州粤剧团乐师。

后记

《粤艺陈言——粤剧人访谈录》能编撰成书，呈现于读者眼前，有赖于每一位接受采访的老前辈和老艺术家的理解、支持和配合，正是他们敞开心扉，情真意切地为我们讲述每一段难忘的往事，籍此我们怀着崇高的敬意对他们致以最衷心的感谢！

本书以访谈的形式收录了受访者口述，翔实丰富，为我们提供了珍贵的粤剧研究的第一手资料，这将有助于粤剧传统文化的抢救、保护、传承工作。

本次编撰工作得到广州市文化广电新闻出版局、广州市振兴粤剧基金会等单位的支持；广州大学文学思想研究中心经费支助；相关专家、学者的具体指导；《粤剧大辞典》提供了有力专业依据。在此一并致以我们最诚挚的谢意！

编 者

2014 年 12 月